황 우 석
사 태 와
한 국 사 회

나남출판

나남신서 1155

황우석 사태와 한국사회

2006년 7월 20일 발행
2006년 7월 20일 1쇄

편자_ 김세균·최갑수·홍성태
발행자_ 趙相浩
편집_ 방순영·홍효은
디자인_ 이필숙
발행처_ (주) 나남출판
주소_ 413-756 경기도 파주시 교하읍
      출판도시 518-4
전화_ (031) 955-4600 (代), FAX : (031) 955-4555
등록_ 제 1-71호(79.5.12)
홈페이지_ http://www.nanam.net
전자우편_ post@nanam.net

ISBN 89-300-8155-X
ISBN 89-300-8001-4(세트)
책값은 뒤표지에 있습니다

나남신서 · 1155

민교협 2006년 제1회 정책토론회 발제−토론문집

황 우 석
사 태 와
한 국 사 회

김세균 · 최갑수 · 홍성태 편

NANAM
나남출판

발 간 사

　황우석 사태는 일차적으로 논문조작 사건에 속한다. 그런데 단순한 논문조작 사건은 학계에서 드물지 않게 발생한다. 물론 '업적 강제'가 점점 커지는 사실에 비춰볼 때 연구자들이 논문조작 유혹에 빠질 개연성 역시 갈수록 커지는 것이 오늘의 현실이다. 그러나 황우석 사태는 단순한 논문조작 사건의 범위를 훨씬 넘어선다. 그 사태는 한국이 최첨단 학문인 생명공학 분야 연구를 주도한다는 인상을 전 세계적으로 각인한 전대미문의 논문조작 사건이다. 때문에 그 사건이 던진 충격과 파장 역시 지대하다. 그런데 황우석뿐만 아니라 연구팀에 속한 다른 사람들이 많든 적든 조작에 관여했기 때문에 황우석에게만 조작의 책임을 묻는 것은 옳지 않다. 그러나 그가 명실상부한 연구책임자였던 만큼 그가 실제로 조작에 어느 정도 관여했든 그에게 가장 많은 책임을 물어야 한다. 게다가 자신의 업적을 선전하고 재원을 끌어들이기 위한 황우석의 대외적 활동양태는 학자의 그것과는 동떨어진 것이다.

　논문조작의 책임이 황우석과 황우석 팀에 있다고 할지라도, 문제는 조작에 상응하는 책임을 황우석과 황우석 팀에 묻는 것으로 끝나지 않는다는 점이다. 황우석 사태는 오히려 우리 사회의 지도층이 지향하는 사회발전 방향 등이 지닌 문제점의 집약적 폭발로 보인다. 때문에 우리가 더 많이 관심을 가져야 할 부분은 조작을 가능케 한 한국사회의 정치·사회·구조적 맥락이다. 이와 관련해 누가, 어떤 이유로 황우석을 '국민적 영웅'으로 치켜세우고 막대한 재원을 집중하는 데 앞장섰는가, 황우석 팀의 연구에 많은 윤리적 문제와 의문점이 드러나기 시작했을 때 누가, 어떤 이유로 진실을 은폐하려 하고 또 그럼으로써 문제해결을 어렵게 만들었는가, 조작임이 분명하게 드러났음에도 불구하고 왜 많은 대중은 여전히 황우석에 열광하고 있는가 등이 더 중요한 문제이다. 이런 문제를 진지하게 성찰하지 않는다면 한때 우리 사회 전체를 들뜨고 끙끙 앓게 만든 황우석 사태와 유사한 사태는 앞으로도 일어날 수밖에 없고, 그 때문에 치러야 할 사회적 손실 역시 막대할 것이다.

위에서 지적한 문제의식을 가지고 민주화를 위한 전국교수협의회(민교협)는 민교협 분회조직인 서울대민교협과 함께 2006년 3월 10일 서울대 법과대학 100주년 기념관에서 "황우석 사태로부터 무엇을 배울 것인가?"라는 주제로 황우석 사태가 지닌 제반 측면들을 분석하고, 그 사태로부터 무엇을 배워야 할 것인가를 규명하는 학술토론회를 개최했다. 이 책에 실린 글들은 이 토론회에서 발표된 발제논문과 개별 발제논문에 대한 토론문 및 종합토론 내용이다. 이 자리를 빌려 좋은 글을 발표한 홍성태, 황상익, 이영희, 김환석, 박진희, 전규찬 님과, 개별 주제에 대해 토론한 한재각, 박상은, 김동광, 정병기, 박소영, 전태진 님 및 종합토론에 나선 최무영, 우희종, 이준호, 이현숙, 최영찬 님께 감사드린다.

그런데 토론회는 황우석 지지자들의 방해로 예정대로 제때 개최되지 못했다. 발제와 토론에 들어가기 전 청중에게 1시간 정도 발언할 기회를 줌으로써 겨우 개최할 수 있었다. 이 때문에 발제자들은 발제시간을 최대한 단축해 자신의 논지를 매우 압축적으로 발표했는데, 우리가 보기에 발제내용은 발제논문의 내용을 압축한 것이긴 하지만 그 나름으로 독자적 의미를 지닌 것이었다. 그래서 독자에게 토론회 분위기를 알리고, 발제자들의 발제내용을 그대로 전달하기 위해 토론회 전체녹취록도 책에 수록했다. 이 녹취록을 먼저 읽으면 발제논문을 이해하는 데 도움을 많이 받을 것이다. 아울러 토론회가 개최되기 전까지 전국민교협이 발표한 3편의 성명서와, 황우석 사태를 이해하고 토론회의 발제내용을 보완하는 데 도움을 준다고 생각하는 두 편의 글을 부록으로 실었다. 전국민교협 성명서를 읽어보면 민교협이 이번 토론회를 그 전부터 견지한 입장의 연장선에서 개최했음을 이해할 수 있을 것이다. 아울러 글 수록을 허락한 한재각 님과 강신익 님께 감사드린다.

토론회와 관련해 두 가지 점을 첨언할 필요성을 느낀다. 여러 황우석 지지자들은 '서울대 당국의 사주를 받거나, 서울대 당국을 후원하기 위해 토론회를 개최한 것이 아닌가'라는 의혹을 제기했다. 그러나 성명서를 읽어보더라도 알 수 있지만, 민교협은 서울대 당국에 처음부터 비판적 입장을 견지했으며, 이런 입장은 지금도 변함없다. 서울대 법대 건물을 빌려 토론회를 개최했을 뿐, 토론회는 서울대 당국과 무관한 것이다. 그리고 토론회가 황우석 지지자의 방해로 파행을 겪긴 했지만, 돌이켜 보면 그들과 토론시간을 가진 것은 매우 유익했다. 그런 만큼 앞으로 황우석 지지자들과 함께 허심탄회하게 토론할 수 있는 자리가 마련되기를 기대한다.

황우석 사태의 진상이 대부분 드러났지만, 사태에 함께 책임져야 할 부분의 자기반성과 그 사태와 관련된 사회·구조적 문제점의 해결을 위한 노력은 추후에 거의 없었다. 그러나 황우석 사태는 '잊어야 할 악

몽'이 아니라 우리 사회가 앓고 있는 '중병'이 만든 사건이다. 그러므로 그 중병의 원인을 밝혀내고 병을 치유하기 위한 노력을 지금이라도 행하지 않으면 안 된다. 이 책이 그런 노력을 만드는 데 조금이라도 기여하기를 바란다. 끝으로 이 책의 발간을 선뜻 승낙한 조상호 나남출판 사장님, 교정과 편집을 위해 많이 수고한 방순영 편집부장과 홍효은 씨에게 민교협 전체를 대표해 감사의 인사를 전한다.

2006년 5월 30일
민주화를위한전국교수협의회 상임공동의장
김 세 균

나남신서 · 1155

황 우 석
사 태 와
한 국 사 회

차 례

황우석 사태의 형성과 전개

사기와 맹신의 이중주

홍 성 태 (상지대 문화학과 교수 · 사회학)

1. 과학사기 사건

현대사회에서 과학자는 종종 과학자 이상의 존재가 되곤 한다. 아인슈타인을 그 대표적 예로 들 수 있다. 이 위대한 과학자는 과학을 넘어 여러 영역에서 수많은 사람에게 커다란 영향을 미쳤다. 이와 함께 그는 과학자의 사회적 책임을 다하기 위해 최선을 다했다. 핵폭탄의 사용을 금지하는 운동에 참여한 것은 그 좋은 예이다. 그가 위대한 것은 현대과학의 위험을 직시하고 그것을 막기 위해 최선을 다했기 때문이기도 하다. [1]

주지하다시피 현대사회는 '과학사회'다. 과학은 현대사회의 구성과 운영의 모든 면에서 작용한다. 그러므로 과학자의 사회적 책임은 막중하다. 과학자가 과학을 악용하거나 오용한다면 수많은 사람들이 커다란 피해를 입을 수 있다. 정치인은 더 큰 권력을 손에 넣기 위해, 경제인은 더 많은 돈을 얻기 위해 과학을 악용하거나 오용하려는 유혹에

---

[1] 이 때문에 아인슈타인은 '사회주의자'가 되었다. 그는 사람들이 서로 배려하며 살아가는 사회윤리적 체제로서 사회주의를 추구했다. 그는 이런 생각을 "왜 사회주의인가"라는 글로 써서 미국의 좌파잡지인 *Monthly Review* 창간호 (1949년 5월)에 발표했다. 이 글은 인터넷에서 쉽게 구해 볼 수 있다.

빠지기 쉽다. 과학자는 이런 유혹에 맞서서 과학을 지키고 나아가 사회와 인류를 지켜야 한다.

그러나 현실은 어떤가? 이제 과학자가 정치인이나 경제인과 야합하는 일은 전혀 이상하지 않다. 과학자 자신이 권력이나 돈을 추구하기 위한 수단으로 과학을 악용하거나 오용하기도 한다. 심지어 그 수준을 훨씬 뛰어넘어 과학의 이름으로 사기를 저지르는 일조차 사실상 늘 있는 일로 여길 정도다. 브로드와 와이드가 쓴 《배신의 과학자들》은 이런 사실을 잘 보여준다(Broad & Wide, 1983).

이 책은 1983년에 미국에서 출판된 후 1989년 국내에서 번역, 출간되었다. 저자들은 《사이언스》의 기자로 일하기도 했으며, 과학 전문기자로서 '과학사기' 문제에 오랫동안 깊은 관심을 기울였다. 그들은 연구의 결론으로 '과학사기'를 현대과학의 보편적 문제로 파악하자고 제안한다. 과학계의 원로인 역자 박익수는 이 책에서 큰 충격을 받았다고 한다. 그는 역자후기에서 이렇게 썼다.

> 이 책을 번역하기 전까지는 과학세계에 기만이 존재하거나, 진실을 배신하는 과학자가 있으리라고는 거의 생각해 본 적이 없었다. 나는 평소 과학자상을 성직자와 같이 정직하고 성실한 인간으로 생각해 왔다. 그러나 그러한 과학관은 오늘날 현실과는 거리가 먼 것 같다(박익수, 1989 : 271).

'과학사기'는 결코 '후진국'의 문제가 아니다. 오히려 과학이 발달한 '선진국'일수록 '과학사기'의 가능성은 커진다. 따라서 중요한 것은 이러한 과학의 현실을 올바르게 인식하고, 과학자가 자기의 본분을 다하도록 하는 것이다. 그 출발은 과학자의 연구를 투명하게 검증하는 것에 있다. 그런데 이와 관련해서 한국은 많은 문제를 안고 있다. 박익수는 《배신의 과학자들》의 역자후기에 "오늘날 우리나라 과학기술정책의 하나의 허점은 연구평가제도이다"라고 지적했다. 황우석 사태는 이런 지적이 여전히 유효하다는 사실을 적나라하게 보여주었다.

황우석 사태의 핵심은 '과학사기'라는 점이다. 그러나 이것은 황우석이라는 한 과학자의 잘못을 넘어선 구조적 요인과 역사적 연원을 갖는다(김환석, 2006; 홍성태, 2006). 희대의 사기꾼을 국가공인 '제1호 최고과학자'로 선정한 이 사회의 구조적 문제가 명확하게 드러난 것이다. 이런 점에서 '황우석 사기'는 '황우석 사태'로 여길 만하다. 황우석이 저지른 잘못은 개인적 사기의 차원을 훨씬 넘어서는 것이다. 그러나 황우석 지지자들은 황우석을 열렬하게 지지하며 나섰다. 이로써 '황우석 사태'는 더욱 커졌다.

이 글에서는 이러한 황우석 지지자들의 행태를 중심으로 '황우석 사태'를 살펴보고자 한다. 다음의 2절에서는 황우석 사태의 경과를 간략히 정리할 것이다. 이어서 3절에서는 황우석 지지자들이 보여준 문제적 행태를 정리하고자 한다. 4절에서는 황우석 사태에 대한 여러 주체의 책임을 살펴보는 것으로 이 글을 맺도록 하겠다.

2. 황우석 사태의 전개

황우석 사태는 2005년 11월 22일에 방영된 문화방송 〈PD수첩〉을 둘러싸고 시작되었다. PD수첩 취재진이 자신의 신원을 명확히 밝힌 제보자[2]로부터 황우석의 연구에 대한 제보를 받은 것은 2005년 6월 1일이었다. 오랜 취재를 통해 많은 사실을 확인한 PD수첩 취재진은 10월 31일에는 황우석과도 인터뷰했다.[3] 예정대로 11월 22일에 방영된 "황우석 신화의 난자매매 의혹"이라는 〈PD수첩〉의 황우석 취재는 엄청난 반향을 몰고 왔다. 그 전날인 11월 21일에 20여 명의 난자제공자에게 돈을 지급했다고 울며 고백한 노성일(미즈메디병원 이사장)은 11월 23일에는 〈PD수첩〉의 왜곡보도에 법적으로 대응하겠다고 말했다. 11월 24일에 보건복지부는 황우석의 연구에 아무런 윤리적 문제가 없다는 서울대 수의대 기관윤리위원회의 조사보고서를 '대독'했다.[4] 같

---

2) '2004년 논문'의 제2저자로서 '리틀 황우석'이라고 불리던 유영준으로 밝혀졌다. 그는 황우석의 지도로 2004년 2월에 수의학 석사학위를 받았다.
3) 이때 양자는 '2005년 논문'을 검증하기로 합의했다. 그러나 이 합의는 황우석 쪽의 거부로 제대로 이행되지 않았다.

은 날, 황우석은 국민에게 사과하고 모든 공직에서 물러났다.

그러나 이것은 시작일 뿐이었다. 사실 〈PD수첩〉의 과녁은 《사이언스》에 발표된 황우석의 연구성과 자체에 대한 의혹을 밝히는 것이었고, 이에 맞서서 황우석은 윤리적 문제는 있어도 연구성과 자체는 아무런 문제가 없다고 주장했다. 그런데 12월 4일 오후 3시쯤 YTN에서 '긴급보도'로 〈PD수첩〉의 '취재윤리'를 다루는 뉴스를 내보냈다. 김선종은 〈PD수첩〉이 "황 교수를 죽이러 왔다"라고 협박해서 〈PD수첩〉의 요구대로 말하지 않을 수 없었다고 했다. 물론 이런 협박은 없었다. YTN의 이 보도야말로 황우석 쪽의 기획에 따른 '청부보도'였다.[5] 그러나 〈PD수첩〉이 김선종에게 위협적인 말을 건넨 것은 사실이었다. 12월 4일 밤, 문화방송은 이에 대해 국민에게 사과했다. 이로써 〈PD수첩〉은 더는 의혹을 제기할 수 없는 것처럼 보였다.

그러나 12월 5일에 과학적 반전이 이루어졌다. BRIC(생물학 정보센터)의 인터넷 사이트에 '2005년 논문'의 줄기세포 사진이 중복된 사실을 밝히는 글이 올라온 것이다. 이로써 논문조작의 의혹에 불이 붙었다. 황우석 사태의 2단계가 시작된 것이다. 12월 7일에 황우석은 갑자기 서울대병원에 입원했다. 같은 날 〈PD수첩〉의 폐지가 결정되었다. 그러나 다음 날인 12월 8일, 다시금 커다란 반전이 이루어졌다. BRIC에 환자의 체세포와 줄기세포 DNA 지문분석 결과에 관한 '조작' 가능성을 제기하는 소장 과학자의 글이 올라왔다. 같은 날 서울대 의대와 치대, 생명과학대 등의 소장파 교수들이 정운찬 총장에게 황우석의 논문에 대한 서울대의 자체검증을 건의했다. 이로써 황우석에 관한 의혹은 윤리의 차원에서 과학의 차원으로 옮겨갔다. '황우석 사기'의 문제가 본격적으로 다루어지기 시작한 것이다.

곧이어 과학적 의혹을 검증하는 황우석 사태의 3단계가 시작되었

---

4) 이것은 박기영 정보과학기술 보좌관의 '요청'에 따른 것이었다. 2006년 2월 21일, 보건복지부의 김헌주 팀장은 이런 사실을 밝히며 국가생명심의위원들에게 사과하는 이메일을 보냈다.

5) 《조선일보》는 이 '청부보도'를 '양수겸장'의 도구로 이용하고자 했다. 12월 7일의 사설에서 〈PD수첩〉의 취재를 '취재폭력'으로 규정하고 비난하면서 이런 폭력에서 황우석을 돌보지 못한 노무현에게도 비난을 퍼부었던 것이다.

다. 12월 11일, 황우석은 서울대에 자체조사를 요청했다. 서울대는
이 요청에 따라 자체조사를 하기로 결정했다. 이어서 12월 15일, 노성
일은 "줄기세포는 없다"라고 발표했다. 그야말로 '폭탄선언'이었다. 12
월 7일에 폐지를 결정했던 〈PD수첩〉이 "특집 PD수첩은 왜 재검증을
요구했는가"로 돌아왔다. 다음 날인 12월 16일 2시, 황우석은 기자회
견을 열어 '바꿔치기'와 '원천기술'을 주장했다. 자신은 환자맞춤형 줄
기세포를 분명히 만들었는데 누군가 바꿔치기를 했으며, 또한 설령 자
기가 제대로 만들지 못했다고 해도 원천기술은 분명히 갖고 있다는 주
장이었다. 같은 날 3시, 노성일은 바로 이어서 기자회견을 열어 황우
석의 주장을 정면으로 공박했다. 누가 바꿔치기를 할 수 있겠으며, 원
천기술이 있다면 왜 줄기세포를 만들지 못했느냐는 주장이었다.

　해가 바뀌어 2006년 1월 10일 서울대 조사위원회는 '2004년 논문'과
'2005년 논문'이 모두 조작된 것이라는 충격적 조사결과를 발표했다.
이러한 조사결과가 발표되기 이틀 전인 1월 8일 황우석은《경인일
보》와 인터뷰를 갖고 '2004년 논문'도 조작했다고 말했다. 그리고 3월
6일 검찰은 황우석이 '2005년 논문'의 시료조작을 시인했다고 밝혔다.
이로써 가장 중요한 두 가지 사실이 명확하게 확인되었다. 첫째,
'2004년 논문'과 '2005년 논문'이 모두 거짓이라는 사실이다. 둘째, 두
거짓 논문에 관한 연구책임자인 황우석의 책임이다.

　그러나 황우석 사태는 아직 끝나지 않았다. 이제 '황우석 사기'의 전
말이 거의 밝혀졌을 뿐이다. 이제까지 황우석 사태는 크게 '윤리적 의
혹 → 과학적 반전 → 과학적 검증'의 3단계로 진행되었다. 이 과정에서
황우석은 윤리와 과학의 양면에서 모두 크나큰 문제를 지니고 있다는
사실이 명확해졌다. 특히 과학의 이름으로 커다란 사기를 저질렀다는
사실이 분명히 밝혀짐으로써 황우석은 더는 과학자로서 구실할 수 없
게 되었다.[6] 이와 관련해서 2006년 3월 2일《사이언스》가 늑대복제
에 관한 황우석의 논문을 거부했다는 사실이 보도되었다. 모두 그가

---

[6] 황우석 사태에서 우리는 윤리가 과학에 대해 부차적 지위에 있다는 사실을 다
　시 명확히 확인할 수 있었다. 예컨대 '연구윤리'를 어긴 것에 대한 비판을 황
　우석은 '백의종군'하는 것으로 넘길 수 있었다.

자초한 일이다. 그는 윤리와 과학의 양면에서 모두 크나큰 잘못을 저질렀을 뿐만 아니라 잘못이 밝혀지는 과정에도 계속 거짓말로 대응했다. '결코 믿을 수 없는 사람'이라는 사실을 스스로 입증한 셈이다.

앞으로 황우석 사태는 해결의 단계로 나아가야 한다. 이를 위해 황우석에 대한 처벌을 넘어서 다음과 같은 두 가지 사회적 과제를 해결해야 한다. 첫째, '연구평가제도의 허점'을 철저히 개혁하는 것이다. 그러나 이것은 단순히 연구평가제도에 초점을 맞추는 것으로 이루기 어렵다. '황우석 사기'는 거대한 '정·언·학 유착망'의 작동을 통해 이루어졌다. 그 결과 국가가 '사기꾼의 보증자'로 전락하는 초유의 사건이 발생하고 말았다. 따라서 이러한 '정·언·학 유착망'을 개혁하기 위한 노력이 긴요하다. [7]

둘째, 황우석 사태를 이루는 중요한 현상인 황우석 지지자들의 변화가 이루어져야 한다. 황우석 지지자들이 계속 격렬한 대응양상을 보이는 한, 황우석 사태는 계속될 것이다. 황우석 사태는 '황우석 사기'로 말미암은 사회적 혼란을 뜻하기 때문이다. 이런 점에서 황우석 지지자들과 그 행태에 대해 주목할 필요가 있다. 명백한 잘못에 대해 이처럼 많은 사람이 열광하는 것은 도대체 어디에서 비롯된 것인가? 우리는 이 현상을 어떻게 이해해야 하는가? 이 현상의 문제는 무엇이며, 그것은 어떻게 해결될 수 있는가?

3. 황우석 지지자들의 행태

황우석을 지지하는 사람들이 사회적으로 크게 주목받은 것은 '황우석 의혹'에 대한 그들의 격렬한 대응 때문이었다. 생명공학에 대한 여러 우려와 비판[8]에도 불구하고 정치인은 황우석을 거의 무조건적으로

---

7) 이와 관련해서 황우석 사태를 구조적 부패의 산물인 '황우석 게이트'로 파악하고 대응해야 한다는 주장도 제기되었다(한재각, 2006 : 24).

8) 예컨대 계간 《환경과 생명》의 1999년 가을호 특집 "생명공학에 대한 비판적 검토"와 2005년 가을호 특집 "황우석과 과학기술의 신화를 넘어서"를 참조.

지지했고, 언론은 황우석을 영웅화하기에 바빴다. 이런 상황에서 많은 사람들이 황우석을 지지한 것은 당연한 결과일 것이다. 그리고 이것 자체는 문제일 수 없다. 여기서 문제는 지지자들이 황우석의 문제를 밝혀내고 바로잡으려는 사람들에게 보인 잘못된 행태다. 크게 세가지로 나누어 이에 대해 살펴보도록 하자.

첫째, 반민주적 행태의 문제다. 황우석 지지자들은 '국익'[9]을 내세워서 〈PD수첩〉의 방송을 막으려고 했다. 〈PD수첩〉의 황우석 취재는 세계 최고의 연구성과에 흠집을 내는 것이고, 이런 점에서 그것은 결국 '국익'에 위배된다는 주장이었다. 이 주장의 뒷면은 '국익'을 위해서는 '진실'에 눈을 감을 수도 있어야 한다는 것이다. 이것은 국익의 내용이나 결정주체라는 면에서 어떤 타당성도 가지지 못하는 잘못된 주장이다. 그러나 황우석 지지자들은 여전히 이 주장을 내세워서 〈PD수첩〉을 '매국노'라 비난하고 황우석을 '애국자'라고 치켜세운다. 그리고 이 잘못된 주장을 지키기 위해 말 그대로 최선을 다하고 있다.

문제는 최선의 방향이 처음부터 '진실에 대한 공격'의 형태로 나타났다는 데 있다. 황우석 지지자들은 〈PD수첩〉이 애써 밝힌 '진실'을 막기 위해 촛불을 들었다. 그러나 그렇게 해서 진실을 막을 수는 없다. 황우석 지지자들의 행태는 많은 사람들이 우려했던 대로 더욱 폭력적인 쪽으로 나아갔다. 음독자살 시도와 분신자살이라는 참담한 사건이 일어났고, 노정혜와 노성일에 대한 폭행사건도 발생했다. '진실'을 막기 위한 노력이었다는 점에서 황우석 지지자들의 행태는 처음부터 반민주적일 수밖에 없다. 여기서 '국익'을 내세워 모든 권리를 억압했던

정부와 언론이 이런 비판적 논의에 제대로 귀를 기울였다면 황우석 사태는 일어나지 않았을 것이다. 그러나 이런 비판적 논의를 펼친 전문가 중에서도 황우석의 '2004년 논문'과 '2005년 논문'이 거짓이라고 생각한 사람은 없었다. 그만큼 '황우석 사기'는 과학계의 대사건이다.

9) 황우석과 그 지지자들이 말하는 애국주의나 민족주의의 본질은 바로 '국익'으로 대변되는 성장주의다. 이런 점에서 황우석 사태의 이데올로기적 본질은 결국 개발독재 시대에 뿌리를 둔 무조건적 성장주의이다. 환자들의 희망으로 나타나는 인도주의는 이 저급한 경제주의 이데올로기에 비하면 어디까지나 부차적인 것일 뿐이다.

유신독재의 체계와 의식이 아직도 이 사회의 바탕에서 위력을 떨치고 있다는 사실을 새삼 깨닫는다. 황우석 지지자들은 우리가 이룬 민주화가 대단히 '취약한 민주화'라는 사실을 깨닫게 했다. 개발독재가 세운 사회체계와 생활체계, 의식체계는 크게 바뀌지 않은 것이다.[10]

둘째, 반과학적 행태의 문제다. 황우석은 2005년 6월 7일의 관훈클럽 조찬토론회에서 '노벨상을 받게 되는가'에 대한 질문을 받고 "노벨상에 대해서는 잘 모르고 그것은 내 목표도 아니다. 그저 역사에 참과학도였다고 기록되기를 바랄 뿐"이라는 요지의 발언을 했다. 그러나 자못 감동적인 이 발언은 이제 한낱 거짓말로 전락하고 말았다. 11월 22일의 〈PD수첩〉 방영 이후에는 검증에 관한 합의를 깨고 《사이언스》의 권위를 내세워서 그것을 정당화하려 했다. 세계적 과학전문지가 '검증'한 논문을 어떻게 감히 방송국이 '검증'하느냐는 것이었다. 황우석 지지자들은 이러한 잘못된 과학적 논증을 내세워 〈PD수첩〉은 물론이고 문화방송 전체에 거센 공격을 퍼부었다.

유시민은 똑같은 주장을 내세워서 12월 7일의 전남대 특강에서 이런 상태가 당연한 것이라며 〈PD수첩〉을 조롱했다. 유시민은 잘못된 과학적 논증의 주장을 그대로 받아들여서 결국 황우석 지지자들의 '유사 파시즘적 상태'를 옹호한 것이다.[11] 12월 8일 오명은 황우석 병문안을 다녀오면서 《사이언스》에 게재된 것으로 이미 '검증'된 것이므로 "과학적 검증은 없다"라고 단언했다. 그러나 그 뒤의 논란에서 잘 드러났듯이 《사이언스》는 검증기관이 아니라 과학전문지일 뿐이다. 과학논문을 인쇄해서 널리 읽히는 것이지 과학논문의 내용을 일일이 검

---

10) 이것을 우리는 '박정희 체계'라고 부를 수 있다. 요컨대 우리는 박정희가 18년의 독재를 통해 수립한 사회체계에서 살고 있다. 10여 년의 민주화에도 불구하고 이 체계는 크게 바뀌지 않았다. 그동안의 민주화가 주로 '정권의 민주화'에 머물렀기 때문이다. 이제 이 사회의 '선진화'를 이루기 위해서도 박정희 체계의 본격적 개혁을 이루어야 한다. 그 요체는 서구형 생태적 복지사회로 나아가는 것이다.

11) 유시민이 보건복지부 장관으로 적합하지 않은 것은 이 때문이기도 하다. 그는 과학적으로 잘못했을 뿐만 아니라 정치적으로도 잘못했다. 그가 진정 민주주의자라면 과학을 내세운 '유사 파시즘적 행태'에 동조한 것을 크게 부끄러워해야 할 것이다.

증하는 기관이 결코 아니다. 《사이언스》는 게재를 요청하는 논문이 '검증'된 것이라는 전제 아래 인쇄를 준비한다. 따라서 《사이언스》를 상대로 얼마든지 '사기'를 벌일 수 있는 것이다.

과학적 검증에 관한 황우석의 주장, 그의 주장을 그대로 받아들인 황우석 지지자들의 행태, 그 뒤를 이은 유시민과 오명 등의 주장은 모두 과학을 내세운 반과학적 주장이다. 그들은 《사이언스》의 권위를 내세워 과학적 주장을 잠재우려 했다. 이것이야말로 반과학적 행태의 전형이다. 이에 대한 의혹을 과학으로 검증하자고 한 〈PD수첩〉의 요구야말로 과학적 주장이었다. 황우석 등의 주장과 달리 〈PD수첩〉은 스스로 '검증'하겠다고 하지 않았다. 당연히 PD수첩 취재진에게는 그런 능력이 없다. 그러나 《사이언스》에 실린 논문의 검증을 전문가에게 요청할 능력은 있다. 과학적 검증의 요청을 권위의 주장으로 묵살하고자 한 것이야말로 극히 잘못된 반과학적 행태다. 황우석 지지자들은 과학을 외치지만, 실제로 그들이 원하는 것은 황우석의 권위일 뿐이다. 황우석이 과학을 조롱했다면, 그 지지자들은 과학을 위협했다.

셋째, 반여성적 행태의 문제다. 줄기세포는 하늘에서 떨어지는 것이 아니다. 그것은 사람의 '난자'를 '원료'로 만들어진다. '난자'란 무엇인가? 바로 우리 자신을 이룬 생명의 원천이다. 줄기세포를 만들기 위해서는 '젊은 여성의 싱싱한 난자'가 필요하다. 줄기세포를 만들기 위해 마치 생선을 고르듯이 난자를 만진다. 이로써 여성은 그저 줄기세포의 원료를 생산하는 '동물'이 되고 만다. 실험실에서 참혹하게 죽는 동물의 권리를 지키자는 외침이 갈수록 커지는 마당에 여성은 생명공학의 발달에 따라 오히려 그런 동물에 더 가까운 존재가 되어버렸다. 황우석은 여성에게 돈을 주고 난자를 샀을 뿐만 아니라 연구원의 난자도 채취해서 사용했다. 황우석 지지자들은 난자기증재단이니, 난자기증모임이니 하는 조직을 만들어서 줄기세포의 생산에 필요한 난자를 얼마든지 공급하겠다고 약속했다. 진달래꽃길을 만들어 약속을 전하는 기증식도 열었다. 난자의 채취는 월경이나 정자의 사정과는 아주 다른, 고통스럽고 대단히 위험한 일이다. 그러나 황우석 지지자들은 이런 고통과 위험에는 전혀 관심을 기울이지 않는다. '어떻게 저럴 수

가 있을까' 하는 의구심이 들 정도이다. '황우석교'라는 비판은 이러한
반여성적 행태에서 비롯되었다. 12)

4. 여러 주체와 책임

황우석 사태의 가장 큰 책임은 다시 말할 것도 없이 바로 황우석에
게 있다. 그가 '참과학자'의 길을 올곧게 걷고자 했다면, '황우석 사태'
라는 사건은 일어나지 않았을 것이다. 13) 황우석 사태의 핵심은 바로
'황우석 사기'이다. 그는 논문조작은 물론이고 연구윤리와 연구비 관리
의 모든 면에서 큰 잘못을 저질렀다. 가장 큰 잘못은 자신의 지지자들
에게 과학적 태도를 당부하지 않는다는 것이다. 그는 과학자로서 최소
한의 의무를 저버렸다. 14)

또한 황우석 지지자들이 펼치는 '음모론'에서 잘 드러나듯이, 문신용

---

12) 황우석은 불법난자 사용 의혹을 전면 부인했다. 그러나 그의 거짓말은 곧 드
   러났다. 그리고 조사가 진행될수록 그가 사용한 난자 수는 계속 늘었다. 서울
   대 조사위 2,061개, 생명윤리위 2,221개, 검찰 2,236개로 파악된 것이다.
13) 검찰의 수사결과, 황우석이 탁월한 '돈세탁' 실력을 갖고 있다는 것이 밝혀졌
   다. "논문조작에 '탁월한' 솜씨를 발휘한 황 박사는 정부와 민간 후원단체 등
   에서 제공한 연구비를 횡령했는데, 그 솜씨도 수준급이었다. 황 박사는 가짜
   세금계산서를 이용하거나 재료구입비를 과다 청구하는 수법 등을 써서 정부
   지원 연구비와 민간지원금 등 모두 27억 8,400만 원을 지원받거나 횡령했다.
   63개 차명계좌를 이용해 연구원 인건비 명목으로 8억여 원 빼돌리거나 재미
   교포에게 돈을 주고 미국에서 되돌려 받는 환치기 방법을 동원했다. 고액 현
   금거래에 대한 금융정보분석원의 추적을 피하기 위해 여러 은행지점을 돌아
   다니며 10분 간격으로 현찰을 출금하는 주도면밀함도 보였다. 이렇게 빼돌린
   돈으로 부인의 승용차를 구입하거나 정치인에게 후원금을 제공했다. 2001년
   부터 2005년까지 여야 정치인 수십 명에게 10만~300만 원씩 154차례에 걸쳐
   정치자금을 제공했다. 후원금을 댄 대기업 임원들에게는 1,400여만 원 상당
   의 선물을 주기도 했다. 황 박사는 또 2005년 1월 생명윤리법 발효 이후 난
   자를 제공받는 과정에서 모두 25명에게 3,800만 원에 이르는 금품을 제공한
   것으로 드러났다."(《시사저널》, 2006년 5월 18일)
14) 그러나 한국의 과학은 더욱 강해졌다. BRIC이 좋은 예다. 이는 민주화와 정
   보화의 효과가 진정한 과학적 열정과 만난 결과다. 황우석이 그 계기를 제공
   했다는 것은 역설적이지만 사실이다.

과 노성일의 책임도 대단히 크다. 황우석은 두 사람과 만나서 '드림팀'을 꾸렸다고 밝혔다(《세계일보》, 2004; 김환석, 2006 : 7). 그리고 실제로 이 '드림팀'이 '2004년 논문'과 '2005년 논문'을 만들었다. 따라서 문신용과 노성일의 책임을 명확히 밝혀야 한다. 그들은 단순한 보조자가 아니다. 두 사람에게 책임을 묻지 않은 검찰의 수사결과와는 별개로 두 사람의 사회적 책임은 대단히 크다.

검찰의 수사결과가 잘 보여주듯이, 황우석의 지휘를 받은 젊은 연구자들도 대단히 큰 잘못을 저질렀다. 먼저 김선종은 가짜 줄기세포를 제조한 장본인으로서 누구보다 큰 책임을 져야 한다. 황우석의 오른팔과 왼팔로 불렸던 서울대의 이병천 교수와 강성근 교수도 잘못에 합당한 처벌을 받아야 한다. 한양대의 윤현수 교수도 마찬가지다. 그리고 난자제공에 연루된 장상식 한나산부인과 원장도 역시 마땅한 책임을 져야 할 것이다. 기소된 사람들만 잘못을 저지른 것은 아니다. 황우석 연구실의 많은 연구자들이 모두 크든 작든 이 거대한 사기극에 연루되었다. 그들이 앞으로 진정한 과학자로 거듭나기 위해서는 이 잘못을 결코 잊지 말아야 한다. 학계는 물론이고 사회가 그들을 언제나 지켜보고 있다는 사실을 가슴 깊이 새기고 진정한 과학자가 되기 위해 최선을 다해야 한다.

황우석 지지자들의 책임도 있다.[15] 이른바 '황빠' 현상은 팬덤문화[16]의 한 양상으로 볼 수 있다. '황빠'는 황우석을 단순히 추종하는 사람들이 아니다. 그들은 스스로 의미를 생산하며 적극적으로 황우석

---

[15] 현재 황우석 지지자 사이에는 또 다른 '책임'을 놓고 내분이 일었다. 황우석 지지자와 숭배자 사이의 전략적 차이와 대응방법에 관한 전술적 차이가 이미 상당히 나타났다.

[16] '스타덤'에 대응하는 말로서 스타가 아니라 팬이 지배하는 상태를 뜻한다. 스타덤이 수동적 팬을 상정한다면, 팬덤은 스타만큼이나 능동적 팬을 상정한다. 단순히 스타를 추종하는 팬이 아니라 적극적으로 스타를 옹호하고 규정하는 팬이 나타난 것이다. 이런 현상은 서태지의 팬으로부터 시작되었으며, 이른바 '노빠'는 정치권에서 나타난 최초의 팬덤현상이다. 여기서 알 수 있듯이 팬덤은 그 자체로 나쁜 것이 아니다. 오히려 그것은 민주화의 한 양상일 수 있다. 그러나 사기를 진실로 강변하고 진실을 폭력으로 억압하는 순간, 팬덤은 자발적 맹신과 폭력의 발현으로 타락하고 만다.

을 보호하고자 한다. 17) 이런 점에서 '유사 파시즘적'이라는 지적은 피
상적일 수 있다. 우선 황우석은 '유사 파쇼'가 아니다. 그는 자신의 지
지자들에게 지시하지 않는다. 그는 다만 자신의 지지자들이 쉽게 받아
들일 수 있는 말을 할 뿐이다. 그것은 어떤 것인가? 인도주의로 포장
된 애국주의와 민족주의, 성장주의의 약속이다. 이 약속에 강력한 힘
을 부여하는 것은 다름 아닌 바로 과학이다. 따라서 황우석의 약속은
과학주의의 약속이기도 하다(강신익, 2006). 황우석 지지자들은 이 약
속을 적극적으로 해석했다(최종덕, 2006). 이렇게 해서 고귀한 이데올
로기 아래 황우석 사태라는 사기와 맹신의 이중주가 울려 퍼진 것이
다. 이 이중주는 우리 사회가 고도성장과 민주화라는 역사적 성취에도
불구하고 여전히 과거의 덫에 사로잡혀 있음을 보여주는 명백한 증거다.

　이 점에서 정·언·학 유착망의 문제는 대단히 중요하다. 이 유착망
의 주체들은 과거의 덫을 보존하거나 변형하는 식으로 자신의 이익을
최대한 추구한다. 여기서 특히 주목할 것은 '민주화세력의 반민주성'이
다. 정치적 권리의 면에서 민주주의를 추구하는 사람들이 사회적으로
는 박정희 체계의 존속을 통해 정권을 장악하고자 한다. 황우석 사태
는 이런 모순상태가 빚은 극단적 결과이다. 기존 체계에 적응한 대중
의 보수주의가 여기에 영향을 미치기도 했다. 그러나 대중의 보수주의
를 핑계로 개혁을 유보하거나 폐기하는 것은 배신 이외의 어떤 것도
아니다. 이 점에서 황우석 사태는 어쩌면 이미 배신의 길로 깊이 들어
섰는지 모르는 민주화세력에 대한 강력한 정치적 경고로 받아들일 수
있다. 황우석의 성과를 정치적으로 이용하기에 급급해서 정작 검증이
라는 과학적 절차를 완전히 무시한, 그렇게 해서 개발독재 시대에 뿌

---

17) '아침이슬'을 배경음악으로 등장한 한 여성은 "나라 위해 일하신 당신의 손 /
　　사랑스럽습니다 / 당신의 손 외면하는 자 / 거짓을 말하는 자 / 죽을 것입니다"
　　라며 헌정시를 낭독했다. 참석자들이 〈아, 대한민국〉을 합창한 뒤 재미과학
　　자로 소개된 조모 씨가 단상에 올라 "난자공여 등 소모적 윤리논쟁을 중단하
　　고 우리의 생존권을 사수하자"라고 소리쳤다. 우레와 같은 박수가 쏟아졌다
　　(《중앙일보》, 2006년 1월 24일). 헌정시는 '협박'에 가깝고, 재미과학자는
　　저급한 상공인에 가깝다. 그러나 이런 식으로 그들은 의미를 만들며 황우석
　　사태의 해결을 지연한다.

리를 둔 엉터리 합리화의 문제를 더욱 더 크게 키운 바로 그 민주화세력 말이다.[18]

■ 참고문헌

강신익(2006), "황우석 사태를 통한 한국의 과학문화 진단", 민주사회정책연구원 주최 토론회, 〈황우석 사태로 보는 한국의 과학과 민주주의〉, 서울 민주화운동기념사업회 교육장, 2월 2일.
김환석(2006), "황우석 사태로 본 한국사회의 현재와 미래", 생명공학감시연대 주최 토론회, 〈황우석 사태로 본 한국사회의 현재와 미래〉, 서울 사회복지모금회관, 1월 18일.
최종덕(2006), "기획적 속임과 자발적 속음의 진화발생학적 해부", 민주사회정책연구원 주최 토론회, 〈황우석 사태로 보는 한국의 과학과 민주주의〉, 서울 민주화운동기념사업회 교육장, 2월 2일.
한재각(2006), "황우석 사태를 키워온 자 누구인가? : 정부와 정치권의 책임", 생명공학감시연대 주최 토론회, 〈황우석 사태로 본 한국사회의 현재와 미래〉, 서울 사회복지모금회관, 1월 18일.
홍성태(2006), "황우석 사태와 한국사회 : 정언학 유착망과 박정희 체계의 덫", 민주사회정책연구원 주최 토론회, 〈황우석 사태로 보는 한국의 과학과 민주주의〉, 서울 민주화운동기념사업회 교육장, 2월 2일.
《세계일보》(2004), "인간배아복제 연구 드림팀", 10월 11일.

Broad & Wide(1983), 박익수 역(1989), 《배신의 과학자들》, 겸지사.

---

18) 이런 민주화세력의 배신적 행태에 힘입어 보수세력의 회생과 진군이 이루어진다. '역사의 재인식'이라는 이름으로 그들은 새로운 진군의 나팔을 힘차게 불기 시작했다. 한국의 민주화는 위기적 전환기에 놓인 것인지도 모른다. 해답은 박정희 체계를 넘어설 수 있는 민주화의 확대와 심화에서 찾을 수밖에 없다. 이런 맥락에서 노무현 대통령의 잘못은 역사적이다. 그는 황우석에 대한 맹신을 퍼트리는 데 크게 이바지했다. 이 때문에 노무현의 열성적 지지자와 황우석의 열성적 지지자가 상당히 겹치게 되었다. 이런 식으로 노무현 대통령은 박정희 체계의 문제를 더욱 악화했다.

■ 후 기

이 글이 처음 발표된 2006년 3월 10일의 민교협토론회는 황우석 지지자들의 항의로 큰 차질을 빚었다. 그들은 황우석의 행태를 '사기'로 규정한 것은 잘못이라며 거칠게 항의했다. 그날 참여했던 황우석 지지자 중 일부는 일종의 참가기를 만들어 인터넷에 올렸다. 이 참가기에 따르면, 그들은 본관 앞 시위팀과 토론회 시위팀으로 역할을 나누었다. 토론회 시위팀의 목표는 토론을 실력으로 저지하는 것이었다. 그들이 민교협토론회를 특히 중시한 까닭은 서울대민교협이 주최자로 참여하며, 다른 곳도 아닌 서울대 법대에서 열리기 때문이기도 했다.

이 토론회 때문에 많은 황우석 지지자들이 필자에게 욕설을 퍼붓거나 협박하는 글을 인터넷에 올렸다. 그 중에는 필자와 동명이인을 필자로 오인해서 필자가 토론회의 다음날 어디 바닷가로 놀러가서 즐겁게 놀고 있다는 글을 인터넷에 올렸다며 필자에게 마구 욕설을 퍼붓고 협박하는 글도 있다. 누구를 지지하든, 얼마나 지지하든, 그것은 어디까지나 개인의 취향과 선택의 문제이다. 그러나 그것은 반드시 다른 사람을 존중하는 방식으로 이루어져야 한다. 과학과 사기에 관한 토론은 폭력으로 무마될 수 없다. 어떤 애국주의 이데올로기로도 이 토론을 끝낼 수는 없다.

2006년 5월 12일 오전 검찰은 수사결과를 발표했다. 황우석은 연구사기와 연구비횡령의 혐의로 기소되었으며, 검찰은 이 사건을 '과학의 성수대교 붕괴사고'로 비유했다. 검찰은 황우석을 특경가법(특정 경제범죄 가중처벌 등에 관한 법률)상 사기와 업무상 횡령, 생명윤리법 위반 등의 혐의로, 김선종 연구원은 업무방해와 증거인멸 교사 등의 혐의로 기소했으며, 이병천·강성근·윤현수 교수는 사기혐의로, 난자제공에 연루된 장상식 한나산부인과 원장은 생명윤리법 위반혐의로 기소했다. 이로써 과학의 평가에 이어 검찰의 판단이 마무리되었다.

이에 앞서서 서울대와 한양대는 이병천·강성근·윤현수 교수가 교수직을 유지할 수 있는 수준의 징계를 결정했다. 이 때문에 서울대와 한양대는 사회적으로 강력한 비판을 받았다. 이들은 황우석의 핵심공

범으로서 마땅히 교수직을 그만두도록 해야 할 것이다. 검찰의 수사는 황우석뿐만 아니라 이들도 수억 원에 이르는 연구비를 가로채서 유용했다는 사실을 밝혔다. 이런 자들이 계속 교수직을 유지하도록 하는 것은 사기와 횡령을 보호하는 것일 뿐이다.

　그 사이 황우석 지지자 사이에도 적지 않은 변화가 일어났다. 일부 지지자들은 검찰수사가 발표되기 전에 황우석의 '실체'를 파악하고 그를 비판하는 쪽으로 돌아섰다. 이와 달리 또 다른 일부 지지자들은 '척살조'를 만들어 비판자들을 '응징'하려 했던 것으로 밝혀졌다. 그러나 일부 지지자들의 이런 위험천만한 폭력적 행태에 대해 황우석은 여전히 아무런 말도 하지 않는다. 이 잘못된 침묵에 대해서도 그는 마땅히 책임져야 한다.

【 황우석 사태의 경과 】

날짜	내 용
1972. 3.	서울대 수의대 입학
1983. 10.	경기도 광주군 퇴촌리 67,000여 평의 땅 구입
1986. 3.	서울대 수의대 전임강사 임용
1995.	수정란복제로 소복제 성공
1996. 7. 5.	세계 최초 체세포 복제양 '돌리' 발표
1997. 11.	IMF 사태
1998. 2.	김대중 대통령 취임
1999. 2.	황우석, 체세포 복제젖소 '영롱이' 발표. 그 진위는 확인되지 않았음
1999. 4. 1.	국가과학기술위원회에서 한우복제 발표. DJ가 '진이'라는 이름을 붙여줌
2000. 8.	소 난자에 인간 체세포의 핵을 이식한 배아복제 실험
2000. 10.	과학기술부 생명윤리자문위원회 출범
2001. 6. 8.	DJ, 진대제와 함께 황우석을 과학기술자문위원에 위촉
2001. 7.	박기영, 경실련 과학기술위원장 자격으로 황우석을 지지하는 견해 발표
2001. 8.	생명윤리자문위원회, '생명윤리기본법 골격안' 공표
2001. 10.	세종문화상 대통령상 수여
2001. 12.	박기영, 황우석으로부터 첫 번째 연구과제 수주
2002. 9.	과학기술부 세포응용연구사업단 설립(단장 문신용 서울대 의대 교수)
2003. 초	노무현 대통령 당선 직후 황우석을 알게 됨
2003. 2. 14.	돌리 사망
2003. 4.	제럴드 섀튼, 《사이언스》에 영장류복제는 불가능하다는 논문 발표
2003. 12.	노무현 대통령 부부, 황우석 연구실 방문
2003. 12. 10.	광우병내성 복제소와 무균미니돼지를 개발했다고 발표
2004. 1.	제럴드 섀튼과 공동연구 시작 박기영 대통령 과학기술보좌관 임명 국가과학기술위원회 산하 바이오신약·장기 실무위원회 위원장
2004. 2.	'황금박쥐' 결성
2004. 2. 13.	《사이언스》 연례 학술대회에서 논문 발표 《사이언스》에 인간체세포 복제 배아줄기세포 논문발표(2004년 논문)
2004. 2. 18.	황우석, 윤리논란에 따른 연구중단 선언

2004. 3. 26.	한국생명윤리학회, 황우석과 문신용 연구팀에게 의견 전달
2004. 4.	《네이처》에서 연구원 난자채취 의혹제기 황우석후원회 결성(한국과학재단 관리)
2004. 4. 20.	대한민국 최고과학기술인상 수상
2004. 5. 22.	한국생명윤리학회, 연구절차와 윤리에 대한 공개토론 제안
2004. 6.	보건복지부 보건의료기술심의위원회 위원장
2004. 6. 8.	다음카페 '아이러브 황우석' 개설(카페장 윤태)
2004. 6. 18.	노무현 대통령, 황우석과 문신용 등 11명에게 훈·포장, 대통령 표창
2004. 8. 12.	이해찬, '황 교수의 배아줄기세포는 BK21에서 나온 것'이라 자랑
2004. 9.	서울대 수의과대 수의학과 석좌교수
2004. 9. 14.	국가요인급 경호 확인
2004. 10. 21.	황우석, 연구재개 선언
2005. 1.	서울대 수의대 기관윤리위원회(IRB) 출범(황우석이 위원선출에 관여)
2005. 5. 20.	환자맞춤형 배아줄기세포 논문을 《사이언스》에 발표(2005년 논 문)
2005. 5. 24.	3부 요인급 '경호·경비'로 격상 확인
2005. 5. 25.	한나라당, 황우석 노벨상수상 로비의혹 보도(노컷뉴스)
2005. 5. 27.	한국기독교생명윤리협회의 비판
2005. 6. 1.	유영준, 문화방송 〈PD수첩〉에 황우석에 관한 제보
2005. 6. 7.	관훈클럽 조찬토론회. "노벨상은 나의 목표가 아니다. 그저 참과 학도였다고 역사에 기록되기를 바랄 뿐"이라는 요지의 발언
2005. 6. 24.	과학기술부 최고과학자 선정위원회, 황우석 제1호 최고과학자 선정
2005. 7. 31.	강원래에게 일으켜 세울 수 있다고 말하는 '열린음악회' 방영
2005. 8. 4.	체세포 복제개 '스너피' 발표
2005. 8. 25.	생명공학감시연대, 〈인간배아연구 이대로 좋은가〉 토론회
2005. 9. 13.	《환경과생명》 가을호, 특집 "황우석과 과학기술의 신화를 넘어 서" 황우석, 인촌상 자연과학 부문 수상
2005. 10. 5.	의료산업선진화위원회 발족
2005. 10. 19.	세계줄기세포허브 개소식. 이 무렵 DJ에게 병을 고쳐줄 테니 환 자등록을 하라고 수 차례 권유
2005. 10. 20.	〈PD수첩〉, 미국 피츠버그에서 김선종과 인터뷰
2005. 10. 31.	〈PD수첩〉, 황우석과 인터뷰(2005년 논문 검증하기로 합의)

2005. 11. 12.	제럴드 섀튼, 난자채취의 비윤리성 거론하며 황우석과 결별선언
2005. 11. 21.	'난자기증재단'(이사장 이수영) 창립 노성일, 20여 명의 난자제공자에게 돈을 지급했다고 시인
2005. 11. 22.	〈PD수첩〉 1탄, "황우석 신화의 난자매매 의혹" 황우석 지지자들의 격렬한 대응(집단테러 수준)
2005. 11. 23.	노성일, 〈PD수첩〉의 왜곡보도에 법적으로 대응하겠다고 발표
2005. 11. 24	보건복지부, '법규정 및 윤리준칙 위배 사실은 없었다'는 내용의 서울대 수의대 IRB의 조사보고서 '대독' 황우석, 대국민사과와 '백의종군' 발표
2005. 11. 25.	〈PD수첩〉 광고 전면중단
2005. 11. 26.	황우석 지지자들, MBC의 '공식사과' 요구하며 MBC 앞에서 촛 불시위
2005. 11. 27.	노무현 대통령, 〈PD수첩〉의 '취재윤리'를 비판하는 글을 인터넷 에 발표
2005. 11. 28.	민주노동당, 〈황우석 스캔들 긴급토론회〉 개최
2005. 12. 1.	〈PD수첩〉, 황 교수 취재일지 공개 MBC, 뉴스데스크를 통해 황우석에게 2차 검증에 응할 것을 요 구 안규리 미국으로 출국
2005. 12. 3.	안규리 귀국
2005. 12. 4.	YTN, 〈PD수첩〉의 '취재윤리'를 문제삼는 기사 보도 MBC, 대국민사과문 발표
2005. 12. 5.	BRIC에 《사이언스》 2005년 논문의 줄기세포 사진이 중복된 사 실을 밝히는 글이 올라옴
2005. 12. 6.	검찰, 〈PD수첩〉 고발사건에 대한 법률 검토에 착수 《네이처》 인터넷판, 황우석 교수의 연구성과에 대한 검증촉구 '아이러브 황우석' 회원, '1천 명 난자기증의사 전달식'과 진달래 꽃길 행사 '황우석 교수를 돕는 국회의원 모임'(가칭) 출범 '바른 과학기술사회 실현을 위한 국민연합'(이하 과실련) 창립총 회, 황우석에 대한 지지 천명
2005. 12. 7.	황우석 입원 〈PD수첩〉 폐지 결정 피츠버그대 과학진실성위원회 조사 시작 유시민, 전남대 특강에서 〈PD수첩〉과 MBC 조롱
2005. 12. 8.	김형태 변호사, 황우석이 환자맞춤형 배아줄기세포의 특허에 필 요한 세포주를 기탁기관에 맡기지 않았다는 사실 확인

2005. 12. 8.	BRIC에 환자의 체세포와 줄기세포 DNA 지문분석 결과에 관한 '조작' 가능성을 제기하는 소장 과학자의 글이 올라옴 서울대 의대와 치대, 생명과학대 등의 소장파 교수들, 정운찬 총장에게 황우석의 논문에 대한 서울대 자체검증 건의 경기도, '황우석 바이오장기연구센터' 기공식(총 건립비 295억 원) 오명, 황우석 병문안을 다녀오면서 《사이언스》에 실린 것으로 이미 검증된 것이므로 "과학적 검증은 없다"라고 단언
2005. 12. 10.	민주화를위한전국교수협의회, 서울대의 조사를 촉구하는 성명서 발표
2005. 12. 11.	황우석, 서울대에 자체조사 요청 서울대, 자체조사를 벌이기로 결정
2005. 12. 12.	황우석, 18일 만에 연구실 복귀 섀튼, 2005년 《사이언스》 논문에서 자신의 이름을 뺄 것 요구 스웨덴 카롤린스카대에 기자재구입 명목으로 50만 달러 송금
2005. 12. 15.	노성일, "줄기세포는 없다"라고 발표. 〈PD수첩〉 방송재개, "특집 PD수첩은 왜 재검증을 요구했는가"
2005. 12. 16.	2시 황우석, 기자회견. '바꿔치기'와 '원천기술' 주장
2005. 12. 16.	3시 노성일, 기자회견. 황우석의 주장 반박
2005. 12. 20.	서울대 의대와 서울대병원 교수들, '환자맞춤형 배아줄기세포'의 의학적 응용 가능성이 과장됐다는 성명 발표 문신용, '2004년 논문'도 조사해야 한다고 발언
2005. 12. 23.	서울대 조사위원회, '2005년 논문'의 조작을 확인한 중간조사 결과 발표 한나라당 김석준 의원, 정부 차원의 황우석 노벨상 프로젝트 의혹 제기
2005. 12. 27.	김선종, 안규리와 윤현수에게 3만 달러 받은 사실 드러남
2006. 1. 3.	〈PD수첩〉 3탄, "줄기세포 신화의 진실"
2006. 1. 4.	양삼승 생명윤리심의위원장, 황 교수 기자회견 관여 책임으로 사퇴
2006. 1. 8.	황우석, 《경인일보》와 인터뷰하여 '2004년 논문'의 조작 시인
2006. 1. 10.	서울대 조사위원회, '2004년 논문'과 '2005년 논문'의 조작 발표 〈PD수첩〉 4탄, "대담한 언론플레이, 황우석 신화가 되다"
2006. 1. 11.	정부, 황우석의 제1호 최고과학자 지위박탈 예고 황우석 지지자들 서울 마로니에공원에서 촛불시위
2006. 1. 12.	황우석, 기자회견에서 '바꿔치기' 주장 《사이언스》, '2004년 논문'과 '2005년 논문'의 직권취소 발표

2006. 1. 14.	황우석 지지자들 서울 광화문 네거리에서 촛불시위
2006. 1. 17.	일부 '산승'들 황우석 지지의견 광고 발표 KBS 〈시사중심〉, 황우석 옹호 방송
2006. 1. 19.	대구MBC 로비에서 황우석 지지자 이모 씨 음독자살 기도
2006. 1. 20.	서울대, 황우석의 석좌교수 직위 박탈 박기영 청와대 사표제출
2006. 1. 21.	황우석 지지자들 서울 광화문 네거리에서 촛불시위
2006. 1. 23.	박기영 사표수리
2006. 1. 24.	YTN이 《미디어오늘》과 《오마이뉴스》에 서울중앙지법에 10억 원 손해배상 소송
2006. 1. 27.	박기영 순천대에 복직신청
2006. 2. 4.	서울 세종로 이순신 장군상 앞에서 황우석 지지자 정해준 씨 분신자살 황우석 지지자들 서울 광화문 네거리에서 촛불시위
2006. 2. 18.	황우석 지지자들 서울 광화문 네거리에서 촛불시위
2006. 2. 21.	보건복지부 생명윤리팀 김헌주 팀장, "복지부가 서울대 수의대학 기관윤리위원회(IRB)의 조사 결과를 대신 발표한 것은 분명히 부적절했다"라며 생명윤리심의위원들에게 사과이메일 발송
2006. 2. 22.	황우석 지지자들 서울대에서 노정혜 교수 폭행
2006. 2. 23.	황우석 지지자들 경북대에서 시위 한나라당 박재완 의원, 황우석 노벨상로비 의혹 제기(후원금 송금)
2006. 2. 25.	황우석 지지자들 대전에서 촛불시위
2006. 3. 1.	황우석 지지자들 서울 세종문화회관 앞에서 시위
2006. 3. 2.	황우석 지지자들 서울대에서 시위 황우석 지지자들 서울중앙지검 앞에서 촛불시위 《사이언스》 황우석의 늑대복제 논문 게재거부 보도
2006. 3. 3.	황우석 지지자들 서울중앙지검 현관에서 노성일 이사장 폭행
2006. 3. 6.	검찰, '2005년 논문'의 시료조작에 관해 황우석이 시인했다고 발표
2006. 3. 10.	황우석 지지자들 서울대에서 열린 민교협토론회에서 거칠게 항의
2006. 5. 12.	검찰, 황우석 수사결과 발표

【 2004년 논문 저자들 】

· 제1저자 황우석 : 서울대 교수, 연구총괄책임자 및 공동 교신저자.
· 제2저자 유영준 : 서울대 대학원생. 연구수행(난자운반, 줄기세포 보관,
  반출입 등 관리담당), 데이터정리 및 논문초고 작성.
· 제3저자 박종혁 : 미즈메디 연구원. 연구수행(줄기세포 배양, 줄기세포사
  진 촬영, DNA 지문분석 시료 검사기관에 의뢰 등).
· 제4저자 박을순 : 서울대 대학원생. 연구수행(핵이식 담당).
· 제5저자 이유진 : 서울대 연구원. 연구수행(세포배양).
· 제6저자 구자민 : 서울대 대학원생. 연구수행(세포배양).
· 제7저자 전현용 : 서울대 대학원생. 연구수행(RT-PCR).
· 제8저자 이병천 : 서울대 교수. 연구자문.
· 제9저자 강성근 : 서울대 교수. 논문작성.
· 제10저자 김선종 : 미즈메디 연구원. 연구수행(세포배양).
· 제11저자 안규리 : 서울대 교수. 연구자문.
· 제12저자 황정혜 : 한양대 교수. 한양대 IRB 통과 기여.
· 제13저자 박기영 : 대통령 정보과학기술 보좌관. 기여 없음.
· 제14저자 호세 시벨리(Jose B. Cibelli) : 미시간대 교수. 원숭이세포 및
  프라이머 제공.
· 제15저자 문신용 : 서울대 교수. 공동 교신저자, 연구기술 제공 및 논문.

【 2005년 논문 공동저자 25명 면면 】

· 제1저자 황우석 : 서울대 수의대 석좌교수. 연구의 기획, 지휘, 공동연
  구 관리 등 총괄책임자. 연구책임자로서 직접 세포를 만지는 실험을 하
  는 것은 아니며, 매일 아침 세포의 배양상태를 현미경으로 확인하고 실
  험을 지시했다. 12월 15일, 환자맞춤형 줄기세포가 미즈메디 것으로 바
  뀌었고 이 사실을 11월 18일 알았으며, 바꿔치기의 주범으로 김선종 연
  구원을 의심한다는 내용의 기자회견을 가졌다. 연구 총괄책임자로서 이
  를 몰랐다는 것은 납득하기 어려운 설명이다. 사진조작에 대해서는 '인위
  적 실수'라고만 해명하고, 줄기세포를 만들었다며 거듭 주장했다.

· 제2저자 노성일 : 미즈메디병원 이사장. 난자제공과 줄기세포 기술지원

이라는 핵심적 공동연구팀의 책임자. 생명윤리법 발효 전인 2004년 말까지 난자를 채취해 황 교수팀에 보냈다. 줄기세포의 존재를 확신하며 황 교수를 두둔하다 최근 "환자맞춤형 줄기세포는 없고 황 교수가 체세포로 논문을 조작했다"라고 폭탄선언했다. 12월 19일에는 "논문에 쓰인 난자 (185개)보다 훨씬 많은 900개의 난자를 제공했다"라고 밝혔다. 김선종 연구원이 줄기세포를 바꿔치기했다는 황 교수의 의심을 일축하며 오히려 "윤현수 교수와 권대기 연구원이 미즈메디 수정란을 서울대로 가져가 환자맞춤형으로 둔갑시켰을 것"이라고 의심한다.

· 제3저자 이병천 : 서울대 수의대 교수. 황 교수의 오른팔로 알려졌으며 동물복제를 담당한다. 이 연구에서는 특별한 역할이 드러나지 않는다. 다만 진위의혹이 불거진 후 YTN 기자에게 안규리 교수가 김선종 연구원을 만나러 간다고 말해 인터뷰가 가능토록 다리를 놓았다.

· 제4저자 강성근 : 서울대 수의대 교수. 황 교수의 왼팔로 줄기세포 연구를 실무 지휘했다. 김선종 연구원에 따르면 황 교수가 사진을 늘리라고 지시했을 때 옆에 있었고, 11월 PD수첩팀의 DNA 검증을 위해 5개의 줄기세포 시료를 넘겨주었다. 모든 연구내용을 꿰고 있을 것으로 보인다. 유전자 조작기술의 전문가로 알려졌다.

· 제5저자 권대기 : 서울대 수의대 박사 1년차. 교수급 아래에서는 가장 중요한 줄기세포팀장으로 줄기세포 보관, 반출입 등 관리를 맡고 있다. 바꿔치기가 일어났다면 이를 알 수 있는 위치다. 권 연구원은 줄기세포와 환자 체세포의 DNA 지문분석과 면역적합성(HLA) 검사를 위해 김선종 연구원에게 시료를 넘겨주었고, 김 연구원은 "권 팀장으로부터 받은 그대로 DNA만 추출해 검사기관에 보냈다"라고 말해 DNA와 HLA 검사 결과 조작의 열쇠를 쥔 사람 중 하나다. 그러나 언론인터뷰를 극도로 피해 확인된 것이 없다. 최근 노 이사장이 이러한 사실을 확인하기 위해 권 연구원을 부르자 그는 "이병천, 강성근 교수와 함께 가겠다"라고 말해 노 이사장과 실랑이를 벌였다. 신구대를 나와 서울대에 진학했다.

· 제7저자 김선종 : 미즈메디병원 연구원(당시)으로 매일 새벽 6시 서울대 실험실로 출근해 줄기세포를 배양하는 핵심적 역할을 맡았다. 줄기세포 사진과 테라토마 사진을 찍고, 시료를 검사기관에 보내는 등 통상 제1저

자가 하는 몫을 했다. 그러나 〈PD수첩〉과 YTN인터뷰에서 말을 바꿨다는 비난과 함께 각종 회유에 시달렸고, 줄기세포를 바꿔치기한 장본인으로 의심받고 있다. 한양대 출신으로 2005년 9월에 피츠버그대학 연구원으로 떠났다.

· 제6저자 김수, 8저자 박선우, 9저자 권희선 : 난자의 핵을 빼내고 체세포를 주입하는 핵치환실험을 실제로 수행한 서울대 수의대 연구원들. 이들은 환자맞춤형 줄기세포를 만드는 초기인 복제단계를 수행했다. 16일 황 교수가 기자회견을 할 때 회견장에 나온 이들을 가리키며 '줄기세포를 매일 아침 확인한 연구원들'이라고 말한 바 있다. 김수 연구원은 박사과정 2년차로 손재주가 좋아 박을순 연구원이 피츠버그 대학으로 간 후 핵치환실험의 중심으로 떠올랐다. 건국대를 나와 서울대에 진학했다. 박선우 연구원은 단국대 출신이며 김수 연구원과 함께 줄기세포뿐 아니라 다양한 핵치환실험을 하는 것으로 알려졌다. 권희선 연구원은 상명대 출신으로 황정혜 한양대 교수 밑에서 연구하다가 서울대로 옮겼다.

· 제10저자 이창규 : 서울대 농생명공학부 교수. 유전자에서 특정 부위를 제거하는 녹아웃기법 전문가로 알려졌다.

· 제11저자 이정복, 12저자 김진미 : 미즈메디병원 연구원. 김선종 연구원이 줄기세포를 미즈메디병원으로 갖고 오면 이를 배양해 테라토마실험(줄기세포를 쥐에 주입해 다양한 조직으로 분화하는지 확인하는 실험)을 했다. 김 연구원은 "서울대 실험실은 한 번도 가본 적이 없다"며 "서울대 실험실에서 줄기세포를 어떻게 키웠는지, 인간 영양세포를 썼는지 여부는 알지 못한다"라고 말했다.

· 제13저자 안규리 : 서울대 의대 신장내과 교수. 김선종 연구원으로부터 시료를 받아 줄기세포와 환자의 면역적합성(HLA) 검사를 안 교수팀에서 한 것으로 알려졌다. 피츠버그에서 김선종 연구원을 인터뷰한 YTN과 동행했고 황 교수를 신뢰한다는 발언을 거듭했으나 최근 극도로 말을 아끼고 있다.

· 제14저자 백선하 : 서울대 의대 신경외과 교수.

· 제15저자 장상식, 16저자 구정진 : 한나산부인과 원장 부부. 노성일 이
사장의 난자제공이 끊긴 후인 1~2월 황교수팀에 200개의 난자를 제공했
다. 장 원장은 19일 "배반포까지 배양된 복제배아를 본 적이 있다"라고
말했고 20일에는 병원에 나오지 않았다. 자녀사망 후 줄기세포 연구에
뛰어들었다고 알려졌다.

· 제17저자 윤현수 : 한양대 의대 교수. 2004년까지 미즈메디연구소 소장
으로 박종혁, 김선종 연구원의 연구를 지시·감독했다. 미즈메디병원에
서 테라토마실험을 위해 김 연구원이 갖고 온 줄기세포를 쥐에 주입했
다. 그는 〈PD수첩〉에 줄기세포를 넘겨준 현장에 있었고, YTN이 김선
종 연구원을 인터뷰한 호텔에도 동행했다. "줄기세포 바꿔치기는 있을
수 없는 일"이라고 말했다.

· 제18저자 황정혜, 19저자 황윤영 : 한양대 의대 산부인과 교수. 한양대
병원에서 난소적출 수술 후 남은 난자 일부를 제공했으나 신선하지 않아
실험이 잘 안 돼 실제 제공한 난자는 미미한 것으로 알려졌다. 대신 황
교수의 연구가 한양대 기관윤리심의위원회(IRB)를 통과할 수 있도록 애
썼다. 2004년 황우석 교수 연구에서 황정혜 교수는 공동저자로, 황윤영
교수는 특허신청에 이름이 올랐다. 황윤영 교수는 "지금은 상황이 너무
복잡해 일절 노코멘트 하겠다"라고 말했다.

· 제20저자 박예수 : 한양대 의대 정형외과 교수.

· 제21저자 오선경, 22저자 김희선 : 서울대 의대 산부인과 소속 연구원.

· 제23저자 박종혁 : 피츠버그대학 의대 연구원. 황 교수의 실험에 문제가
생기면 메일로 사진을 받아 섀튼 교수와 상의한 것으로 알려졌다. 한양
대 출신으로 미즈메디병원에서 피츠버그대학으로 갔다.

· 제24저자 문신용 : 서울대 의대 산부인과 교수. 2004년 세포응용연구사
업단 단장으로 황 교수 연구에 연구비를 지원했으며 2004년 《사이언스》
논문의 교신저자로 올랐다. 현재 황 교수와 거리를 두고 있으며 12월 20
일 "2004년 황 교수 논문도 조사해야 한다"라고 말했다.

· 제 25저자 제럴드 섀튼 : 피츠버그대학 의대 교수. 연구의 흐름을 제시하고 논문을 손본 것으로 알려졌다. 섀튼 교수가 논문의 조작 여부를 알았는지, 그가 논문작성에 얼마나 관여했는지 여부가 관심사다. 그를 조사중인 피츠버그대학은 섀튼 교수를 중징계할 방침으로 알려졌다.

(출처 : 《한국일보》, 2005년 12월 23일)

【 서울대 조사결과 보고서 요약 】

I. 위원회 구성 및 목적
- 생 략 -

II. 2005년 《사이언스》 논문의 진위

1. 데이터 조작 및 경위

1) 2005년 사이언스 논문제출 시점에서의 줄기세포 확보 여부
· 논문제출 시점에 줄기세포주로서 존재한 것은 2번과 3번 줄기세포주다.
· 나머지 세포주는 줄기세포주로의 특성을 확인하는 실험을 할 수 있을 정도로 진행되지 않은 상태였기 때문에 사이언스 논문에 보고된 데이터와 그림은 구체적 실험결과 없이 조작된 것이다.

2) 황교수팀이 현재 보관중인 줄기세포의 정체
· 황 교수가 보관중이던 세포주는 모두 미즈메디의 수정란 세포주였다. 황 교수가 언론에 밝힌 미확인된 5개의 세포주가 정확히 몇 번 세포주를 말하는 것인지는 알 수 없으나 모두 미즈메디 것으로 밝혀졌다.
3) 사용된 난자 개수
· 논문제출 시점까지 사용한 난자 수는 273개였으나 논문에 185개로 축소 보고했다.

4) 배반포 및 줄기세포 확립 성공률과 조작 경위
· 사용된 난자 개수가 축소되었기 때문에 논문에 기술된 배반포형성 성공률은 과장되었다.

• 사용된 난자 개수가 축소되었기 때문에 논문에 기술된 세포주 확립 성공률도 과장되었다. 그러나 현재 세포주가 수립되었다는 증거가 없으므로 세포주확립 성공률은 0%다.

5) 면역염색 사진
• 황우석 교수의 지시에 따라 김선종 연구원이 사진을 여러 장 만들어 논문의 〈그림 1〉 데이터를 조작하였다.

6) DNA 지문분석 데이터
• 사이언스 논문에 보고된 DNA 분석자료는 2번부터 12번까지 11개 줄기세포 모두 체세포만 가지고 분석한 결과다.
• 동 자료가 동일한 DNA 시료 또는 별개의 DNA 시료에 대하여 독립적으로 PCR 반응을 실시하여 얻은 결과라고 보기 어렵다.

7) 테라토마 분석
• 2005년 사이언스 논문 〈그림 3〉의 테라토마 사진은 2번 세포주(미즈메디 4번과 동일 세포주)만으로 수행한 결과이며, 3번과 4번 줄기세포의 그림은 허위로 작성된 것이다.

8) 배아체(*embryoid body*) 형성실험
• 배아체 형성실험은 시행하지 않고 황 교수의 지시에 따라 미즈메디 병원에 보관중인 수정란 배아체 사진을 사용하였다.

9) 면역적합성(*HLA histocompatability*) 결과
• 4-11번 면역적합성 결과는 체세포로만 시행한 결과로 조작되었다.
• 2005년 사이언스 논문 〈표 3〉의 면역적합성 결과는 논문제출시 없었다.

10) 핵형(*karyotypes*) 분석
• 핵형분석은 2번 세포주로만 시행하였으며, 나머지는 조작한 결과다.

11) 줄기세포 배양에 사용된 영양세포(*feeder cell*)
• 마우스 영양세포를 사용한 경우에 대한 설명을 고의로 누락함으로써 논문을 허위로 작성하였다.

2. 논문원고 작성과정 및 경위
- 2005. 3. 15. 논문투고
- 2005. 3. 18. 심사자 선정 및 심사자로의 논문 전송
- 2005. 4. 4. 심사자(3인)로부터 심사평 도착
- 2005. 4. 25. 논문수정 및 재투고
- 2005. 5. 10. 사진 고해상도 본(version) 제출
- 2005. 5. 12. 공식적으로 논문게재 승인
- 2005. 5. 19. 논문 온라인 게재
- 2005. 6. 17. 논문 인쇄(vol. 308, pp. 1777~1783)

- 논문 작성은 강성근 교수가 논문작성에 필요한 데이터를 수집하여 섀튼 교수에게 전송하였다.
- 논문은 섀튼 교수가 주도적으로 작성하여 직접 《사이언스》에 제출하였으며 심사평에 대한 응답도 섀튼 교수가 하였다.
- 황우석, 강성근, 섀튼 교수 이외의 저자들은 논문작성에서 발행에 이르기까지 작성내용과 제출, 심사, 출판 등의 경위를 몰랐다고 진술하였다.

3. 공저자의 역할
- 황우석(서울대 교수, 제1저자 및 공동 교신저자) : 연구 총괄책임자
- 노성일(미즈메디병원 이사장, 제2저자) : 난자제공
- 이병천(서울대 교수, 제3저자) : 연구자문
- 강성근(서울대 교수, 제4저자) : 연구자문, 논문 데이터를 수집하여 섀튼 교수와 교신
- 권대기(서울대 박사과정, 제5저자) : 연구수행(난자운반, 줄기세포 보관, 반출입 등 관리 담당), 데이터 정리
- 김수(서울대 박사과정, 제6저자) : 연구수행(핵이식 담당)
- 김선종(미즈메디병원 연구원, 제7저자) : 연구수행(줄기세포 배양, 줄기세포 및 테라토마 사진촬영, DNA 지문분석 시료 검사기관에 의뢰 등), 사진 조작
- 박선우(서울대 연구원, 제8저자) : 연구수행(세포배양)
- 권희선(서울대 연구원, 제9저자) : 연구수행(세포배양)
- 이창규(서울대 교수, 제10저자) : 연구자문
- 이정복(미즈메디 연구원, 제11저자) : 테라토마실험 수행
- 김진미(미즈메디 연구원, 제12저자) : 테라토마실험 수행

· 안규리(서울대 교수, 제13저자) : 면역적합성(HLA) 검사

· 백선하(서울대 교수, 제14저자) : 환자체세포 제공

· 장성식(하나병원원장, 제15저자) : 난자제공

· 구정진(하나병원 의사, 제16저자) : 난자제공

· 윤현수(한양대 교수, 제17저자) : 테라토마 제조를 위한 세포주 주입 수행

· 황정혜(한양대 교수, 제18저자) : 난자채취, 한양대 IRB 통과에 기여

· 황윤영(한양대 교수, 제19저자) : 한양대 IRB 통과에 기여

· 박예수(한양대 교수, 제20저자) : 기여 없음

· 오선경(서울대 연구원, 제21저자) : 기여 없음

· 김희선(서울대 연구원, 제22저자) : 기여 없음

· 박종혁(피츠버그대 박사후연구원, 제23저자) : 기여 없음

· 문신용(서울대 교수, 제24저자) : 기여 없음

· 제럴드 섀튼(Gerald Schatten, 피츠버그대 교수, 공동 교신저자) : 주도적
 으로 논문작성, 논문제출, 논문심사평에 대한 응답서 작성

III. 2004년 사이언스 논문의 진위

1. 데이터 조작 및 경위

1) DNA 지문분석을 통한 줄기세포 진위 판정

· 자가 핵이식으로 제조된 것으로 보고된 1번 줄기세포주는 논문에 보고된
 줄기세포 및 체세포 공여자 A와 DNA 지문이 다르다. 2004년 사이언스
 논문에 체세포와 줄기세포주가 동일한 DNA 지문을 갖는다고 기술된 것
 은 허위다.

· 1번 줄기세포주와 공여자 B의 DNA 지문이 48개 중 40개 마커에서 일치
 한다는 사실과 미토콘드리아 DNA 염기서열이 동일하다는 사실은 황 교
 수팀이 보유한 정체불명의 줄기세포(NT-1)가 사이언스 논문에 보고된
 공여자 A와는 다른 공여자 B의 난자를 사용하여 만들어진 세포임을 의
 미한다(추정확률 100%).

· 공여자 B와 1번 줄기세포 사이에 48개 중 8개 마커가 불일치한다는 것은
 황 교수팀이 보유한 1번 줄기세포가 핵이식에 의해 만들어지지 않았음을
 의미한다.

· 지금으로서는 1번 줄기세포가 어떤 생명현상을 거쳐 8개 마커가 달라졌
 는지 완벽한 과학적 해석을 내리기는 어렵다. 8개 마커에서 공여자 체세

포는 이형접합(heterozygosity)인 데 반해 1번 줄기세포는 모두 동형접합 (homozygosity)으로 나타났다. 이러한 현상은 1번 줄기세포가 돌연변이에 의해 생성된 것일 가능성이 매우 희박하다는 것을 나타낸다.

· 1번 줄기세포 수립시 공여자 B의 난자에 대한 핵이식이 버려지는 미성숙 난자를 사용해 숙련된 연구원이 아닌 비숙련 연구원에 의하여 연습목적으로 수행되었다는 해당 연구원의 진술을 감안하면, 1번 줄기세포는 핵이식 과정중 불완전탈핵과 난자 옆에 붙어있는 1차 극체(polar body)의 유입에 의해 유발된 처녀생식(parthenogenesis) 과정으로 만들어졌을 가능성이 매우 높다.

2) 사진 데이터의 오류 및 제작 경위
- 생 략 -

2. 논문원고 작성과정 및 경위

1) 논문작성 경위
· 2003. 5월 중순경 유영준 연구원이 논문초고 작성, 이후 강성근 교수가 완성하여 《네이처》(Nature)에 제출하였으나 심사를 하지 않고 게재 불가 연락을 받음.
· 2003. 6. 16. 《사이언스》에 논문투고
· 2003. 7월 중순경 심사평 도착
· 2003. 12. 9. 논문게재 승인
· 2004. 2. 4. 논문 온라인 게재
· 2004. 3. 12. 논문인쇄(vol. 303, pp. 1669~1674)

2) 공저자들의 역할
· 황우석(서울대 교수, 제1저자 및 공동 교신저자) : 연구 총괄책임자 및 공동 교신저자
· 유영준(서울대 대학원생, 제2저자) : 연구수행(난자 운반, 줄기세포 보관, 반출입 등 관리 담당), 데이터 정리 및 논문초고 작성
· 박종혁(미즈메디 연구원, 제3저자) : 연구수행(줄기세포 배양, 줄기세포 사진촬영, DNA 지문분석 시료 검사기관에 의뢰 등)
· 박을순(서울대 대학원생, 제4저자) : 연구수행(핵이식 담당)

- 이유진(서울대 연구원, 제 5저자) : 연구수행(세포 배양)
- 구자민(서울대 대학원생, 제 6저자) : 연구수행(세포배양)
- 전현용(서울대 대학원생 제 7저자) : 연구(RT-PCR) 수행
- 이병천(서울대 교수, 제 8저자) : 연구자문
- 강성근(서울대 교수, 제 9저자) : 논문작성
- 김선종(미즈메디 연구원, 제 10저자) : 연구수행(세포배양)
- 안규리(서울대 교수, 제 11저자) : 연구자문
- 황정혜(한양대 교수, 제 12저자) : 한양대 IRB통과 기여
- 박기영(순천대 교수, 제 13저자) : 기여 없음
- 호세 시벨리(Jose B. Cibelli, 미시간대 교수, 제 14저자) : 원숭이세포 및 프라이머 제공
- 문신용(서울대 교수, 제 15저자) : 공동교신저자, 연구기술제공 및 논문 작성

IV. 난자사용 개수 및 난자채취 과정의 문제점

1. 황교수팀에 제공된 난자는 2002년 11월 28일부터 2005년 11월 8일까지 미즈메디병원, 한나산부인과병원, 한양대 의과대학 산부인과, 삼성제일병원 등 4개 병원에서 129명으로부터 채취한 총 2,061개다. 이 난자 중에서 2005년과 2004년 사이언스 논문연구를 위해 제공되어 사용된 난자가 몇 개인지 정확하게 집계하기는 어렵다. 양 논문연구를 위한 집계에 들어가지 않은 것이 있다 하더라도 결국 이 난자들은 양 논문연구의 연장선에서 쓰였다고 봐야 할 것이다.

2. 황 교수팀에 난자를 제공한 병원들은 황 교수의 2004년과 2005년 사이언스 논문연구를 위해 한양대 IRB에서 승인한 난자기증동의서 양식 대신 대부분 난자채취에 따른 합병증 등 위험성에 대한 기술이 없는 약식 난자기증동의서를 사용하였다.

3. 한양대병원 IRB는 연구계획서를 승인할 때, 난자채취에 따른 합병증 등 위험성에 대한 기술이 미비한 난자기증동의서 양식의 문제점을 제대로 지적하지 않았다. 2005년 1월 18일 2005년 논문을 위한 2차 연구계획 변경 신청시 첨부된 난자기증동의서에 비로소 합병증 관련 위험성에 대해 서술했는데, 이러한 동의서 양식과 그에 따른 비교적 엄격한 동의 취득 절차가 제대로 적용된 것은 2005년 1월 28일 이후다.

4. 난자채취기관들이 동의 이전에 기증자들에게 채취의 위험성을 충분히

설명했는지 여부, 난자를 채취한 사람들 가운데 과배란증후군 등으로 진료를 받은 사람이 몇 명인지, 과배란 유도를 위한 호르몬 투여량이 적정했는지 여부 등에 대해서는 자료를 확보하지 못했으며, 앞으로 더 정확한 조사가 필요하다.

5. ○○○ 전 연구원은 2004년 사이언스 논문연구를 위해 자신의 난자를 제공했다. 황 교수가 연구원 난자제공과 관련한 인지시점, 역할 등에 관해 지금까지 한 진술은 거짓으로 드러났다. 현재 남아 있는 연구원 가운데 2003년 5월 당시 황 교수팀이 나눠준 난자기증동의 관련 양식서에 사인했다고 진술한 연구원은 7명이며, 1명의 전 연구원도 사인했다고 진술했다.

6. 수의대 IRB는 구성 초기 교수회의를 거치는 등 절차를 밟지 않은 점, 황 교수의 일방적 주도로 위원선정과 초기 회의개최 등이 이루어진 점, 이영순 위원장 자신이 초기 회의개최 사실 및 심의내용을 보고받지 못한 점 등 구성 및 운영 면에서 많은 문제점이 있다.

V. 체세포복제 줄기세포 관련 기술력 평가

1. 난자의 핵제거를 위한 쥐어짜기 기법은 효과가 인정되나, 독창성이나 지적재산권을 인정하기는 어렵다.

2. 사람 난자에서 핵이식을 통한 배반포형성 연구업적과 독창성은 인정되며 관련 지적재산권의 확보가 가능할 것으로 판단된다. 그러나 배반포 자체로는 실질적 활용가치가 미흡한 점을 고려할 때 이를 이용한 산업적 · 의학적 응용효과를 기대하기 어려우며, 지적재산권의 행사 등을 통해 경제적 효과를 창출하는 기술이 확보되었다고 할 수 없다.

3. 핵이식에 의한 체세포복제 줄기세포는 존재하지 않으며, 존재했다는 어떤 과학적 증거도 없다. 따라서 현재 복제줄기세포를 만들 수 있는 원천기술은 없다.

VI. 복제개 스너피 진위

· 스너피는 타이의 할구분할이나 초근친교배에 의하여 생성된 것이 아니라 체세포복제로 탄생한 개임이 거의 확실하다.

(출처 : 브릭 게시판, 2006년 1월 10일)

【 2004년 6월 18일 날조된 인간배아 줄기세포 논문으로 청와대에서 훈포장을 수
  여받은 명단 】

· 황우석(과학기술훈장 1등급 창조장)
· 문신용(과학기술훈장 2등급 혁신장)
· 노성일(과학기술훈장 4등급 도약장)
· 이병천(과학기술훈장 4등급 도약장)
· 안규리(과학기술훈장 5등급 진보장)
· 강성근(과학기술훈장 5등급 진보장)
· 황정혜(과학기술포장)
· 박종혁(대통령표창)
· 김선종(대통령표창)
· 구자민(대통령표창)
· 유영준(대통령표창)

【 황우석이 받은 각종 상과 훈장 】

· 2000 홍조근정훈장
· 2001 세종문화상 대통령상
· 2004 한국언론인연합회 제 4회 자랑스런 한국인대상
· 2004 제 7회 일맥문화대상 과학기술 부분
· 2004 정진기 언론문화상 과학기술 부분
· 2004 최고과학기술인상, 과학기술훈장 창조장
· 2005 제 1호 최고과학자
· 2005 잡지인이 선정한 올해의 인물상
· 2005 세계기술네트워크 생명공학상(미국)
· 그 외 무수한 포상

토 론 문

한 재 각 (민주노동당 정책연구원)

　홍성태 교수는 황우석 사태는 기본적으로 황우석 교수가 벌인 '과학사기'가 핵심이지만, "한 과학자의 잘못을 넘어선 구조적 요인과 역사적 연원을 가진다"라고 평가한다. 전적으로 동감한다. 현재 '황우석 사기'의 실체가 드러나기 시작하면서, 정부, 언론, 과학계, 재계 등 이번 사태에 책임 있는 사람 모두가 황우석에게 속았으며 피해자라는 변명을 늘어놓는 실정이다. 이것은 황우석 사태를 황우석이라는 한 과학자의 '과학사기 사건'으로 축소하고, 황우석 교수 하나만 단죄하고 끝내려는 시도로 보인다. 그런 점에서 황우석 사태의 구조적 요인과 역사적 연원을 명확히 하는 것만이 이번 사태의 실체를 정확하게 인식하는 것뿐만 아니라, 해결해야 할 과제도 분명히 할 수 있다는 점을 강조하는 것은 대단히 중요하다.

　이번 발표글에서는 아쉽게도 황우석 사태의 구조적 요인과 역사적 연원에 대해 체계적으로 자세히 다루지는 못했다. 그러나 다른 발표자리에서 홍성태 교수는 황우석 사태를 '박정희 체계'와 관련하여 더 상세한 분석과 설명을 제공했다(홍성태, 2006).[1] 박정희의 독재기간 동안 만들어진 '결과지상주의', '애국주의', '과학주의' 등의 부정적 사회체계가 정치적으로 민주화된 이후에도 여전히 사회 곳곳에 뿌리 깊이 남아서, 어떤 특정한 계기를 통해서 다시 한번 등장했고, 그것이 바로 황우석 사태라는 것이다. 그렇다면 왜 '박정희 체계'의 누적되고 지연된 효과가 지금 이 시기에 어떤 계기로 황우석 사태로 터진 것일까? 그리고 이것이 단순히 '박정희 체

---

1) 홍성태(2006), "황우석 사태와 한국사회", 민주사회정책연구원 주최 토론회, 〈황우석 사태로 본 한국의 과학과 민주주의〉 발표논문.

계'의 뒤늦은 복수라고만 할 수 있을까? 이 궁금증의 일단을 풀기 위해서
또 하나의 대형 '과학사기 사건'으로 기억되는 '금강산댐 사건'을 황우석
사태와 비교하면 어떨까? 이 두 사건은 홍성태 교수가 제기한 '박정희 체
계'의 영향권 안에 있다고 할 수 있으며, 내용에서도 유사점을 가진다. 두
사건 모두 엘리트 과학자들이 '과학적 사실'을 날조하거나 왜곡하고, 다른
과학자는 이에 침묵했다. 또한 정권과 언론의 적극적 역할로 확대되었으
며, 이것이 과학계 내의 문제로 국한되지 않고 대대적 모금운동이 벌어지
거나(금강산댐 사건) 열광적인 '황빠 현상'이 일어날 정도로(황우석 사태) 전
사회적 파급력을 지녔다.

　　그러나 금강산댐 사건은 신군부가 지배하는 민주화 이전 시기에 벌어진
일이며, '과학사기'를 벌이기 위해서 주요하게 동원된 사회적 기제나 이데
올로기는 '북한의 위협'이라는 구시대적 냉전 이데올로기였다. 반면에 황
우석 사태는 정치적 민주화 이후에 '국가경쟁력'나 '국익'이라는 신자유주
의적이면서도 민족주의적인 사회적 기제를 통해서 이루어졌다. 이 사이를
가로지르는 것은 1987년을 기점으로 한 정치적 민주화이며, 이와 동반하
거나 이를 추동한 자본이윤 추구의 자유화이다. 궁극적으로 보면 금강산
댐 사건은 국가권력 주도의 수세적·퇴행적 음모였다면, 황우석 사태는
시장주의적 야망을 공유한 사회 지배세력들의 동맹에 의한 과감한 '투자'
의 성격이 짙다.

　　한편 또 다른 차이점으로는 금강산댐 사건이 정권 차원에서 계획하고
전개한 것으로 여기에 전문가가 하위파트너로 동원되었다면, 황우석 사태
는 황우석이라는 과학자가 사태의 핵심에 있으면서 다른 세력들을 규합했
다는 점이다. 이는 한국사회의 과학기술 자체가 발전했을 뿐만 아니라,
사회 내에서 과학기술 분야가 차지하는 위치가 점차 주변부에서 중심지로
이동했다는 점을 보여주는 것이기도 하다. 그리고 이것은 한국경제의(최
근의) 성장이 상당부분 첨단과학기술에 기반을 둔 여러 산업(가장 대표적인
것이 반도체산업과 IT산업)의 발전으로 이루어진 것이라는 점에서 이미 예
상 가능한 것이었다.

　　황우석 사태는 '박정희 체계'라는 구조적 요인과 역사적 연원만으로 충
분히 설명할 수 없으며, 정치적 민주화 이후 국가의 우위에 선 자본의 역
동적 움직임과 이에 병행하여 상업화되고 기업화되는 방식으로 급속히 추
진된 한국 과학기술의 발전과 변화라는 새로운 계기를 고려할 때 더 온전
하게 이해할 수 있다. 또한 이런 점을 강조함으로써, 홍성태 교수가 황우

석 사태를 통해서 극명하게 드러난 '민주화세력의 반민주성'의 실체도 더 잘 이해할 수 있으리라 생각한다. 민주화세력 내부에 잠재된 '박정희 체계'를 깨우고 동원함으로써 반민주성의 실체를 내보이는 계기는, 과학기술에 기반한 산업을 성장시킴으로써 자본의 이해관계를 대변하려는 것이었다.

그러나 이러한 설명도 황우석 사태를 이해하기 위한 구조적 요인과 역사적 연원에 부연설명을 제공하는 것일 뿐, 구체적으로 황우석 사태가 잉태되고 전개되는 과정의 구체적 동학에 대해서는 별도의 설명이 필요하다. 홍성태 교수의 발표문에서는 2005년 11월 13일 섀튼 교수의 결별선언으로 본격적으로 촉발된 황우석 사태전개를 세 시기(윤리적 의혹 → 과학적 반전 → 과학적 검증)로 구분했다. 차후 연구를 통해서 이 시기에 황우석 교수의 '정·언·학 동맹'의 각 동맹세력이 자신의 이해관계에 따라서 어떻게 움직였는지를 더 상세히 밝히는 작업이 이루어져야 한다.

뿐만 아니라 황우석 사태 이전의 시기(대략 1998~2005년)에 대한 관심도 필요하다. 황우석의 동맹이 형성되고 발전되는 이 시기의 동학을 이해하는 것이 황우석 사태의 실체를 파악하는 데 더 중요할 수 있다. 동맹의 형성, 발전, 붕괴라는 동학의 관점에서 보면 황우석 사태는 황우석 동맹이 붕괴되는 시기일 뿐이다. 무엇이 그런 동맹을 가능하게 했고 황우석 사태를 예비하게 했는지를 보기 위해서는, 그 전 시기에 대한 분석과 이해가 필요하다. 토론자가 이 시기의 구분에 대해서 제안하자면, 황우석 교수가 동물복제 전문가로 확립되는 시기(1990년 초~1999년), 인간배아복제 줄기세포 연구자로 확립되는 시기(2000~2004년 초), 세계적 과학자이자 줄기세포 연구 네트워크 추진자로 확립되는 시기(2004년 초~2005년 말)로 구분하는 것이다. 각 시기에 동맹의 형성과 발전에 대한 자세한 연구가 차후 이루어지기를 희망한다.

몇 가지 덧붙이자면, 이른바 '황빠' 현상을 팬덤문화의 한 양상으로 살펴본 시각은 신선하다. 많은 논자들이 황우석 지지자들의 행태를 '유사 파시즘적'이라고 언급했지만, 이런 규정이 과연 타당한가에 대해서는 논란이 있다. 하지만 이에 대한 구체적 논의전개는 아직 이루어지지 않은 듯하다. 홍성태 교수는 일면 유사한 측면이 있지만, '황빠'라는 것이 단순히 동원되고 추종되는 것이 아니라 추종자들이 적극적으로(그리고 대단히 창조적으로) 나선다는 점에서 '유사 파시즘'이라는 진단은 피상적이라고 지적한다. 오히려 팬덤문화로 이해하면서 '팬이 스타를 지배'하는 상태가 아니냐는 파격적인 제안을 한다. 이는 향후 더 논의할 문제다.

마지막으로 홍성태 교수는 황우석 지지자들의 행태를 논하면서 '반과학적 태도'를 문제삼았다. 황우석 교수나 오명 부총리 등의 행태를 지적하면서, '과학적 검증의 요청을 권위의 주장으로 묵살하고자 한 것이야말로 극히 잘못된 반과학적 행태'라고 비판한다. 전적으로 동의하는 바이다. 그러나 그런 비판의 효과에 대해서는 좀더 신중하고자 한다. 사실 황우석 사태를 야기한 주요한 사회적 기제는 '과학주의'였다는 점은 많은 사람이 인정하는 바다. 과학은 전문가에게 맡겨야 하고, 과학의 발전은 사회에 선한 결과만 낳는다라고 간단히 요약되는 '과학주의'는, 이번 사태를 거치면서 대중적 비판에 일부 노출될 수 있었다. 그러나 홍성태 교수가 사태의 전개를 묘사한 것처럼, 윤리적 의혹 → 과학적 반전 → 과학적 검증이라는 트랙으로 들어감으로써, 과학의 논리가 아닌 윤리의 논리를 통해서도 이번 사태를 평가하고 정리할 기회를 갖지 못했다. 오히려 '과학주의'가 강화되었다고 평가할 수도 있다. 그런 점에서 이번 황우석 사태를 이해하고 평가할 때 대중이 과학활동의 실체에 대해서 더 정확히 이해하고, '과학주의'에서 얼마나 벗어났는지 면밀히 살펴보는 일이 필요하다.

황우석 사태와 생명윤리

황 상 익(서울대 의과대학 교수)

이른바 '황우석 사태'는 여성들의 난자를 비윤리적으로 연구에 사용한 의혹이 있다는 데서 비롯되었지만, 그 뒤 '논문날조' 문제가 크게 부각되면서 난자사용 등 '생명윤리' 문제는 그 중요성에 비해 상대적으로 소홀하게 취급되었다.

이 글에서는 독자들의 이해를 돕기 위해 우선 황우석 교수팀 연구의 생명윤리적 문제를 사건전개 과정을 중심으로 살펴본 뒤, 주요 쟁점에 관해 논의하려 한다.

1. 사건 전개를 통해 본 황우석 사태와 생명윤리 문제

○ 1997년 2월 23일 : 영국 로슬린연구소 이언 월머트 박사팀,[1)]

[1)] 월머트 교수 역시 최근 연구의 기여도를 둘러싸고 다음과 같이 큰 스캔들에 휘말렸다.

세계 최초의 체세포 복제양 돌리를 탄생시킨 주인공으로 알려진 영국 에든버러 대학의 이언 월머트 교수가 "나는 돌리를 복제하지 않았다"고 말했다고 영국 일간지 《가디언》과 《더 타임스》가 ·11일 보도했다. 월머트 교수는 돌리 건과는 별도의 연구와 관련, 인도 출신 연구원 프림 싱 박사를 괴롭히고 그의 아이디어를 훔치려 했다는 혐의로 현재 영국 노동심판소의 재판을 받고 있는데, 최근 법정에서 이같이 털어놓았다는 것이다. 월머트는 "나는 전체 프로젝트를 조정하고 감독했을 뿐 돌리 복제와 직접 관련된 기술을 개발하거나 실

1996년 7월 5일 체세포핵이식으로 복제양 돌리가 태어났다고 발표.

○ 1998년 12월 14일 : 경희의료원 불임클리닉 이보연 교수팀, 세계 최초로 인간 체세포핵이식에 성공하고 4세포기까지 배양했다고 발표하여 크게 논란이 됨.

○ 1999년 1월 24일 : 대한의학회 생명복제소위원회 실태조사팀(팀장 : 서울대 의대 서정선 교수, 팀원 : 서울대 의대 문신용 교수, 서울대 수의대 황우석 교수, 생명공학연구소 이경광 박사), 이보연 교수팀의 연구결과를 확인할 근거가 없다고 발표.

○ 1999년 1월 26일 : 대한의사협회, 생명복제 연구를 잠정적으로 중단할 것을 촉구하는 "생명복제 연구에 대한 대한의사협회의 입장" 발표.

"생명복제 연구에 대한 대한의사협회의 입장"
대한의사협회는 경희의료원 불임클리닉연구팀의 '인간복제' 시도에서 비롯된 첨단의학 연구를 둘러싼 문제와 관련하여 다음과 같이 내외에 협회의 공식적인 견해를 천명한다.
대한의사협회는 인간배아복제 등 첨단의학기술이 인류의 복지를 향상시키는 유용한 수단이 될 수 있음을 인정한다. 그러나 그러한 기술의 무절제한 사용은 인류의 복지에 해악을 초래하며 인간의 존엄성을 훼

험을 진행하지 않았다"며 "돌리 복제 공로의 3분의 2는《네이처》논문의 공동 저자인 키스 캠벨 교수에게 돌아가야 한다"고 말했다. 윌머트는 1996년 7월 5일 태어난 돌리의 탄생과정이 담긴 논문이 1997년 영국 과학저널《네이처》에 실리면서 세계 생명공학계의 스타로 떠올랐다. 캠벨 교수는《네이처》에 논문이 실리고 난 뒤 윌머트 교수가 집중조명을 받자 이에 불만을 느껴 로슬린연구소를 그만둔 것으로 전해졌다. 돌리 연구팀 소속이었던 빌 리치와 카렌 미콕 연구원도 자신들이 대부분의 실험을 도맡아 했는데도 논문저자 명단에 자신들은 빠졌다고 주장하고 나섰다. 리치 연구원은 "윌머트는 캠벨이 3분의 2를 했고, 나머지 3분의 1의 연구는 자신이 한 것처럼 말하지만 이것도 사실이 아니다"라고 주장했다(《중앙일보》, 2006년 3월 13일).

손할 수 있음에 주목하고 우려한다.

이에 대한의사협회는 조속한 시일 내에 첨단의학 분야의 연구 및 시술에 관련한 지침, 특히 "생명복제 연구에 관한 지침"(가칭)을 제정하여 난치병치료를 목적으로 하는 의학연구활동을 지원하고 그러한 연구에 따르는 위험성과 비윤리성을 배제하는 노력을 기울일 것이다. 대한의사협회는 4월 말까지 관련 인사 및 기관 등과 협의하여 시안을 만들고, 사회 각계의 인사들이 참여하는 공청회를 거쳐, 우리 현실에 적합하며 국제적 기준에 부합하는 지침을 제정할 것이다.

대한의사협회는 모든 회원에게 그러한 지침이 제정될 때까지 인간의 세포를 사용하는 어떠한 생명복제 연구도 중단할 것과 연구계획 및 연구결과의 공표를 중단할 것을 강력히 요구하며, 회원이 아닌 연구자들에게도 이에 협조해 주기를 요청하는 바이다. 또한 대한의사협회는 이러한 요구를 저촉하는 회원에 대해서 "대한의사협회 의사윤리강령" 등에 의거하여 합당한 조치를 취할 것임을 엄숙히 밝힌다.

1999년 1월 26일
대한의사협회

○ 1999년 2월 19일 : 황우석 교수팀, 세계 다섯 번째 복제동물 송아지 '영롱이'가 2월 12일 탄생했다고 발표(1996년 7월 복제양 돌리, 1998년 7월 일본 긴키대의 복제소, 미국 하와이대 연구팀의 복제생쥐, 뉴질랜드 웰스 박사팀의 복제소 엘시).[2]

○ 1999년 3월 28일 : 한국생명윤리학회, 이틀 동안 집중논의를 거쳐 "생명복제에 관한 1999년 생명윤리 선언" 발표.[3]

"생명복제에 관한 1999년 생명윤리 선언"
생명복제 기술은 인간 복지 증진에 유용한 도구가 될 수 있는 한편, 윤리적으로 심각한 문제를 야기할 수 있다. 이러한 점에 주목한 한국생명윤리학회는 관련 전문가들을 초청하여 집중적인 논의를 가지고

---

2) '영롱이'는 태어난 지 7년이 지난 지금까지 살아 있지만, 체세포핵이식 방법으로 태어났음을 입증하는 자료가 전혀 없어 학술적으로 의미가 없다.
3) 이 선언에는 학회 회원은 아니지만 황우석 교수도 참여하였다.

참석자 연명으로 아래와 같이 견해를 밝힌다. 특히 이러한 우리의 견해가 국회에서 심의중인 생명공학육성법 개정에 충분히 반영되기를 기대한다.

1. 우리는 인간개체를 복제하기 위한 모든 연구와 시술에 반대한다.
2. 우리는 생명복제를 포함한 생명공학의 윤리적 문제를 심의 감독하기 위한 생명윤리위원회를 대통령 직속으로 설치할 것을 촉구한다.
3. 우리는 생명복제를 포함한 생명공학에 관련된 윤리적·법적·사회적 문제들에 대한 전문적인 연구가 필요하다는 인식 아래 그러한 연구를 담당할 전문연구기관의 설치를 촉구한다.

1999년 3월 28일
한국생명윤리학회

○ 2000년 11월 21일 : 과학기술부(서정욱 장관), 생명윤리자문위원회 구성 및 제1차 회의(호선으로 진교훈 서울대 교수를 위원장으로 선출).4)

○ 2000년 12월 4일 : 보건복지부(최선정 장관)로부터 연구용역을 받은 보건사회연구원(연구책임자 이의경 박사), 인간 체세포핵이식 연구금지 등을 내용으로 하는 '생명과학 보건안전 윤리법'(가칭) 시안 발표.

○ 2001년 11월 15일 : 대한의사협회, 의사윤리지침 공포(총 6장 78조). "제5장 시술 및 의학연구와 관련된 윤리"에 제55조(인공수태시술 관련 윤리), 제64조(장기 등 매매 금지), 제66조(인체대상 연구), 제67조(인체대상 연구의 절차), 제69조(사회경제적 약자대상 연구), 제70조(피검자에 대한 의무), 제71조(피검자에 대한 보상), 제73조(연구결과의 발표) 등 규정.

○ 2001년 11월 : 생명윤리자문위원회, 정부에 인간 체세포핵이식 연구의 잠정적 금지 등을 내용으로 하는 "바람직한 생명윤리기본법 제

---

4) 이 회의에서 과기부 서정욱 장관은 위원회의 자율성과 독립성을 보장하고, 위원회에서 논의·결정한 대로 법률안을 만들 것을 약속하였다.

정을 위한 생명윤리자문위원회 활동 보고서" 제출.[5]

○ 2002년 11월 4일 : 국가인권위원회(김창국 위원장), 보건복지부에 '생명윤리 및 안전에 관한 법률' 제정안에 관해 "국가생명윤리자문위원회 및 기관생명윤리위원회 심의의 공정성과 객관성을 위하여 위원구성에 보완적 규정이 필요하다" 등의 의견 제출.

○ 2003년 1월 27일 : 국가인권위원회 제33차 전원위원회, 새 정부에 제출키로 한 10대 인권현안 과제에 인간배아복제 등 생명윤리 관련 문제를 포함시킴.

○ 2004년 1월 29일 : '생명윤리 및 안전에 관한 법률' 공포.

"체세포핵이식 연구 관련조항"[6]

제22조(체세포핵이식 행위) ① 누구든지 제17조 제2호의 규정에 의한 희귀·난치병의 치료를 위한 연구목적 외에는 체세포핵이식 행위를 하여서는 아니된다.
② 제1항의 규정에 의한 연구목적에 따라 체세포핵이식 행위를 할 수 있는 연구의 종류·대상 및 범위는 심의위원회의 심의를 거쳐 대통령령으로 정한다.
제23조(체세포복제배아의 생성 및 연구) ① 체세포복제배아를 생성하거나 연구하고자 하는 자는 보건복지부령이 정하는 시설 및 인력 등을 갖추고 보건복지부 장관에게 등록하여야 한다.

---

5) 정부는 애초의 약속과는 달리 인간 체세포핵이식 연구를 사실상 전면 허용하되, 황우석 교수팀만 독점적으로 연구할 수 있는 법안을 만들어 국회에 제출했다.
6) 이 법률은 인간 체세포핵이식 연구를 사실상 무제한으로 허용하며, 부칙 ③ 항을 통해 황우석 교수팀에게만 특혜를 주는 전형적인 위인설관식 법률이다. 이 부칙 조항은 황 교수팀 연구가 진전됨에 따라 추가, 수정된 것이다. 황 교수팀의 《사이언스》 게재 논문들이 날조된 것으로 드러나자 2006년 초에 《사이언스》는 그 논문들을 직권철회하였고, 그에 따라 보건복지부는 황 교수팀에 준 특혜를 철회하였다.

② 제19조 내지 제21조의 규정은 체세포복제배아의 연구에 관하여 이를 준용한다. 이 경우 '잔여배아'는 '체세포복제배아'로 본다.

부칙 ③ (체세포복제배아의 연구에 관한 경과조치) 이 법 시행 당시 제17조 제2호의 규정에 의한 연구목적으로 체세포복제배아의 연구를 하고 있는 자는 다음 각 호의 요건에 해당하는 경우에는 보건복지부 장관의 승인을 얻어 당해 연구를 계속할 수 있다.

1. 3년 이상 체세포복제배아에 관한 연구를 계속하였을 것
2. 관련학술지에 1회 이상 체세포복제배아에 관한 연구논문을 게재한 실적이 있을 것

○ 2004년 2월 4일 : 황우석(제1저자 겸 공동책임저자)·문신용(공동책임저자) 교수팀, "Evidence of a Pluripotent Human Embryonic Stem Cell Line Derived from a Cloned Blastocyst"(2004 《사이언스》 논문) 온라인 게재.[7]

○ 2004년 2월 12일 : 황우석·문신용 교수팀, 세계 최초로 인간 체세포핵이식 줄기세포(NT-hES-1) 추출에 성공했다고 발표(미국 시애틀).

○ 2004년 2월 12일 : 참여연대 시민과학센터, '법률 제정중에 실험 강행한 연구진 비판, 실험승인과정 공개요구, 난자매매 확산 우려표명' 등을 담은 성명서 "생명윤리법 논란 속 배아복제 연구 무리하게 강행" 발표.

○ 2004년 2월 18일 : 황우석·문신용 교수팀, 사회적 합의 이룰 때까지 인간 체세포핵이식 연구중단 선언.[8]

---

7) 주지하듯이, 서울대학교 조사위원회에 의해 논문이 날조된 것으로 드러나자 2006년 초 《사이언스》는 논문게재를 직권철회했다.
8) 연구팀이 스스로 행한 이 선언과 달리 이후에도 관련연구가 진행되었음이 서울대학교 조사위원회 등의 조사를 통해 밝혀졌다.

○ 2004년 3월 12일 : 2004 《사이언스》 논문 인쇄(*Science*, vol. 303 pp. 1669~1674).

○ 2004년 3월 20일 : 국가인권위원회, '인간배아복제와 생명윤리 TFT'(팀장 박경서 상임위원) 구성.

○ 2004년 5월 6일 : 《네이처》, 기사 2건과 사설을 통해 황우석 교수팀의 연구(2004 《사이언스》 논문)에 연구팀 내 여성 2명의 난자를 사용한 의혹이 있다고 보도.

The (egg) donors were anonymous, but one Ph.D student in the team, K, initially told Nature that the donors included herself and another woman in the lab. She subsequently called back and said that she had not donated eggs, blaming her poor English for a misunderstanding. But in the initial interview, she named the hospital where her donation was carried out, and explained that she had been happy to donate eggs because she already has two children.

Art Caplan, who heads the Center for Bioethics at the University of Pennsylvania in Philadelphia, argues that it would be bad practice if egg donors for such a project included students or junior employees on the research team because "it could certainly look like coercion was involved".

The information posted with the paper also states : "Neither donors nor their family, relatives or associates may benefit from this research." K, who was a co-author on the paper, arguably did stand to gain professionally from its publication.

Hwang denies that K was among the donors. But he declined Nature's requests for further documentary evidence of the procedures for recruiting the egg donors and obtaining their consent. Attempts to get more information from the Institutional Review Board at Hanyang University Hospital in Seoul, which provided ethical approval, were similarly rebuffed. Its chair, university obstetrician Moon-il Park, cancelled an arranged phone interview.

○ 2004년 5월 7일 : 황우석 교수, 《네이처》 보도 부인. [9]

국내 유전공학의 대표주자인 황우석 서울대 수의학과 교수가 단단히 화가 났다. 세계적으로 저명한 과학전문지인 《네이처》가 6일자 인터 넷판 사설을 통해 그의 연구에 다시 한 번 윤리적인 문제를 걸고 넘어 졌기 때문이다. 세계에서 처음으로 인간의 난자를 통해 배아줄기세포 배양에 성공, 세계의 이목을 집중시킨 후 그동안 생명을 둘러싼 여러 가지 논란에서 양보하는 모습을 보인 그였지만 이번만큼은 그냥 넘어 가지 않을 것처럼 보인다. 양측의 갈등은 《네이처》가 "황우석 교수의 줄기세포 배양실험에 참가한 여자 연구원들이 실험용 난자를 제공했 다"라는 의혹을 제기하고 나선 것에서 비롯됐다. 이 같은 주장은 연구 에 참여하는 여성이 난자를 제공하면 안 된다는 생명과학 연구의 국제 윤리지침에 근거했다. 《네이처》는 이 보도내용을 통해 황 교수의 연 구에 대한 윤리적 문제를 제기한 것. 이에 대해 황우석 교수는 "명백 한 왜곡보도로 이에 대한 적절한 대응을 하겠다"며 분노를 감추지 않 았다. 황 교수는 기자에게 "연구의 가치를 설명하기 위해 나라도 난자 를 제공하겠다는 한 연구원의 멘트를 《네이처》 측에서 왜곡보도한 것" 이라며 "이것은 배아줄기세포 배양연구 결과를 경쟁지인 《사이언스》 에만 실은 데 대한 보복성으로밖에 보이지 않는다"고 설명했다(《매일 경제》, 2004년 5월 7일).

○ 2004년 5월 22일 : 한국생명윤리학회, 성명서 "의학과 생명과학 기술 연구는 생명윤리 기준에 부합하여야 한다"를 발표하고, 황우석·문신용 교수 등에게 연구에 사용된 242개 난자의 출처, 한양대학교병 원 IRB 심사 및 승인의 적절성, 연구비의 출처, 연구자의 충전성(充全 性, integrity) 및 논문저자 기재(authorship) 등에 대한 해명을 요청하고 공개토론 제안. [10]

---

9) 이러한 부인과는 달리 《네이처》의 보도는 모두 사실이었음이 서울대학교 조 사위원회, 국가생명윤리심의위원회 등의 조사로 밝혀졌다.

○ 2004년 5월 : 국가인권위원회 '인간배아복제와 생명윤리 TFT', 한양대학교병원 IRB에 황우석 교수 연구팀의 연구계획서 심사자료(회의록 등) 제출을 요청했으나 거절당함.

○ 2004년 5월 27일 : 박기영[11] 청와대 정보과학기술 보좌관, 황우석 교수 옹호.

박기영 청와대 정보과학기술 보좌관은 기자간담회를 갖고 "난자기증 과정 등이 정당하지 못했다"는 의혹을 받고 있는 황우석 교수팀의 연구에 대해 "황 교수가 《사이언스》에 논문이 실릴 때 윤리적 검토가 끝난 것"이라며 "나름대로 그런 과정을 다 수행했고 심의위원회도 거쳤다"고 황 교수를 옹호했다(《프레시안》, 2004년 5월 27일).

○ 2004년 9월 16일 : 황우석 교수, 서울대학교 '관악초청 강좌'에서 "생명복제기술의 현재와 미래"라는 제목의 강연을 하며 인간 배아줄기세포 연구를 둘러싼 윤리논쟁 비판.

"척수신경이 마비된 여덟 살짜리 친구에게 지금 우리가 연구중인 인간 배아줄기세포로 치료할 수 있는 날이 올 때까지 기다려 달라고 했습니다. 이런 약속이 과연 비도덕적이고 비윤리적인가요?"
서울대 수의학과 황우석 교수는 16일 오후 학내에서 "생명복제기술의 현재와 미래"를 주제로 열린 '관악초청 강좌'에서 인간 배아줄기세포 연구를 둘러싼 윤리논쟁을 비판하며 이렇게 말했다. 사회저명인사의 강연을 듣는 이 강좌의 첫 번째 인사로 초청된 황 교수는 이 자리에서 몇 년 전 여덟 살짜리 척수신경마비 환자와 만난 일화를 소개하고 "이 친구가 휠체어에 탄 채 '저 좀 일으켜 주세요'라는 말을 할 때 너무 가슴이 아팠다"고 당시를 회고했다. 그는 그러나 "이 친구에게 지금은

---

10) 한국생명윤리학회의 거듭된 요청과 제안을 황 교수팀은 끝내 묵살하였다.

11) 2004년 《사이언스》 논문의 공동저자이기도 한 박 보좌관은 자신의 연구역할에 대해 납득할 만한 설명을 하지 못했으며, 연구팀이 연구의 진실성과 윤리성을 심각하게 훼손한 사실이 대부분 드러날 때까지 연구팀을 적극적으로 지원하고 진상을 은폐하고 왜곡, 호도했다.

사회적 합의가 이루어지지 않아 우리가 만든 세포를 너의 끊어진 척추에 넣어줄 수 없다고 말했다"며 "다만 그날이 올 때까지 굴하지 말고 기다려 달라고 약속했다"고 밝혔다. 12)

그는 "인공장기는 완벽성 면에서, 장기이식은 수요와 공급의 불일치 면에서 문제가 있는 상황이어서 뇌신경, 척수신경 환자에게 최선의 대안은 배아줄기세포 연구를 통한 이종장기이식이다" 라면서 윤리논쟁으로 과학연구가 발목이 묶인 현실을 안타까워했다. … 그는 "그래도 복제양 돌리가 나왔을 때는 가짜논쟁이 나왔는데 이번에는 가짜논쟁은 없고 윤리논쟁만 있는 것 같다"고 마음을 달래기도 했다(연합뉴스, 2004년 9월 16일).

○ 2004년 9월 17일 : 황우석 교수팀, 척수손상 입은 10세 남자 어린이의 체세포로 NT-hES-2 핵이식 성공(9월 24일 seeding, 10월 6일 콜로니 확인).

○ 2004년 10월 21일 : 황우석·문신용 교수팀, 미국 필라델피아의 펜실베이니아 컨벤션센터에서 인간 체세포핵이식 연구재개 발표. 13)

"외국의 다른 팀은 연구를 한다고 발표할 필요도 없이 이미 연구에 박차를 가하고 있다. 그러나 우리는 2003년 2월 연구의 잠정중단을 선언했고 연구재개시 이를 공식적으로 알리겠다고 약속한 바 있다. ASRM(미국생식의학학회) 회의는 이와 같은 발표를 하기에 아주 적합한 자리다. 지금 이 기회를 놓치면 6개월을 더 기다려야 할 형편이다."(황우석 교수, 연합뉴스, 2004년 10월 21일)

○ 2004년 10월 : '인간배아복제와 생명윤리 TFT', 국가인권위원회에 보고서 제출. 14)

---

12) 이 어린이의 체세포를 이용한 환자맞춤형 줄기세포가 날조임이 드러났다. 설사 줄기세포 추출에 성공했다 하더라도 동물실험조차 전혀 하지 않은 상태에서 임상적용을 언급한 것은 윤리적으로 엄청난 문제이다.
13) 이 발표와 2004년 2월의 연구중단 선언과 달리 연구가 지속되었다.
14) 인간 체세포핵이식 연구의 잠정중단 등을 내용으로 하는 이 보고서는 어떤 이

○ 2004년 10월 : 황우석 교수, 김제언 목사에게 아들(NT-hES-2의 체세포 제공 환자)에 대해 2005년 5월경 임상시험 제안.

20일 오전 경기도 시흥에서 《오마이뉴스》 기자를 만난 김제언(N교회) 목사는 황 교수의 연구를 위해 척수장애를 앓는 열 살배기 아들의 체세포와 아내의 난자를 기증한 인물. 김 목사는 황 교수의 요청으로 그동안 서울대 기관윤리위원회(IRB) 위원도 맡아왔다. 김 목사의 아들은 2002년 8월 교통사고를 당한 뒤 척수장애로 휠체어 신세를 지고 있다. 황 교수와 김 목사 가족은 같은 해 10월 처음 만났는데, 김 군이 황 교수에게 "선생님이 저를 일으켜줄 수 있습니까?"라고 묻자 황 교수는 "내가 반드시 너를 걷게 해주겠다"고 약속했다고 한다. 이듬해 김 군의 체세포를 수 차례 떼어간 황 교수팀은 2005년 5월 《사이언스》를 통해 "김 군의 체세포로 환자맞춤형 배아줄기세포 2번을 만드는 데 성공했다"고 발표했다. 김 목사의 아내도 황 교수의 연구를 조금이라도 돕기 위해 난자채취 시술을 마다하지 않았다고 한다.
김 목사는 〈PD수첩〉이 황 교수의 연구에 대한 의혹을 제기하기 전에는 체세포복제 배아줄기세포 2번의 존재를 결코 의심하지 않았다. 황 교수가 2004년 10월경 "올해 5월쯤 수술을 하자"는 말을 할 정도로 줄기세포 연구에 자신감을 보였기 때문이다. 2005년 3월에는 황 교수가 김 목사의 아내에게 직접 전화를 걸어 "아들의 체세포로 맞춤형 줄기세포를 만드는 데 성공했다"고 귀띔해 줬다고 한다. 5월 《사이언스》 논문을 발표한 뒤 황 교수는 "아들의 줄기세포가 너무 잘 만들어져 미국 뉴욕의 슬로언-캐터링 암센터에도 샘플을 보냈다"는 말도 했다. 그러나 호언장담하던 황 교수는 그 후부터 말을 바꾸기 시작했다. 막상 5월이 되자 황 교수는 "오는 10~11월에 (수술을) 하자"고 했고, 10월 서울대에서 김 목사를 만난 자리에서는 "내년 10월쯤 하자"고 다시 말을 바꿨다. … 그러나 현재 줄기세포 연구 수준으로 사람을 상대로 임상실험을 하는 것은 수 년 내에 꿈도 꿀 수 없다는 게 의학계의 진단이다. 김중곤 서울대 의대 교수는 《오마이뉴스》 기자와의 통화에서 "지금 사람에게 실험을 해서 줄기세포가 암세포로 바뀔 가능성은 80% 이상"이라며 "사람을 상대로 한 임상실험은 치명적인 결과를 가져올

유에서인지 애초의 약속과는 달리 그 뒤 국가인권위원회에서 처리되지 않은 채 실종되었다.

수 있다"고 경고했다. 최병현 인하대 의대 교수도 "배아줄기세포 연구를 시작한 지 얼마 안 된 상황에서 인간을 상대로 한 임상실험을 얘기할 단계가 아니다"고 잘라 말했다. 이렇듯 현 단계에서는 환자가 떠안아야 할 위험부담이 큰데도 황 교수는 환자가족에게 수 차례 임상실험을 제안했다가 별다른 해명 없이 연기를 거듭한 것이다(《오마이뉴스》, 2005년 12월 22일).

○ 2004년 12월 27일 : 한국생명윤리학회, 보건복지부의 요청에 따라 국가생명윤리심의위원회 '윤리계' 위원 후보 14명 추천.

○ 2005년 1월 1일 : '생명윤리 및 안전에 관한 법률' 발효.

○ 2005년 2월 11일 : 진대제 정보통신부 장관, 인간 배아줄기세포 복제 성공을 기념하는 특별우표 증정식을 열고 자신 등이 서명한 우표를 담은 액자를 황우석 교수에게 수여.

○ 2005년 4월 7일 : 노무현 대통령, 국가생명윤리심의위원회 민간위원 14명에게 위촉장 수여 후 간담. '윤리계' 위원으로 한국생명윤리학회가 추천한 다섯 명과 양삼승 위원장(법무법인 화우 대표변호사) 등 일곱 명 위촉.

○ 2005년 5월 19일 : 황우석(제1저자 겸 공동책임저자)·섀튼(공동책임저자) 교수팀, "Patient-specific Embryonic Stem Cells Derived from human SCNT Blastocysts"(2005 《사이언스》 논문) 온라인 게재.[15]

○ 2005년 6월 7일 : 황우석 교수는 관훈토론회에서 난자사용에 아무런 문제가 없었다고 재차 주장.

"우리팀 내에서는 이와 같은 (연구원 난자사용 등에 관한) 공개질의서

---

15) 이 논문 역시 서울대학교 조사위원회에 의해 날조된 것으로 드러나자 2006년 초 《사이언스》는 논문게재를 직권철회했다.

에 나가서 정말 속 시원히 말해보자는 그런 울분 아닌 울분을 갖고 계신 분이 여러 분 계셨죠. 저는 이 분들께 우리 한 템포만 늦춰 가자고 말씀드렸습니다. 저희가 정말로 말씀드리기가 두려워서 안 나간 게 아닙니다. 본말이 전도될 수 있다는 우려 때문이었죠. 말하자면 소모적인 논쟁의 장에 나가서 거기에 에너지를 집중하는 것이 옳은가. 저희 자체가 국민 뵙기에 너무 떳떳하고 또 전 인류를 위해서 우리는 마땅히 해야 할 일을 했고, 걸어야 될 길을 걸었다고 생각하면 되는 것 아닌가. 지금은 오히려 그와 같은 어떤 논쟁에 나가기보다는 옷깃을 여미는 과학도의 자세를 따르는 것이 옳다고 생각했기 때문입니다."(관훈토론회 녹취록)

○ 2005년 6월 17일 : 2005 《사이언스》 논문 인쇄(*Science*, vol. 308 pp. 1777~1783).

○ 2005년 10월 19일 : 세계줄기세포허브(World Stem-cell Hub, WSH) 개소식. 노무현 대통령, "생명윤리에 관한 여러 가지 논란이 이와 같은 훌륭한 과학적 연구와 진보를 가로막지 않도록 잘 관리하는 것이 우리 정치하는 사람들이 할 몫"이라고 발언.

○ 2005년 10월 29일 : 황우석 교수의 '전등사 발언'.

"어떤 때는 하늘 높은 곳에 올라가 목이 터져라 외쳐보고 싶은 때도 있고, 내가 가족도 다 포기하고 외길을 걷는데 이렇게 많은 시련에 부딪힐 수 있을까 하는 자괴감에 빠지기도 한다."(《문화일보》, 2005년 11월 2일)

○ 2005년 11월 1일 : 세계줄기세포허브 환자 접수 시작하여 12월 23일까지 22,000여 명 등록.

○ 2005년 11월 12일 : 피츠버그 의대 제럴드 섀튼 교수, 난자채취의 비윤리성 등을 거론하며 황우석 교수와 결별선언.

새튼 박사는 피츠버그대학을 통해 발표한 성명에서 윤리적 문제를 이유로 20개월 동안 함께하던 황 박사와의 공동연구를 중단하겠다고 밝혔습니다. 이와 관련해 《뉴욕 타임스》는 황 박사가 실험실의 한 여자 연구원에게서 난자를 제공받은 의혹이 있다고 주장했습니다. 통제권한을 지닌 부하로부터 난자를 제공받는 것은 보이지 않는 강압이 있기 때문에 윤리규정에 위반된다는 지적입니다. 이에 대해 황우석 박사는 연구에 사용된 난자가 환자의 동의 아래 기증된 것이라고 말해왔습니다. 하지만 새튼 박사는 유감스럽게도 이런 황 박사의 말이 잘못 해석됐다는 정보를 접하게 됐고 연구중단 결정을 내렸다고 AP는 전했습니다(YTN, 2005년 11월 13일).

○ 2005년 11월 14일 : 박기영 청와대 정보과학기술 보좌관은 "새튼 교수의 결별내용이 보도된 이후 황 교수와 통화해 보니 (연구원의 난자 기증은) '사실이 아니다'고 했다"(《세계일보》, 2005년 11월 14일)라고 언급.

○ 2005년 11월 14일 : 황우석 교수, CNN 주최 미디어콘퍼런스에서 "지금까지 연구를 위해 난자를 제공해준 많은 성스러운 여성들에게 다시 한 번 감사드린다. 지금까지의 모든 연구는 정부가 정한 윤리 가이드라인을 엄격하게 준수하며 진행됐다"(《서울신문》, 2005년 11월 15일)라고 기존 주장을 재천명.

○ 2005년 11월 23일 : 서울대학교 수의과대학 IRB(위원장 이영순), 황 교수팀의 난자사용 과정에 윤리적·법적 문제가 없다고 결론을 내린 "황우석 교수 연구팀 난자수급 조사결과 보고서"를 보건복지부에 제출.

○ 2005년 11월 24일 : 보건복지부, "(서울대학교 수의과대학 IRB) 보고서를 근거로 볼 때 법규정 및 윤리준칙 위배사실이 없었음이 인정된다. 본건은 결국 인간의 존엄성과 존재가치에 대한 동서양 문화차이에서 연유한 것이 큰 이유 중 하나인 것으로 판단된다"(최희주 홍보관리관)라고 발표.

○ 2005년 11월 24일 : 황우석 교수, 난자사용 관련 기자회견. 매매 난자 사용에 대해서는 2005년 10월말 처음으로 알게 되었으며, 연구원의 난자를 이용한 점은 2004년 5월 《네이처》 보도 당시 알게 되었으나 해당 여성연구원들의 프라이버시 보호요청으로 밝히지 못하였다고 해명.

"그동안 논란이 되었던 여성연구원이 난자를 제공하였다는 의혹에 대해 말씀드리겠습니다. 두 명의 여성연구원이 난자를 기증한 것은 사실입니다. 당시의 연구에는 많은 난자가 필요했지만 줄기세포 확립이 성공하기 전이었기 때문에 난자가 충분하지 않았습니다. 이때 연구에 참여중인 한 여성연구원이 제게 찾아와 난자를 제공하겠다는 뜻을 밝혔습니다. 그러나 그 연구원이 아직 결혼도 하지 않은 나이 어린 대학원생이었기 때문에 아무리 난자가 부족한 상황이었음을 감안하더라도 교수 입장에서 그 의사를 받아들일 수 없었습니다. 그 뒤에도 난자를 구하기가 어려운 상황에서 자신이 난자를 제공하겠다는 의사를 두 번 더 밝혔으나 저는 거절했습니다. 또 다른 여성연구원 한 명도 약 1개월 반 후 비슷한 과정을 거쳤습니다. 그 이후 2004년 5월 《네이처》 기자가 연구팀의 연구원 중 한 명이 난자를 제공했다고 밝혔다면서 제게 확인을 요청하였습니다. 저는 두 명의 연구원에게 사실 여부를 물어봤습니다. 그 분들은 난자를 제공했다고 확인해 주었습니다. 그러나 그들은 난자제공이란 여성으로서는 민감한 사안이므로 공개되길 원치 않는다고 제게 밝혔습니다. 저로서는 《네이처》에 당시에 본인은 몰랐지만 결국 연구원들의 난자가 제공된 적이 있다는 사실을 밝혔어야 했음에도 제공자 한 명이 매우 강력히 프라이버시 보호를 요청했고 본인도 모르는 사이에 제공된 연구원 난자 때문에 윤리문제가 제기되는 상황이 답답하여 《네이처》에 사실과 달리 답변하였습니다."16) (11월 24일 기자회견문)

16) 그러나 황 교수는 "《네이처》에 사실을 말하지 않은 이유가 프라이버시 보호 때문이라고 했지만, 해당 연구원이 최초에 《네이처》 기자에게 서슴없이 사실을 얘기한 것 자체가 스스로 프라이버시 문제를 그렇게 중시하지 않았다는 것을 증명하는 것 아닌가? 그런데 프라이버시 때문에 당시 사실을 말하지 못했다는 것은 앞뒤가 안 맞지 않나?" 라는 《타임스》 기자의 질문에는 답변하지 않았다.

○ 2005년 11월 24일 : 한국생명윤리학회, 황우석 교수의 기자회견과 관련하여 성명서 "지금 최대의 과제는 연구의 정직성을 진정으로 회복하는 것이다"를 발표하고 긴급토론회 개최.

"지금 최대의 과제는 연구의 정직성을 진정으로 회복하는 것이다."

한국생명윤리학회는 2004년 5월 22일, 이번에 논란이 되고 있는 연구원의 난자이용 문제 등을 비롯하여 크게 네 가지 의문점에 대해 관련자들에게 공식 질의한 바 있었다. 당시 우리의 질의에 대해 연구책임자를 비롯하여 관련 당사자들이 그 문제점들에 대해 솔직하고 정확하게 밝혔으면 지금과 같이 문제가 확대되지 않았으리라는 점에서 매우 안타깝게 생각하며, 어느 경우에나 진실만이 문제해결의 유일한 방법이라고 확신한다.

'헬싱키선언'과 '뉘른베르크강령', 그리고 그에 기반한 국내외 의학 및 생명과학 연구규정들은 인체를 대상으로 연구하는 사람이라면 누구나 철저히 숙지하고 준수해야 할 보편적 규범이다. 그러한 규범들은 과거에 의학과 과학의 발전, 난치병치료 등의 명목 하에 인체대상 연구들이 무절제하게 수행됨으로써 오히려 수많은 인간에게 피해를 끼친 역사적 경험에 대한 반성과 성찰 위에 만들어진 인류의 대장전이다.

규범의 핵심내용은 '지발성'과 '공공감시'다. '지발성'이란 인체의 전부 또는 일부를 대상으로 하는 연구에서, 연구자는 연구대상자들에게 연구의 목적과 방법, 이득과 위험성 등에 대해 그들이 알아들을 수 있도록 충분히 설명하고 그들의 자유의사에 따른 동의를 얻은 뒤에 연구를 수행해야 한다는 뜻이다. 또 '공공감시'란 연구의 계획부터 종료까지 기관심사위원회(IRB)와 같은 기구의 승인과 감독 하에 연구를 수행하여야 한다는 뜻이다.

또한 의학 및 생명과학뿐만 아니라 모든 학문연구에서 연구의 정직성(*Research Integrity*)은 반드시 지켜져야 하며 어떤 이유로든 훼손되어서는 안 된다. 오늘 연구책임자인 황우석 교수의 발표에서 드러났듯이, 2004년의 인간배아복제와 복제 배아줄기세포 추출 연구가 그러한 연구의 절대원칙을 지키지 않은 것에 대해 우리는 한편 안타깝게 생각하며, 또 한편 전혀 이해할 수 없다.

우리는 매우 때늦긴 하지만 황 교수 스스로 그 동안 연구의 정직성을 훼손한 데에 대해 해명하고 사과한 것을 다행으로 생각한다. 황 교수 스스로 '마지막 기회'라고 할 정도로 절박한 상황에서 행한 해명이므로 더 이상 사실을 숨기거나 왜곡하지 않았으리라고 믿고 싶다. 하지만 1 년 반이 넘도록 훼손해 온 정직성이 황 교수 스스로 또는 이해관계가 있는 기관의 해명만으로 회복되기를 기대할 수는 없을 것이다.

지금 최대의 과제는 그동안 연구자 스스로 훼손해 온 연구의 정직성을 진정으로 회복하는 것이다. 그것은 해당 연구자들뿐만 아니라 관련연구의 발전을 위해서도 가장 먼저 해야 할 일이다. 지금까지 그랬듯이 문제를 덮으려 한다면 오히려 더 큰 위기만을 초래할 것이다. 연구의 정직성을 진정으로 회복하는 것은 해당연구(자)와 아무런 이해관계가 없는, 국내외적으로 공신력 있는 기구와 인사들이 그 동안의 문제점들과 오늘의 해명을 철저하게 규명, 검증함으로써만 가능하다고 확신한다.

2005년 11월 24일
한국생명윤리학회

○ 2005년 11월 27일 : 노무현 대통령, 청와대 홈페이지에 기고문 "줄기세포 관련 언론보도에 대한 여론을 보며" 게재. "그 이후 노성일 원장의 기자회견, MBC의 보도가 있었고, 그에 이어 황우석 박사의 기자회견에서 진지한 해명과 공직사퇴 선언이 있었다" 라고 언급.

○ 2005년 11월 29일 : 국가생명윤리심의위원회 간담회 개최. 황우석 교수 연구의 윤리문제에 대해 '검토'하기로 결정했으며 방법과 범위를 극히 제한함.

양삼승 국가생명윤리심의위원회 위원장은 30일 "난자출처 논란과 관련해 황우석 서울대 석좌교수를 직접 조사하지는 않겠다"고 밝혔다. 양 위원장은 이날 평화방송 〈열린세상 오늘 장성민입니다〉에 출연, "국가생명윤리심의위원회는 대통령 자문기구로서 자료나 의견진술을 요청할 수 있으나 개인소환은 허용돼 있지 않다"면서 이와 같은 입장을 피력했다. 그는 또 "궁금한 점을 서면질의하고 자료요청을 한 뒤 최종적인 가치판단을 하는 게 순서기 때문에 황 교수에 대해선 서면조사도 하지 않을 것"이라고 강조했다. 그는 "생명윤리법 시행 이전에 발생한 문제의 경우 현재의 잣대로 재는 것은 적절치 않다는 의견이 많았다"면서 "특히 일부에서 제기하는 해외기관을 통한 검증은 조사과정에서 줄기세포 분야의 개발 노하우가 유출될 가능성이 우려되기 때문에 전혀 생각하지 않고 있다"고 선을 그었다(연합뉴스, 2005년 11월 30일).

○ 2005년 12월 5일 : 노무현 대통령, 수석보좌관 회의에서 "황우석 교수팀의 연구성과에 대한 검증문제는 이 정도에서 정리되기를 바란다"라고 발언.

○ 2005년 12월 9일 : 오명 과학기술부 장관, "과학기술계 전체를 위해서도 이 문제에 대해서 검증하자고 하는 얘기는 더 이상 없었으면 좋겠습니다"(SBS TV 〈저녁 8시 뉴스〉, 2005년 12월 9일) 라고 발언.

○ 2005년 12월 15일 : 서울대학교, '황우석 교수 연구의혹 관련 조사위원회' 구성.

○ 2005년 12월 16일 : 황우석 교수, 2005《사이언스》 논문관련 기자회견.

○ 2005년 12월 20일 : 서울의대 교수 21명, 성명서 "'환자맞춤형 배아줄기세포주' 논란에 대한 의학적 입장" 발표.

"'환자맞춤형 배아줄기세포주' 논란에 대한 의학적 입장"
황우석 교수 연구팀의 '환자맞춤형 배아복제 줄기세포주'에 대한 2005년도《사이언스》 논문이 조작된 것으로 밝혀졌습니다. 앞으로 연구결과의 진위 여부는 서울대학교 조사위원회에 의하여 규명되어야 하겠지만, 이 연구의 의학적 응용에 관한 중요한 부분이 수행된 서울대학교 의과대학 및 서울대학교병원의 교수로서 이번 사태가 가지는 의학적 의미에 대한 견해를 밝힙니다.
1. '환자맞춤형 배아줄기세포주'의 의학적 응용가능성은 과장됐습니

다. 환자맞춤형 배아줄기세포주가 비교적 쉽게 확립된다 할지라도 이 배아줄기세포를 치료목적으로 사용하기 위해서는 해결하여야 할 문제점들이 매우 많으며, 적용대상도 극히 제한적일 것이라는 점과 또한 이러한 연구의 응용가능성 여부의 판단에도 많은 시일 이 필요하다는 사실이 제대로 알려지지 않았습니다.

2. 관련연구 전반에 대한 의학적 검증이 요구됩니다. 난자 및 체세포 기증, 배아줄기세포 관련 전임상 실험결과, 난치병환자 등록 및 선별의 절차 등 관련 연구 전반에 대한 심도 있는 의학적 검증이 요구됩니다.

3. '세계줄기세포허브' 사업의 성급한 추진은 재검토되어야 합니다. 함께 일했던 공동연구자들조차도 연구결과를 인정하지 않고, 학술지에 게재되었던 논문을 스스로 철회함으로써 이 사업의 학문적 기반마저 흔들리고 있습니다. 이와 같은 상황에서 난치병환자와 국민을 더 큰 실망과 혼란에 빠지지 않게 하기 위하여 서울대학교병원의 세계줄기세포허브 사업은 원점에서부터 재검토되어야 합니다.

그동안 '환자맞춤형 배아복제 줄기세포주' 연구에 대한 국민적 열망이 있었습니다. 이에 반하여 의학자임에도 불구하고 방관자적 자세로 이 연구의 실상을 제대로 알리지 못하여 여론을 호도하는 데 일조하였음을 매우 부끄럽게 생각합니다.

2005년 12월 20일
서울대학교 의과대학 교수 21인

○ 2005년 12월 23일 : 세계줄기세포허브 환자 접수마감 발표, 그때까지 22,000여 명 접수.

○ 2006년 1월 4일 : 국가생명윤리심의위원회 양삼승 위원장, 2005년 11월 23일 황우석 교수 연구팀의 심야대책회의에 참석한 사실이 드러나 사의 표명.

양삼승 국가생명윤리심의위원회 위원장이 4일 위원장직 사퇴의사를 밝혔다. 양 위원장측 핵심인사는 이날 연합뉴스와의 전화통화에서 이 같은 뜻을 피력했다. 양 위원장은 세미나 참석차 이날 일본으로 출국했으며, 오는 8일 귀국할 예정이다. 이에 따라 정부는 양 위원장이 생명윤리심의위원장직 사퇴의사를 공식 전달해오는 대로 후임 인선에 착수할 예정이다. 보건복지부는 양 위원장이 사퇴서를 공식 제출하면 노무현 대통령의 재가를 받아 사퇴 처리하게 된다고 설명했다. 하지만 양 위원장의 전격 사퇴로 황 교수 난자의혹에 대한 조사에 본격 착수한 윤리심의위 활동에 적잖은 영향을 미칠 것으로 보인다. 양 위원장은 황우석 교수의 대국민사과 기자회견을 하루 앞둔 2005년 11월 23일 황 교수측과 접촉을 갖는 등 기자회견문 작성에 직·간접적으로 관여한 것이 이번 사임의 배경이 된 것으로 알려졌다. 이와 관련, 양 위원장측 핵심인사는 "양 위원장이 위원장직 사퇴의사를 전해 왔다"면서 "곧 공식적인 사퇴절차를 밟을 것"이라고 말했다. 그는 그러나 "양 위원장이 (황 교수 기자회견 관여 건에 대해) 해명할 것이 있는 만큼 뒤에 해명할 기회를 가질 수 있을 것"이라고 덧붙였다. 법무법인 대표를 맡고 있는 양 위원장은 2005년 11월 23일 법인소속 변호사와 함께 서울대 수의대로 황 교수를 방문, 황 교수팀과 함께 대국민사과문 수정에 직·간접적으로 참여한 것으로 알려졌다. 양 위원장은 황 교수팀이 난자의혹을 방영하려 한 MBC 〈PD수첩〉에 대해 방송금지 가처분 신청을 의뢰하는 과정에서 접촉이 이뤄졌다. 양 위원장은 윤리심의위 위원장직을 맡고 있는 점을 감안, 법무법인 소속 변호사들에게 이를 검토토록 했으며, 검토결과 방송금지 가처분신청의 요건이 되지 않는다는 쪽으로 결론을 내렸다(연합뉴스, 2006년 1월 4일).

황우석 교수팀의 윤리문제를 조사하고 있는 국가생명윤리위원회 위원장이 KBS 취재결과 황 교수팀과 대책회의를 한 것으로 드러났습니다. 황 교수의 변호사 자격이라고 하지만 공과 사를 구분하지 못한 처신이어서 도덕적으로 비판받고 있습니다. 이민영 기자가 보도합니다. (리포트) 황우석 교수는 난자 취득과정에서 문제를 제기한 MBC 〈PD수첩〉 방송이 나가고 이틀 후인 2005년 11월 24일 윤리적 문제를 시인하며 모든 겸직에서 물러났습니다.
황 교수는 이 발표가 있기 며칠 전부터 측근들과 심야까지 대책회의를 했습니다. 여기에는 황 교수팀 연구진을 비롯해 양삼승 국가생명윤리심의위원회 위원장도 참석했던 것으로 확인됐습니다. 황 교수의 변호사 자격이었습니다. 양삼승 생명윤리위원장도 황 교수측에서 〈PD수첩〉 방송 전에 방송금지 가처분신청이 가능한지를 문의해 와 변호사로서 관련회의를 한 것이라고 밝혔습니다. 더 큰 문제는 이 방송 이후

입니다. 양 변호사측은 〈PD수첩〉이 방송된 2005년 11월 22일 이후
에는 황 교수를 만난 적이 없다고 주장했습니다. 그러나 방송 다음날
인 2005년 11월 23일부터 다음날 새벽까지 대책회의를 할 당시 양 위
원장은 다시 참석했으며 황 교수의 사퇴 기자회견문 작성에도 관여했
다고 이 자리에 참석했던 공동저자 가운데 한 사람이 말했습니다. 황
우석 교수의 윤리문제를 심의해야 할 국가생명윤리위원회의 수장이
오히려 황 교수팀과 대응방안을 논의한 셈입니다. KBS 뉴스 이민영
입니다(KBS TV, 2006년 1월 3일).

○ 2006년 1월 7일 : 국가생명윤리심의위원회, 보건복지부를 통해
황우석 교수 연구의 윤리문제에 대해 본격적으로 '조사'에 착수.

○ 2006년 1월 10일 : 서울대학교 조사위원회(위원장 정명희), "황우
석 교수 연구의혹관련 조사결과 보고서"(*Final Report on Professor Woo
Suk Hwang's Research Allegations*) 발표. 황우석 교수팀의 2005 《사이언
스》 논문과 2004 《사이언스》 논문은 날조되었고, 체세포핵이식 줄기
세포를 만들었다는 어떠한 증거도 없으며, 매매난자와 여성연구원들
의 난자를 포함하여 2,000개 이상의 난자가 연구에 사용되었음을 밝
힘. 또한 여성연구원들의 난자를 사용한 사실을 2003년 제공당시에도
황우석 교수가 알고 있었으며, 그 밖에 여덟 명의 여성연구원에게서
난자기증 동의서를 받았다는 사실을 밝힘.

○ 2006년 1월 12일 : 황우석 교수, 기자회견. 연구원 난자 및 매매
난자 사용에 관한 서울대학교 조사위원회 조사결과 시인.

○ 2006년 1월 13일 : 국가생명윤리심의위원회 간담회 개최. 조한익
부위원장(위원장 대행)은 양삼승 위원장의 사의표명에 유감을 표시하
고 그동안 위원회를 잘 이끌어온 것을 치하. 일부 위원은 위원회 구성
과 운영, 위원장의 사의표명 과정과 직무유기 등에 대해 비판.

○ 2006년 1월 18일 : 생명공학감시연대, 토론회 〈황우석 사태로 본 한국사회의 현재와 미래〉 개최. 여성환경연대 이미영 사무국장, 종합토론에서 국가생명윤리심의위원회를 강하게 비판하고 위원들의 총사퇴 촉구.

○ 2006년 2월 2일 : 국가생명윤리심의위원회, "황우석 교수 연구의 윤리문제에 대한 중간보고서" 발표.

○ 2006년 2월 19일 : 국회 보건복지위원회 소속 박재완 의원, "청와대, 2005. 11. 24. 황교수팀 난자조달의 문제점 축소·왜곡 기자회견에 개입"이라는 제목의 보도자료 발표. 17)

황우석 교수팀 난자조달 과정의 윤리적 문제점과 관련한 2005년 보건복지부 기자회견에 청와대 박기영 당시 정보과학기술 보좌관이 개입해 사건을 축소하려 했다는 의혹이 제기됐다.
한나라당 박재완 의원은 19일 보도자료를 통해 "2005년 11월 24일 서울대 수의대 IRB (기관윤리위원회)가 발표하려던 황 교수팀 난자조달 윤리문제에 대한 기자회견이 갑자기 보건복지부로 변경됐으며, 이것은 박기영 보좌관의 지시에 따른 것으로 밝혀졌다"고 주장했다. 박 의원은 보건복지부의 답변서를 근거로 "박 전 보좌관이 24일 오전 보건복지부 차관에게 전화를 걸어 당초 예정과 달리 서울대 수의대 IRB 이영순 위원장 대신 보건복지부 관계자가 대신 발표하게 했으며, 이 때문에 복지부 홍보관리관이 IRB의 조사결과를 대신 설명했다"고 밝혔다.
박 의원은 "보건복지부는 이 때문에 당시 서울대 수의대 조사결과를 전달할 뿐이며, 보건복지부 공식의견이 아님을 밝히고 기자회견을 하게 됐다"며, "결국 보건복지부가 청와대의 예상치 못한 개입으로 어쩔

---

17) 2005년 11월 24일 서울대학교 수의과대학 IRB의 "황우석 교수 연구팀 난자수급 조사결과 보고서"를 보건복지부가 충분하게 검토하지 않고 그대로 발표한 이래 국가생명윤리심의위원회의 일부 위원들은 그렇게 된 경위를 계속 문제 삼았다. 그러나 보건복지부는 심의위원들에게 사실대로 답변하지 않다가 석 달 가까이 지난 2006년 2월 중순 박재완 의원에게 사실을 밝힌 것이다.

수 없이 서울대 수의대 IRB의 조사결과를 대신 발표하게 됐다"고 말했다. 또 "이 과정에서 보고서를 검토할 시간 여유가 없었던 보건복지부는 단순히 IRB의 조사결과를 전달하는 수준을 넘어, 난자수급 과정에 법이나 윤리를 어긴 사실이 없음을 성급하게 인정했다"며 "결과적으로 청와대의 부적절한 개입으로 인해 주무부처인 보건복지부가 난자조달 과정의 문제점을 축소·왜곡함으로써 정부의 신인도를 스스로 실추시켰다"고 박 의원은 주장했다.

특히 박 의원이 확보한 수의대 IRB 조사결과서 초안에는 '황 교수가 여성연구원들의 난자제공 가능성을 2003년 8~9월 어렴풋이 느꼈다고 진술했다'는 내용이 포함돼 있지만, 언론에 공개된 최종본에는 이 부분이 빠진 채 황 교수의 인지시점이 2004년 5월로 돼 있다. 황우석 교수도 같은 날 열린 기자회견에서 여성연구원들의 난자제공 인지시점을 2004년 5월로 발표했었다.

박 의원은 "박기영 보좌관이 수의대 IRB 조사결과 발표를 대리발표케 한 경위를 규명해야 하며, 이것이 박 보좌관의 독자적인 판단에 따른 것인지, 아니면 더 윗선의 지시에 따른 것인지도 밝혀야 한다"고 주장했다(《노컷뉴스》, 2006년 2월 19일).

2. 쟁점으로 본 황우석 사태와 생명윤리 문제

"지금까지 연구를 위해 난자를 제공해 준 많은 성스러운 여성들에게 다시 한 번 감사드린다. 지금까지의 모든 연구는 정부가 정한 윤리 가이드라인을 엄격하게 준수하며 진행됐다."(황우석 교수, 2005년 11월 14일, CNN 주최 미디어콘퍼런스에서)

안규리 교수는 사람의 난자를 치료에 이용한다는 지적에 대해서도 할 말이 많다. 안 교수는 "신장이식 수술은 받는 사람보다 주는 사람이 더 큰 수술을 받아야 한다"며 "물론 여성의 난자도 하늘이 주신 소중한 것이지만, 가족을 위해 목숨까지도 걸고 수술대에 오르는 상황을 생각하면 하늘도 난자이용에 대해 눈감아 주실 것"이라고 말했다(《한겨레》, 2005년 6월 4일).

1) 난자사용과 여성의 인권

(1) 난자매매 및 여성의 건강·인권 훼손

지금까지 국가생명윤리심의위원회와 보건복지부 등의 조사에 따르면 2002년 11월부터 2005년 12월까지 4개 병원에서 119명의 여성으로부터 138회에 걸쳐 채취한 총 2,221개의 난자가 황우석 교수팀에 제공된 것으로 밝혀졌다.

그 가운데 미즈메디 병원에서는 2002년 11월부터 2004년 12월까지 알선업체(DNA 뱅크)를 통하여 소개받은 여성 63명에게 1건당 약 150만 원을 지급하고 75건, 1,336개의 난자를 채취하여 연구팀에 제공했다. DNA 뱅크를 통해 난자를 제공한 여성들의 평균 연령은 24.4세로 자발적 공여자의 평균연령 32.6세에 비하여 현저하게 낮았다.

한나산부인과의원에서는 2005년 1월부터 2005년 8월까지 불임시술 환자에게 동의를 받아 22명에게서 25회에 걸쳐 체외수정을 위해 채취된 난자의 약 반수(48%)인 313개를 제공했는데, 이 경우 불임시술비 또는 약값 일부를 감면했다.

난치병환자 자신 및 가족 등 자발적 공여자의 난자제공은 2004년 1월부터 2005년 12월까지 미즈메디병원 14명·14건·182개, 한나산부인과의원의원 11명·12건·230개, 한양대학교병원 8명·9건·121개 등 총 33명으로부터 35건, 533개가 제공되었다. 삼성제일병원은 2004년 12월 임신을 위해 배란유도를 하였으나 체외수정을 중도 포기한 환자 1명의 난자 8개를 제공하였다.

이 가운데 알선업체(DNA 뱅크)를 통해 금전을 지급하고 난자를 얻은 것은 '생명윤리 및 안전에 관한 법률'에서 금지한 명백한 매매행위다.[18] 불임시술 환자에게 불임시술비 일부를 감면하고 난자를 얻은

---

18) 그러한 거래가 이루어진 시점이 법률이 발효한 2005년 1월 1일 이전이라면 사법적 처벌의 대상은 아닐 수 있다. 그러나 2001년 11월 15일에 공포된 '의사윤리지침'(제55조 인공수태시술 관련 윤리 ③ 인공수정에 필요한 정자와 난자를 매매하는 것은 허용되지 않으며, 의사는 그러한 매매행위에 관여하여서는 아니된다)에는 명백히 위배된다.

경우도 비용감면 혜택이 없었다면 동의하지 않았을 것이라는 제공자들의 증언과 IRB의 정당한 심의절차를 거치지 않은 점에 비추어 적절하지 못한 행위로 판단된다.[19]

2회 이상 난자를 제공한 여성은 모두 15명으로 이 가운데 자발적 공여자는 4명, 체외수정을 위하여 채취한 난자를 제공한 여성은 2명, 금전거래(매매)를 통하여 제공한 여성은 9명이었다.

더욱이 어떤 경위로 난자를 제공했든 연구진과 담당의사들이 과배란 처치와 난자채취에 따르는 부작용에 대해 충분하게 설명하지 않은 점, 과배란 처치를 하기 전 충실하게 신체검진을 하지 않은 점, 검진 결과 건강상에 문제가 나타났는데도 과배란과 난자채취를 시행한 점, 부작용이 나타났음에도 충분히 치료하지 않은 점 등은 여성의 건강과 인권을 침해한 중대한 문제다. 국가생명윤리심의위원회는 이러한 점을 "황우석 교수 연구의 윤리문제에 대한 중간보고서"(2006년 2월 2일)에서 다음과 같이 판단했다.

> 황우석 교수의 연구에 사용된 난자수급과정 전반에서 많은 윤리적 문제가 발견되었다. 모든 자료와 진술을 종합적으로 고려하였을 때, 적어도 금전을 지급받은 난자제공자 중 일부는 단지 손실에 대한 보상을 받은 자발적 기증자로 보기는 어려우며, 더구나 이들 중 일부는 금전적 대가를 받고 불임부부에게 난자를 제공하였다는 사실로 미루어 판단할 때 경제적·사회적 약자였던 것으로 보인다. 미즈메디병원, 한나산부인과의원 등에서 이루어진 대부분의 난자제공 동의과정에서 헬싱키선언 등이 요구하는 충분한 정보(informed consent)에 대한 고려는 부족하였다. 과배란 환자에 대한 사전적·사후적 보호조치 역시 연구의 전 과정에서 충분하지 않았다. 위원회는 황우석 교수의 연구에 사용된 난자의 수급과정이 피험자(난자제공자)의 보호와 안전을 최우선으로 규정한 헬싱키선언, 의사윤리지침, 식약청 임상시험 표준작업지침 등을 위반한 것으로 판단한다.

---

19) 검찰은 이러한 행위를 '생명윤리 및 안전에 관한 법률' 13조 ③ "누구든지 금전 또는 재산상의 이익, 그 밖에 반대급부를 조건으로 정자 또는 난자를 제공 또는 이용하거나 이를 유인 또는 알선하여서는 아니된다"를 위반한 불법행위로 판단했다.

(2) 취약자의 난자 사용 : 하급직 여성연구원 및 (빈곤)여성

황우석 사태의 발단은 연구팀 내 하급직 여성연구원들의 난자를 사용했는지에 대한 의혹의 제기였다. 이러한 의혹제기는 앞에서 서술한 사태전개 과정에서 보았듯이, 사태가 본격화된 2005년 11월보다 훨씬 전인 2004년 2~5월, 즉 2004년 《사이언스》 논문 발표 직후부터 시작되었으며, 결국 제기된 의혹이 사실일 뿐만 아니라 더욱 심각한 문제가 있었음이 드러났다.

세계의사협회의 헬싱키선언(1964년)과 대한의사협회의 의사윤리지침20) (2001년)은 피험자, 특히 하급직 여성연구원 등 사회경제적 취약자의 인권과 복지를 무엇보다 우선시한다. 즉, 인체를 대상으로 하는 어떤 연구이든 피험자의 인권과 복지가 지켜질 때만 정당성을 가질 수 있다. 특히 사회경제적 취약자의 인권과 복지는 연구과정에서 훼손될 가능성이 높기 때문에 특별하게 주의하거나 아예 금지하는 조치를 취한다. 그리고 사회경제적 취약자에는 하급직 연구원뿐만 아니라 빈곤여성도 포함된다. 매매를 통해 난자를 제공한 여성들은 대부분 빈곤여성인 듯한데, 매매를 통한 난자취득은 이 점에서도 심각한 윤리적 문제를 안고 있다.

헬싱키선언의 관련조항

5. 인간을 대상으로 하는 의학연구를 하는 경우, 연구로 인한 과학적·사회적 이익보다는 대상이 되는 피검자의 안녕을 우선적으로 고려하여야 한다.

8. 의학연구는 인간을 존중하며 인간의 건강과 권리를 보호하고자 하는 윤리기준에 합당하여야 한다. 약자의 처지에 있는 연구대상 집단에는 특별한 보호가 요구된다. 경제적·의학적으로 불리한 처지에 있는 사람들의 특별한 요구를 인식할 필요가 있다. 또한 스스로 동의할 수 없거나 거부할 수 없는 사람, 강제에 의해 동의할 우려가 있는 사람, 연구로부터 이익을 얻을 수 없는 사람, 그리고 해당연구가 자신의 치료와 관계 있는 사람에 대해서 특별한 주의

---

20) 의사윤리지침이 헬싱키선언보다 더 엄격한 것은 한국의 반인권적이고 가부장적인 연구문화에 대한 대응으로 보인다.

를 기울여야 한다.

20. 연구대상자는 자원자이어야 하며 충분한 설명을 들은 다음 연구에 참여토록 해야 한다.

22. 인간을 대상으로 하는 모든 연구에서 연구자는 연구대상 예정자에게 연구의 목적, 방법, 연구비의 출처, 가능한 이해관계의 충돌, 연구자와 관련기관의 관계, 예상 가능한 이익, 잠재적 위험, 필연적으로 수반되는 불쾌한 상황 등에 대하여 충분히 알려주어야 한다. 연구대상자에게 연구에 참여하지 않을 수 있는 권리, 언제라도 아무런 보복 없이 연구참여를 취소할 권리가 있음을 알려주어야 한다. 연구대상자가 이러한 사항에 대하여 이해했다는 사실을 확인한 뒤, 의사는 연구대상자의 자유의지에 의한 동의(informed consent)를 가급적이면 문서로 받아야 한다. 문서에 의한 동의를 얻지 못했을 경우에는 동의내용을 공식적으로 문서화하고 증인의 증명을 얻어야 한다.

23. 연구와 관련하여 동의를 얻는 경우, 의사는 연구대상자가 의사와 종속관계에 있거나 강요에 의해 동의했을 가능성이 있는지 특히 주의하여야 한다. 동의는 연구내용을 잘 알고 있으면서 해당연구와 관련이 없고 연구와 완전히 독립적인 관계에 있는 의사를 통해 얻어야 한다.

서울대학교 조사위원회와 국가생명윤리심의위원회 등의 조사에 의하면 황우석 교수는 연구원의 연구용 난자제공을 승인하는 등 난자취득 과정에 관여했으며, 미즈메디 노성일 이사장은 자신의 병원에서 직접 연구원의 동의서를 받고 난자를 채취하였다. 이는 연구원 등 종속관계, 기타 특별한 주의를 요하는 상황에서 연구에 참여하지 않고 피험자와 아무런 관계가 없는 의사가 시험수행에 대한 동의를 얻도록 한 헬싱키선언에 위배된다.

더욱이 황 교수가 '특별한 보호'를 요하는 여성연구원들에게 오히려 난자제공에 따르는 부작용 등에 대한 충분하고 적절한 설명도 없이 '난자공여 동의서'를 일괄적으로 배포하여 서명을 받았다는 사실은 연구원들의 자유를 제한한 강압적 행위다. 또한 대한의사협회의 의사윤리지침과 세계의사협회의 헬싱키선언에 비추어 볼 때, 하위직 여성연구원들의 난자를 사용한 것은 비윤리적이다.

황 교수가 여러 조사를 통해 여성연구원들의 난자를 연구에 사용했다는 사실이 확인되기 전까지 관련 사실에 대하여 부인과 은폐로 일관한 것은, 황 교수가 적어도 《네이처》의 최초 문제제기 시점인 2004년 5월부터는 연구원 난자제공의 윤리적 문제점을 인식했기 때문일 것이다. 이렇게 황 교수가 연구원 난자제공 사실과 관련하여 계속 허위진술을 한 것은 연구(자)의 진실성을 크게 훼손하는 것이다.

또한 공동저자들, 특히 의사인 저자들이 연구원들의 난자제공 의혹을 구체적이고 설득력 있게 제기한 2004년 5월의 《네이처》 보도 이후에도 진상을 규명하고 공개하는 노력을 하기는커녕 오히려 왜곡·은폐한 점은 책임저자와 공동저자의 책임을 방기한 것이며, 헬싱키선언과 의사윤리지침의 정신을 심각하게 훼손한 것이다.

2) 환자 기만·오도 행위

황우석 교수팀은 여러 차례 존재하지도 않는 체세포핵이식 줄기세포로 머지 않은 장래에 온갖 난치병을 치료할 듯이 왜곡·과장함으로써 환자와 국민을 기만했다. 더욱이 무슨 의도에선지 존재하지도 않는 '환자맞춤형 줄기세포'로 체세포를 제공한 김○○ 어린이와 그 부모에게 무모한 임상시험까지 제의한 것은 매우 비윤리적이다.

또한 세계줄기세포허브와 서울대학교병원은 "환자등록과 체세포공여 과정만으로 임상시험이나 치료가 시작되는 것은 아닙니다. 환자등록을 원하는 분들이 등록 및 선정되는 것만으로 치료가 시작되는 것으로 잘못 알 수 있어 이 점에 대해서는 등록 및 상담과정에서 정확하게 설명할 예정입니다"라며 과도한 기대를 갖지 않도록 안내하였지만, 많은 환자와 국민이 실제보다 훨씬 큰 희망과 기대를 품었다는 점을 부인하기 어렵다. 이렇게 된 데는 연구성과를 엄청나게 과장한 황우석 교수와 연구팀에게 일차적 책임이 있고, 그것을 조장한 언론과 정부도 책임을 면하기 어렵다. 또한 그렇게 터무니없이 과장된 사실을 알면서도—환자맞춤형 줄기세포의 존재와 논문날조에 대해 속았는지, 알고 있었는지를 떠나— 서울대학교병원과 관련 의료인들이 적극적으로 환자와 국민을 계도하지 않은 것은 의사의 기본적 윤리에 비추어 적절하지 못했다.[21)]

관련 의료기관과 의료인들의 행위는 다음과 같은 의사윤리지침의 조항으로 판단할 수 있을 것이다.

제11조(공인되지 않은 의료행위 금지)
① 의사는 '의학적으로 인정되는 의료행위'만 시행하여야 한다. '의학적으로 인정되는 의료행위'라 함은 의학계 일반과 관련 전문학회에서 공식적으로 인정하는 의료행위를 말한다.
② 의사는 의학계에서 검증되지 않은 행위와 시험적인 의료행위는 반드시 사전에 전문학회 등 관련기구의 공식적인 심의와 승인을 거친 뒤에 시행하여야 한다.
제42조(동료 의사의 오류에 대한 대응)
① 의사는 동료 의사가 의학적으로 인정되지 않는 의료행위를 시행하

---

21) 이 문제에 대해 서울대학교병원과 세계줄기세포허브는 다음과 같이 입장을 표명하였다.

> 먼저 세계줄기세포허브에 접수해 주신 환자 및 가족 여러분께 위로의 말씀과 함께 빠른 쾌유를 빕니다. 서울대학교병원은 희귀난치병 치료를 위한 줄기세포연구를 목적으로 2005년 10월 19일 세계줄기세포허브를 개소하였습니다. 11월 1일부터는 척수손상환자 및 파킨슨씨병 환자를 대상으로 접수를 시작하여 14,000여 명의 환자께서 접수해 주셨습니다. 그러나 전혀 예상하지 못했던 2005년 《사이언스》에 게재된 황우석 교수팀의 환자맞춤형 배아줄기세포 논문이 조작되었다는 서울대학교의 조사결과를 접하고 저희는 실로 큰 충격을 받았습니다. 그 원인이 어디에 있든 결과적으로 실망을 안겨드리게 되어 깊이 사과의 말씀을 드립니다. 줄기세포 연구 영역은 미래 생명과학 분야의 핵심 중 하나이기에 세계는 지금 치열한 경쟁을 하고 있습니다. 따라서 서울대학교병원은 어떠한 어려움이 있어도 포기하지 않고 지속적인 노력을 다할 계획입니다. 이러한 관점에서 환자 및 가족 여러분께서 허락해 주신다면 지금까지 접수된 자료를 소중히 관리하여 향후 줄기세포 연구에 귀중한 자료로 활용하고자 합니다. … 비록 지금 질병으로 어려움을 겪고 계시지만 희망과 용기를 잃지 마시기를 바랍니다. 서울대학교병원은 여러분과 어려움을 함께하는 따뜻한 동반자가 될 것을 거듭 약속드립니다. 새해에는 건강을 회복하시고 가정에 행복이 가득하시기를 진심으로 기원합니다. 감사합니다(2005년 12월).

80

거나 이 지침에서 금지하고 있는 행위를 하는 등 의학적·윤리적 오류를 범하는 경우 그것을 바로잡도록 노력하여야 한다.

제43조(의사의 사회적 책무)

① 의사는 지역사회, 국가, 인류사회와 그 구성원들의 생명보전, 건강증진, 삶의 질 향상을 위하여 최선의 노력을 다하여야 한다.

제53조(허위·과대광고 등 금지)

③ 의사는 의료정보를 제공하는 목적으로 의료광고를 하는 경우 의학계에서 인정하지 않는 시술명칭이나 진단명칭 등을 사용하여서는 아니된다.

④ 의사는 의료정보 제공의 목적으로 새로운 시술법 등을 광고하는 경우에는 반드시 사전에 각급 의사회와 전문학회 등에 설치된 관련기구의 심의를 거쳐야 한다.

⑤ 의사는 의사 또는 의사 아닌 사람이나 단체가 국민의 건강을 해치는 사실을 전파하거나 광고할 경우 이를 지적하고 바로잡을 수 있도록 적극 노력하여야 한다.

제73조(연구결과의 발표)

① 의사는 관련학계에서 충분히 검증되지 않은 연구결과를 어떠한 방법으로든 사회적으로 공개하여서는 아니되며, 그 연구결과를 환자의 시술에 사용하여서는 아니된다.

3) 인간 체세포핵이식 줄기세포 연구의 허용여부

이 문제는 지금까지 몇 해 동안 우리 사회에서 전개된 생명윤리 논쟁 중에서 가장 관심을 끈 이슈다. 사회적 논란이 된 이 문제에 대해 사회적 합의를 끌어내기 위해 정부는 2000년 11월 과학기술부 주관으로 생명윤리자문위원회[22]를 구성하고 1년 동안 줄기세포 연구의 허용범위 등을 집중적으로 논의하도록 했다. 그리고 주관부처인 과학기술부 장관은 위원회의 자율성과 독립성을 보장할 것과 위원회에서 논의·결정한 대로 법률안을 만들 것을 약속하였다. 생명윤리자문위원회는 1년 가까이 줄기세포 전문가 등과의 폭넓고 심도 깊은 논의를 거쳐 "성

---

22) 위원회는 과학·의학계 위원 10명과 인문사회 과학계·시민사회단체·종교계 위원 10명으로 구성되었다.

체줄기세포 및 수정란줄기세포 연구는 허용하되 체세포핵이식줄기세
포 연구는 잠정적으로 중단토록 한다"라는 결론을 내렸다. 이러한 결
론은 비슷한 시기에 보건복지부의 의뢰로 보건사회연구원 연구팀이 별
도로 수행한 연구결과인 "생명과학 보건안전 윤리법(가칭) 시안"(2000
년)과 대동소이한 것이다.

줄기세포 연구에 관련된 주요 쟁점 가운데 하나는 줄기세포의 공급
원인 인간배아에 대한 논란이다. 줄기세포를 추출하는 과정에서 배아
는 필연적으로 파괴될 수밖에 없는데, 인간배아를 인간생명체로 본다
면 파괴는 곧 살인행위가 된다. 반면에 배아를 단순한 세포덩어리로
보는 입장에서는 인간의 다른 세포조직을 이용한 것과 마찬가지로 허
용 가능한 연구가 된다.

인간배아의 지위에 관해서는 대체로 세 가지 견해가 있다. 첫째, 수
정된 때부터 인간생명으로 보아야 하며 따라서 이때부터 도덕적으로
완전한 지위를 갖는다. 둘째, 단순한 세포덩어리에 불과한 물질적 존
재일 뿐이며 따라서 도덕적 주의를 기울일 필요가 없다. 셋째, 배아는
잠재적 인간존재로서 특수한 지위를 가진다. 인간배아의 지위에 대한
의학적 · 윤리적 · 신학적 논란은 당장은 물론이거니와 앞으로도 종식
될 가능성이 별로 없어 보인다. 그것은 진위(眞僞)의 문제라기보다는
신념에 관련된 문제이기 때문이다.

따라서 인간 배아줄기세포 연구는 원천적으로 사회적 부담을 가질
수밖에 없으며, 경우에 따라서는 커다란 사회적 갈등을 일으킬 소지를
지닌다. 그렇다고 인간 배아줄기세포를 대상으로 하는 연구를 완전히
포기하는 것은 의학적 유용성 때문에 쉽지 않다. 그러므로 성체줄기세
포 연구가 확고한 위치를 확립할 때까지는 사회적 부담과 갈등을 최소
화하는 방식으로 인간 배아줄기세포 연구를 병행할 수밖에 없다는 것
이 생명윤리자문위원회의 판단이었다.

줄기세포 연구목적으로 인간배아를 생성하는 것은 금지하는 반면,
불임치료 목적으로 인공수정 방법으로 창출된 인간배아 가운데 실제
인공수정에 사용하고 남은, 폐기될 잔여 동결배아를 줄기세포 연구의
소재로 허용한 생명윤리자문위원회의 결정은 윤리적 갈등을 (상대적으

로) 줄이면서 의학적 유용성을 살리기 위한 절충안이다.

체세포핵이식을 이용한 배아복제는 줄기세포 연구에서 면역거부반응과 관련된 문제를 해결하고 줄기세포의 분화기전을 이해하는 데 크게 도움이 될 수 있는 등 과학적·의학적으로 유용한 측면이 많다. 줄기세포를 이용하여 필요한 세포조직을 얻었다 하더라도 거부반응을 해결하지 못한다면 세포이식 치료술은 난관에 봉착할 것이다. 거부반응을 해결하는 방법은 '줄기세포 은행'과 더불어, 체세포복제 기술을 이용해 환자 자신의 체세포로부터 배아를 창출하고 이것에서 줄기세포를 추출하는 것이다. 인간배아복제를 허용하자는 사람들은 줄기세포 연구 자체를 위해서도 배아복제 방법이 필요하다고 주장한다. 줄기세포의 분화기전을 이해하는 열쇠는 배아복제 과정, 즉 성체세포에서 추출한 핵을 공여난자에 이식했을 때 발생하는 리프로그래밍 과정에 있다는 것이다.

하지만 인간배아복제는 일반 인간배아 연구 이상으로 윤리적 논란이 많다. 이러한 상황에서 인간배아복제를 이용한 줄기세포 연구를 허용하는 것은 큰 사회적 갈등을 야기할 가능성이 있다. 그러한 연구를 허용할지를 결정할 시기는 지금보다는 인간 이외 생물체의 배아복제를 이용하는 등 다른 방법들을 이용한 줄기세포 연구가 많이 진척되어 실용화가 머지않았을 때, 특히 거부반응 문제해결이 최대의 관건이 되었을 때라는 것이 생명윤리자문위원회의 판단이었다.

그러나 정부는 생명윤리자문위원회, 시민사회단체 등과의 약속을 깨고 체세포핵이식 줄기세포 연구를 사실상 전면적으로 허용하고, 단서조항을 통해 특정 연구진(황우석 교수팀)에게 특혜를 주는 법안을 마련했다. 결국 이것이 국회를 통과하여 2004년 1월 29일에 법률로 공포되었다. 그리고 황우석 교수팀은 2004년 2월 세계 최초로 인간 체세포핵이식 방법을 통해 줄기세포를 추출하는 데 성공했다고 발표했다. 당시부터 이에 대한 많은 논란과 비판이 있었지만 여기에서는 한 가지만 소개한다.

2004년 2월, 한국의 황우석 박사는 그 동안 동물실험에서는 일반화되었지만 인간의 난자로는 거의 불가능한 것으로 보였던 난자핵치환 작업에 성공함으로써 세계를 놀라게 했다. 그러나 그의 팀은 단 한 개의 줄기세포를 얻기 위해 240개가 넘는 난자를 사용했다. 이처럼 많은 난자를 사용해야 한다면 황 박사팀의 기술을 임상적으로 활용하기는 어려울 것이다. 이 방법은 20명 가량의 여성으로부터 평균 12개의 난자를 채취하는 위험한 과정을 요구하기 때문이다〔프랭크 예이츠 등 (2005), "체세포핵이식의 새로운 돌파구", 국제줄기세포학회(ISSCR), 6월 8일〕.

 설령 2004년 《사이언스》 논문이 날조된 것이 아니었다 하더라도 수백 개의 인간배아를 파괴해야 하고, 수십 명의 여성으로부터 난자를 채취해야 하는 윤리적 문제점은 그대로 남는다. 그러나 문제는 그 정도가 아니었다. 황우석 교수팀은 2,000여 개의 난자를 사용하고도(또는 공급받고도) 단 1개의 체세포핵이식 줄기세포조차 만들지 못했다.[23] 인간 체세포핵이식 줄기세포를 만들었다 하더라도 그것은 단지 연구가 출발선을 떠났음을 의미할 뿐이다. 실제 환자치료에 이용하기 위해서는 암세포로 전화되는 것을 방지하고 필요한 세포로 분화시키는 등 수많은 난관을 극복해야 한다.
 사용된 난자의 수도 어마어마하지만 그것에서 단 한 개의 줄기세포도 만들지 못한 현실에서, 그것도 윤리성과 연구진실성이 엄청나게 훼손된 상황에서 인간 체세포핵이식 줄기세포 연구의 허용 여부에 대해 다시 진지하게 논의해야 한다.

---

23) 여기에 대해 국가생명윤리심의위원회 조한익 위원장 대리는 2006년 2월 2일 기자회견에서 다음과 같이 소회를 피력하였다.

　그처럼 막대한 물량을 투입하고 결과가 그렇다면, 난자기증과 연구를 허용하는 절차가 무슨 소용이 있겠느냐는 공감대가 있었다. … 인체에 적용하기 전 최소한 영장류 실험에서 효율이 확인되고, 연구계획서 승인을 더욱 강화하는 등 제도마련에도 과학적 접근이 필요하다. 그러나 법개정은 체세포복제 연구를 금지한다는 예단에서부터 출발하지는 않는다.

4) 생명윤리 및 연구진실성 감시체계

이른바 황우석 사태는 연구책임자와 공동연구원의 생명윤리 및 연구진실성 훼손을 넘어, 우리 학계의 생명윤리와 연구진실성에 대한 불감증, 그리고 관리부실과 '시스템실패'(system failure)를 극명하게 드러낸 사건이었음은 앞에서 자세히 살펴보았다.

연구책임자와 공동연구원들은 난자채취와 사용 등 연구과정에서 수많은 비윤리적 행위를 자행하였고 직접 연구과정과 결과를 날조(fabrication)하고 위조(falsification)했다. 뿐만 아니라, 진상규명 과정에서도 적극적으로 은폐·조작·왜곡하거나 소극적으로 책임을 회피하고 전가하는 모습을 보였다. 연구의 윤리성과 진실성 위반을 미연에 방지해야 할 1차적 감독감시기구인 서울대학교 수의과대학과 한양대학교병원 등의 IRB는 감독·감시는커녕 오히려 해당 연구자들에게 장악되어 생명윤리와 연구진실성을 훼손하는 데 일조했다.

국가생명윤리심의위원회는 "황우석 교수 연구의 윤리문제에 대한 중간보고서"에서 해당 IRB의 문제점을 다음과 같이 적시했다.

> 연구계획서에 전혀 기재되지 않은 미즈메디 병원에서 난자채취가 이루어졌고, IRB에 대한 보고가 제대로 이루어지지 않았다는 점을 고려할 때, 황우석 교수의 연구에 사용된 난자채취 과정은 사실상 IRB의 승인 및 감독 하에 이루어졌다고 볼 수 없으며, 한양대병원 IRB가 황우석 교수 연구의 윤리문제를 점검하기 위한 기능을 제대로 하였다고 볼 수 없다.
> 한양대병원 IRB가 부실한 윤리적 감독을 할 수밖에 없었던 것은 IRB 심의 자체의 문제뿐만 아니라, IRB에 심의를 의뢰한 책임연구자인 황윤영·황정혜 교수, 연구계획서를 작성하고 그 변경을 지시한 황우석 교수, 난자를 채취한 미즈메디 병원 등 각 기관 연구자들의 연구윤리에 대한 미준수가 심각하였기 때문인 것으로 판단된다.
> 수의대 IRB는 황우석 교수 연구팀의 주도로 위원선정부터 운영 및 심의에 이르기까지 황 교수 연구계획을 심사하기 위하여 급조되어 운영된 IRB로서 위원구성 및 회의 소집·운영 과정에 많은 문제가 있었으며, 황우석·이병천 교수 등이 IRB 운영에 직접적으로 관여한 것으로

판단된다. 수의과대학 IRB는 위원장, 간사위원을 포함한 대부분의 위원이 IRB의 역할과 임무에 대한 지식과 인식이 없었으며 IRB의 법적 · 윤리적 의무에 대해서도 인식이 부족하였다. 이에 따라 IRB의 심의는 형식적으로 이루어졌으며, 윤리적 감시기능을 수행해야 할 IRB가 오히려 연구자들의 뜻대로 움직였던 것으로 판단된다.

그뿐만 아니라 청와대, 보건복지부, 과학기술부 등 관련 정부기관, 심지어 국가생명윤리심의위원회조차 진상을 규명하기보다는 축소 · 왜곡 · 은폐하려 했다는 혐의에서 자유롭지 못하다. 이러한 지경인데도 사태가 발생한 지 반년이 넘은 지금까지 연구책임자와 공동연구원, 해당 IRB 관계자, 정부관계자, 의료인, 언론인 중 어느 누구도 생명윤리와 연구진실성 훼손, 환자와 국민을 기만한 것에 대해 진심으로 반성하고 책임지는 모습을 보이지 않았다.

이러한 점에서 필자는 이른바 황우석 사태는 우리 사회 전체의 총체적 부실, 즉 시스템실패라고 진단한다. 이러한 시스템실패에 대해 근본적 반성과 성찰, 책임규명 없이 연구진실성과 윤리성 강화방안을 지엽 말단적으로 논의하는 것은 사태재발 방지에 큰 도움이 되지 않을 뿐만 아니라 사태의 본질을 호도함으로써 다시 한 번 국민과 환자를 기만하는 행위다.

수많은 어려움 속에서도 제보자와 일부 언론인, 일부 과학자, 일부 시민단체 관계자 등이 진실을 규명하기 위해 적극적으로 노력함으로써 이번 사태가 옛 소련의 '뤼센코 사태' 정도까지 악화되지 않은 것은 그나마 다행스러운 일이다. 또한 이는 우리 사회의 정상화와 지금보다 밝은 미래의 가능성을 보여주었다.

황우석 신화의
종말을 보며

박 상 은 (샘안양병원장 · 생명윤리학회 부회장)

2006년 1월 10일 황우석 교수 논문조작에 대한 서울대 조사위원회의 최종 결과발표를 보며, 중간보고를 통해 예견은 했지만, 막상 2005년 논문뿐 아니라 2004년 논문까지도 조작이었음이 밝혀져 허탈한 마음을 금할 길 없다. 이 세상에서 가장 확실한 진실이 과학이라고 믿은 우리 모두에게 과학의 대명사요, 영웅으로 불린 황우석 교수가 한 번의 실수가 아닌 인위적 조작의 주역이었다는 사실이 더욱 혼란스럽게 느껴질 따름이다. 서울대의 발표는 상당부분 진실에 접근했다고 보이지만, 조사위원회도 밝힌 바와 같이 미흡한 부분은 앞으로 계속 다각적으로 규명작업을 해야 한다. 서울대가 스스로 실추된 명예를 추스르기 위해 살을 도려내는 듯한 아픔을 감내하는 것처럼, 여러 유관된 기관이 특별위원회를 만들어 세부조사를 계속 진행하며 검찰은 검찰대로, 감사원과 국회도 각각의 역할에 따라 추가 규명작업을 해야 한다.

배아줄기세포 연구는 넘어야 할 산이 너무 많다. 태백산맥을 넘어야 하는데, 첫 번째 언덕도 채 넘기지 못하고 탈이 난 것이다. 황 교수의 연구가 설령 사실이었다 하더라도 그것은 배아줄기세포가 실용화되는 것과는 아직도 거리가 멀다. 이번 연구결과를 미루어볼 때 인간배아에서 줄기세포를 추출하는 작업은 수많은 난자를 필요로 할 뿐만 아니라, 줄기세포의 분화능력이 워낙 강해 테라토마라는 암을 만들며, 특종 세포로 분화시키기 위해서는 수많은 기술을 개발해야 한다. 그럼에도 그 동안 황우석 교수를 비롯한 연구진과 언론들은 실제 이상으로 지나치게 난치병 환우들에게 장밋빛 환상을 심어주었다. 세계줄기세포허브를 만들어 난치병환자의 등록을 받은 것이 그 대표적 예이다. 아직 분화를 조절하는 기술이나 암을 예방하는 방법이 개발되지 않았을 뿐만 아니라, 동물실험도 전혀 거치지 않은 상태에서 마치 당장 치료할 수 있는 것처럼 등록을 받은 것은 잘못이다. 황교수팀이 난치병환우들의 치료에 대한 열망을 교묘히 이용해 사기극을 꾸몄다고 생각하니 더욱 안타깝다.

배아줄기세포를 만들려면 반드시 난자를 다량채취하고, 인간배아를 복제해야 한다. 배아에서 줄기세포를 얻고 나면 그 인간배아는 죽게 마련이다. 결국 배아줄기세포를 얻기 위해 무고한 생명을 죽여야 한다. 반면, 성체줄기세포는 이러한 윤리적 문제를 피하는 대안이 될 수 있다. 물론 성체줄기세포의 분화능력이 배아줄기세포만 못하고, 단번에 많은 양을 만들지 못한다는 약점이 있지만 최근 전 세계적으로 연구가 활발히 진행되면서 이러한 한계가 상당부분 극복되었다. 만일 황 교수 연구팀에 쏟은 연구비와 인력을 성체줄기세포 연구로 전환한다면 괄목할 연구결과가 나올 것으로 기대한다.

실은 2년 전부터 몇몇 생명윤리학자들과 시민단체, 종교계가 황 교수 연구의 윤리적 문제를 지적했다. 특히 연구원의 난자채취 문제를 비롯한 연구윤리 위반에 대해 생명윤리학회가 공개질의를 했음에도 불구하고 언론은 여론을 의식한 나머지 이에 대한 비판적 기능을 하지 못했다. 더욱이 얄팍한 애국심에 도취된 나머지 진실보다는 국익을 우선해야 한다는 해괴한 논리를 언론이 주도적으로 이끈 것은 두고두고 반성해야 한다. 그런데 아직도 이러한 최면현상이 가시지 않았다. 황우석 교수 신화만들기는 이제 종교적 신념으로 발전되어 사이비 종교집단에서 보이는 병리현상까지 나타났다. 얼마 전 영생교 교주가 사망했음에도 불구하고 신도들이 사이비종교에서 벗어나지 못한 것처럼 황 교수의 연구가 조작이라고 밝혀지고, 본인 스스로도 조작을 시인했음에도 불구하고 아직도 황우석종교에서 벗어나지 못하는 무리가 적지 않아 안타깝다. 정부와 학계가 앞장서서 하루빨리 이러한 사회병리 현상을 바로잡지 않으면 오대양사건에서 목격한 집단히스테리가 다시 발생하지 않으리라 장담할 수 없다.

이번 일을 계기로 우리 모두가 자신을 돌아보아야 한다. 목적이 좋다면 수단이나 과정은 적당히 얼버무려도 된다는 잘못된 업적지향주의와 성공주의가 우리 사회에 팽배하다. 무엇보다 정직이라는 덕목이 중시되지 않고 진실이 쉽게 은폐되는 시스템이 문제다. 실수야 누구나 할 수 있지만 그 실수를 조기에 발견해 바로잡는 검증시스템이 가동되어야 하며, 한 사람의 영웅에 의해서가 아니라 다양한 사람이 함께 이룰 수 있는 팀워크를 더 강조해야 한다. 다행스러운 것은 그나마 우리나라의 젊은 과학도들에 의해서 문제제기가 되고 자체 조사위원회를 통해 전모가 밝혀진 것이다. 이는 아직 자체 면역기전이 살아 있다는 증거이기 때문이다. 그런 의미에서 1월 10일은 우리 생명공학의 치욕의 날인 동시에 생명윤리의 희망의 날이기도 하다.

황 교수도 이제야 인정한 것처럼 생명과학과 생명윤리는 수레의 두 바퀴처럼 서로 견제하며 균형을 이룰 때 가장 빠르고 안전하게 갈 수 있다. 이번 황우석 파동을 겪으며 터득한 깨달음은 '진실은 반드시 밝혀진다'는 진리다. 아직도 풀리지 않은 바꿔치기 의혹에 관해서 당장은 알 수 없을지 모르지만 분명 실험실의 인간배아들은 알고 있을 것이기에 우리가 말하지 않으면 분명 그들이 소리칠 것이다. 우리 모두 생명과 진실이 반드시 승리하리라 믿으며 2006년 한해는 스스로 자신의 생명을 지키지 못하는 연약한 생명까지도 소중히 여기는 생명지기의 삶을 살았으면 한다.

이러한 연약한 생명을 돌보는 소명을 받은 의사들은 과연 황우석 사태에 아무런 잘못이 없는 것일까? 애초 인간생명의 복제나 실험을 동물학자가 주도하도록 방임한 부분은 없는가? 자신도 모르게 인간의 존엄성과 동물의 존엄성을 동일하게 보는 우를 범하고 있지는 않은가? 소의 난자에 인간의 핵을 섞는 이종배아복제에 대해 과연 의료계가 진지한 윤리적 질문을 던졌는가?

황우석 연구팀에 소속된 의사들을 탓할 것이 아니라, 의사사회를 지배하는 윤리적 기준과 가치관을 돌아보며 반성해야 한다. 이는 단지 실험에서 뉘른베르크강령이나 헬싱키선언을 지켰느냐의 연구윤리 문제뿐만 아니라, 인간생명이 과연 어떤 존재인지에 대한 철학적·사회학적·종교적 질문을 필요로 한다.

아울러 국가생명윤리위원회를 비판하기 앞서 의사협회의 의료윤리위원회가 제 역할을 했는지, 그리고 의료윤리를 가르치는 교수들의 모임인 의료윤리교육학회가 과연 비판적 기능을 담당했는지, 나아가 각 언론사의 과학과 의학담당 전문기자가 올바른 논점을 언론매체에 제공했는지 반성해야 한다. 그런 면에서 의료윤리를 공부하고 이 분야에 관심을 갖고 있던 필자의 책임은 말할 나위 없다.

이제 조만간 검찰수사의 결과가 밝혀지겠지만, 이번 황우석 사태가 우리에게 준 교훈이 잠시 머리를 맴돌다 사라지지 않도록 우리 사회가 생명윤리를 업그레이드하는 계기로 삼아야 한다. 생명과학의 발달은 이보다 더 엄청난 변화와 충격을 가져올 것이 분명하기에 생명공학과 유전자조작에 대한 생명윤리의 비판적 기능을 점차 강화해야 한다. 우리 사회가 진실하고 투명한 사회가 되고, 인간생명을 존중하는 아름다운 사회가 되도록 힘을 모아야 한다. 그리고 이 일에 우리 의료인이 단연코 앞장서 나가야 할 것이다.

황우석 사태와 과학기술정책

이 영 희 (가톨릭대 사회학과 교수)

1. 들어가며

2005년 말 터진 황우석 사태는 우리 사회를 혼란과 혼동, 심지어 공황상태로까지 몰았다. 국가의 자존심이자 국민의 영웅으로 한껏 추앙받던 한 과학자의 명성이 상당부분 허위와 조작에 근거했다는 사실이 밝혀지는 것을 지켜봐야 했던 시민들은 엄청난 허탈감과 배신감을 느꼈다. 물론 우리 사회 한편에는 여전히 논문조작과 관련된 진실은 '다른 곳'에 있다고 믿으면서 황우석 교수와 그의 연구를 지지하는 사람도 많다. 이러한 점에서 황우석 사태는 여전히 현재진행형이라고 할수도 있지만, 이제는 우리 사회가 더 차분하게 황우석 사태가 일어난 배경과 원인을 체계적으로 분석하고 그 사태로부터 얻을 수 있는 교훈과 과제를 고민해야 할 시점이라고 판단한다.

황우석 사태가 일어난 원인을 황우석이라는 야심 많은 과학자의 '과학적 비행'(*scientific misconduct*)이라는 개인적 속성에서 찾을 수도 있다. 지금까지의 조사결과, 황우석 교수가 비윤리적 난자취득 과정과 논문조작 과정에 적극적으로 개입했던 것으로 드러났기 때문에, 이처럼 분석의 초점을 개인에 맞추는 '방법론적 개인주의'도 황우석 사태를 이해하는 데 필요한 접근방법이다. 그러나 분석의 초점을 개인에 맞추면 이러한 비극적 사태를 일으키는 데 기여한 구조적 배경을 간과하게 되고, 결과적으로 황우석 사태로부터 중요한 교훈을 이끌어내는 데 한계를 갖게 된다. 이 글에서는 황우석 사태가 일어나게 된 배경에는 기본적으로 지난 40년 이상 유지된 성장지상주의적이고 권위주의적인 과학기술 정책레짐이 존재한다고 본다. 물론 황우석 사태는 이러한 성장지상주의적이고 권위주의적인 과학기술 정책레짐과 정책레짐을 잘 활용하는 뛰어난 정치적 수완과 능력을 지닌 황우석이라는 개별과학자의 존재가 결합되어 발생한 세기적 사건이다.

아래에서는 먼저 황우석 사태의 배경이 되는 우리나라 과학기술 정책레짐의 기조를 성장지상주의와 권위주의에서 찾고, 이어 이러한 기조가 실제로 어떻게 실현되었는지를 1990년대 후반 이후에 황우석 교수 스타과학자 만들기 프로젝트의 일환으로 실행되었던 다양한 과학기술정책을 통해 살펴보고자 한다. 그리고 이러한 비극적 사태를 통해 우리나라의 과학기술정책은 무엇을 배우고 개선해야 하는가를 논의하는 것으로 결론을 대신하고자 한다.

2. 우리나라 과학기술 정책레짐의 기조:
성장지상주의와 권위주의

황우석 사태는 기본적으로 우리나라에서 지난 40년간 유지된 과학기술 정책레짐[1]의 산물로 볼 수 있다. 그 과학기술 정책레짐의 핵심은 성장지상주의와 권위주의라는 개념으로 요약할 수 있다.

---

1) 정책레짐이란 "어떤 주어진 정책의제 영역에서 정책결정을 둘러싼 참여자간에 근사적으로 공유되는 암묵적이나 명시적인 원리, 규범, 규칙, 그리고 의사결정 절차의 집합"으로 정의된다(김정수, 1996). 한편으로는 "정책의 기본적 틀 내지는 구조와 내용을 의미하는 것으로, 정책을 주도하는 특정의 가치와 이념, 이를 이론화하고 체계화하는 독트린, 이를 수행하기 위한 정책수단들, 이 정책이 가져오는 정치적 사회적 결과 등의 요소들을 포함한다"라고 정의되기도 한다(최장집, 2005). 어쨌든 개별정책이 가변적이고 한시적이라면, 정책레짐은 개별정책의 방향과 특징을 규정하는 거시적 틀이라고 할 수 있는데, 이 정책레짐은 개별정책에 비해 상당히 오랫동안 안정적으로 지속되는 특성을 가진다.

　우리나라에서 과학기술정책이 나름대로 체계를 가지고 추진된 것은 1960년대부터다. 1960년대 들어 당시 박정희 군사정부는 공업화를 통한 산업의 근대화를 기본목표로 하는 '제1차 경제개발 5개년 계획'을 착수했다(1962년). 이 총괄계획 아래 과학기술진흥을 위한 부문별 계획으로서 '제1차 기술진흥 5개년 계획안'이 만들어졌다. 이 계획에 따라 과학기술의 진흥을 촉진하기 위한 '과학기술진흥법' 등이 제정되고, 당시 경제기획원 산하에 기술관리국이 설치되었다. 한편 1966년에는 우리나라 최초의 종합적 산업기술연구소인 한국과학기술연구소(KIST)가 설립되고, 그 다음 해에는 국가의 과학기술정책을 종합하고 조정하는 정부부처로서 과학기술처가 발족됨으로써 과학기술정책과 관리체계가 어느 정도 틀을 잡았다.

　이 모든 제도적 하부구조는 당시 박정희 정권이 소리 높여 내세운, 산업화를 통한 '조국근대화'의 달성을 위해 마련한 것이다. 신설된 과학기술처는 이러한 취지를 충실히 받들어 1968년에 '과학기술개발 장기종합계획'을 수립하고 당시 군사정부가 추진하던 경제성장 정책의 일환으로 과학기술을 개발하는 데 주력했다. 1970년대 들어 추진된 과학기술정책 역시 기본적으로는 중화학공업 건설이라는 경제목표에 따라 전개되었다. 1980년대부터는 '핵심전략기술'에 대한 국가연구개발사업이 본격적으로 추진되었다. 당시 과학기술처가 주도한 '특정연구개발사업'과 상공부가 주도한 '공업기반기술개발사업'이 그 대표적 예이다. 이 두 국가연구개발사업 역시 과학기술의 산업화를 통한 국가경제성장에 기여하는 것을 궁극적 목표로 삼았다. 이러한 성장지상주의적 기조는 이후에도 계속되어 정부의 과학기술투자가 기초과학이나 시민의 삶의 질 향상을 위한 기술(보건기술, 재난방지기술, 환경기술 등)에 비해 산업적 응용가능성과 시장잠재력을 가진, 다시 말해 '돈이 되는' 과학기술 쪽으로 압도적으로 기우는 결과를 낳았다.[2]

　이상에서 짧게 일별한 우리나라 과학기술정책은 처음부터 '발전국가'의 경제발전계획에 종속되어 추진된 특성이 있다. 그러다 보니 과학기

---

2) 우리나라 과학기술정책의 흐름에 대한 더 자세한 설명은 이영희(2000)를 참고하기 바란다.

술의 개발과 공급을 통한 산업의 경쟁력 확보와 생산성 향상이 언제나 정책입안자들의 가장 중심적인 전략적 목표가 되었다. 다시 말해 과학기술을 발전시키고 개발할 때 오로지 경제성장에의 기여라는 경제적 가치만을 우선했던 것이다. 과학기술정책이란 기본적으로 경제정책, 산업정책의 성격도 가지지만 교육정책, 사회정책, 문화정책으로서의 성격도 있음을 염두에 둔다면 오로지 경제·산업정책의 하위부문으로서 과학기술정책을 자리매김한 성장지상주의적 시각은 분명히 편향적이다. 이러한 성장지상주의적 시각은 정부의 과학기술자 인력관리정책이나 과학기술자 개개인으로 하여금 연구개발의 과정이나 절차, 혹은 연구개발 목표 자체의 가치에 대한 성찰보다는 오로지 결과, 그것도 주로 산업화, 시장화 잠재력이 큰 결과만을 중시하는 성과주의 가치관을 내면화하도록 했다. 그 결과 성장지상주의와 성과주의는 동전의 양면과 같은 형태로 우리나라 과학기술 정책레짐의 핵심적 구성요소로 자리잡았다.

아울러 우리나라 과학기술 정책레짐은 권위주의를 근간으로 한다. 성장지상주의가 과학기술 정책레짐이 추구하는 목표나 지향점을 지칭하는 개념이라면, 권위주의는 그러한 목표나 지향점이 실행되는 방식이나 스타일을 가리킨다. 그런데 권위주의란 두 가지 측면을 포함한다. 하나는 과학자사회 내부의 권위주의, 즉 '내적 권위주의'이다. 소수의 엘리트 과학기술자들이 연구비나 지위, 주요 과학기술정책 결정 과정을 독과점하는 현상이나, 실험실 내에서 권위와 위계에 의한 착취와 억압 등 비민주적·봉건적 행태가 난무하는 현실이 바로 과학자사회 내부의 대표적 권위주의의 표출이다.

권위주의의 다른 측면은 시민사회와 과학기술 파워엘리트(과학기술자와 관료, 정치가)의 관계에서 찾을 수 있다. 즉, '외적 권위주의'이다. 외적 권위주의에서는 과학기술 파워엘리트만이 과학기술정책 형성과정을 독점할 수 있다고 본다. 이러한 외적 권위주의에 따르면, 비록 삶에 막중한 영향을 미치는 과학기술정책이라고 해도 시민사회의 주구성원인 일반시민은 정책결정 과정에서 배제되어야 한다. 일반시민은 오로지 과학기술이 중요하다는 점을 계몽을 통해 배워야 하는 피동적 존재로 여길 따름이다. 외적 권위주의는 다른 사회분야와는 달리 과학기술은 고도의 전문성이 요구되기 때문에 잘 훈련된 전문가만이 참여자격을 부여받는다는 전문가주의 논리로 정당화되곤 한다.

1960년대부터 틀을 다진 성장지상주의적이고 권위주의적인 과학기술 정책레짐의 기조는 1990년대와 2000년대 들어서도 변함없이 추구되었다. 즉, 지난 40년 동안 정권의 교체와 민주화의 진전에도 불구하고 경제성장의 도구로 과학기술을 바라보는 성장지상주의적 과학기술 정책관과 권위주의적 정책결정 방식은 의연히 유지된 것이다. 3)

3. 황우석 사태를 불러일으킨 과학기술정책

앞에서 살펴본, 성장지상주의와 권위주의를 기조로 하는 우리나라 과학기술 정책레짐은 구체적으로 황우석 사태의 발생과 어떠한 관련이 있는가? 아래에서는 성장지상주의적이고 권위주의적인 우리나라 과학기술 정책레짐 아래 입안하고 실행한 여러 가지 과학기술정책들이 황우석 사태를 야기한 배경이 되었음을 황우석 교수가 스타과학자로 부각된 1990년대 말 이후를 중심으로 살펴보도록 한다.

황우석 교수가 세간에 이름을 알린 것은 1990년대 후반이다. 그는 임상수의학자로 1990년대 초·중반에 농림부 등의 지원을 받아 수정란분할을 통한 동물복제연구를 시작하고, 이어 수정란 핵이식을 통한 동물복제연구를 진행했다. 그러다 1997년 2월에 영국 연구팀이 복제양 돌리를 창조했다는 사실이 알려지자 체세포핵이식 복제연구쪽으로 관심을 돌리고, 과학기술부의 지원을 받아 1998년부터 체세포핵이식을 통한 소복제에 나섰다. 그는 1999년 2월에 복제소 '영롱이'를 만들

---

3) 이러한 시각은 일단 황우석 사태를 '박정희 패러다임'의 산물로 보는 시도(김환석, 2006)나 '박정희 체계'의 산물로 보고자 하는 시도(홍성태, 2006)와 내용적으로 유사하다. 그러나 필자는 성장지상주의적이고 권위주의적인 과학기술 정책레짐의 골격이 박정희 시대에 형성되었다는 점에는 물론 동의하지만, 이 정책레짐을 박정희라는 특정인물의 이름과 결부하는 것은 이 정책레짐 형성의 누적성과 보편성을 가릴 수도 있다는 점에 유념하고 싶다.

어 세계에서 다섯 번째로 체세포 동물복제에 성공했다고 언론에 보도
되었다.[4] 그해 4월에는 복제한우 '진이'("시대를 초월해 칭송받는 작품을
남긴 황진이처럼 국민의 사랑을 받는 소가 되라"는 뜻으로 김대중 대통령이
손수 붙인 이름으로 알려짐)를 연이어 탄생시킨 황 교수는 당시 언론의
조명과 김대중 대통령의 신임을 받아 일약 '스타과학자'의 반열에 오른
다. 한 예로, 황 교수는 1999년에 처음으로 구성된, 대통령이 주재하
는 국가과학기술위원회에 출석하여 대통령과 과학기술 관련 장관들 앞
에서 직접 복제소 탄생에 대해 보고하는 영광을 누렸다.

이처럼 소복제로 이름을 드높인 황 교수는 2002년에는 정통부에서
연구비를 지원받아(3년간 43억 원) '광우병내성 소 개발사업'을 진행하
고, 이종간 장기복제를 위한 면역거부반응이 제거된 무균돼지 복제연
구에 착수하면서 점차 줄기세포 분야로 연구영역을 넓힌다. 이러한 일
련의 과정에서 그가 스타과학자로서의 지위를 확고히 굳힌 것은 노무
현 정부 때다. 2002년 말 선거를 통해 정권을 잡은 노무현 정부는 김
대중 정부 때보다 더 적극적으로 황 교수를 지원했다. 정부는 2003년
8월에 황 교수를 국가과학기술위원회 장관급 민간위원으로 임명하고,
황 교수가 관여한 '바이오신약 · 장기' 분야를 10대 차세대 성장동력산
업 중 하나로 선정하였다. 그리고 황 교수는 바로 그 바이오신약 · 장
기 분과의 위원장을 맡는다.

특히 박기영 순천대 교수는 2004년 1월에 노무현대통령 과학기술보
좌관으로 임명되면서 황우석 교수 지원에 앞장섰다.[5] 박 교수는 '황우
석 연구지원 모니터링팀'과 '황우석 지적재산권 관리팀'을 운영하고,

---

4) 그러나 영롱이가 체세포 복제소가 아닐지 모른다는 의혹이 예전부터 제기되
   었다. 이 복제소는 언론에 대대적으로 보도된 것과는 달리 학술지에 연구논
   문으로 발표된 적이 없고, 관련자료도 제시된 적이 없다는 점이 의혹을 더욱
   부채질했다. 아직까지는 영롱이가 진짜 체세포 복제소인지 여부가 확실하게
   밝혀지지 않았다.
5) 박기영 교수는 황우석 교수팀의 2004년《사이언스》논문의 공저자로 되어 있
   다. 그러나 실제로는 전공이 다른 박 교수가 논문에 기여한 바가 없다는 점에
   서 논문에 이름 넣어주기는 정치적으로 중요한 위치를 차지한 박 교수를 자
   신의 든든한 후원자로 만들고자 한 황우석 교수의 정치적 계산에 기인한 것
   이라는 의혹이 광범위하게 제기되었다.

정부와 청와대측 핵심인사들을 중심으로 '황금박쥐'〔황우석 교수, 김병준 청와대 정책실장, 박기영 보좌관, 진대제 정보통신부 장관(황우석 기념우표 발행)〕라는 비공식모임을 결성하고 황우석 교수의 줄기세포 연구를 안정적으로 지원하기 위한 각종 방안을 마련하는 데 주도적 역할을 수행했다. 2005년 10월에 공표된 '최고과학자연구비지원사업'이 그 중 하나다. 이 사업은 황 교수가 2005년 5월에 《사이언스》에 논문을 발표한 뒤 갑자기 신설한 것으로, 매년 30억 원씩 5년간 지원받는 '최고과학자' 제1호로 황 교수를 선정했다. 이 사업은 미리 황 교수를 최고과학자로 선정해 놓고 형식적으로 후보를 추천받아 들러리를 세우는 등의 '쇼'를 했다고 비판받기도 했다. 특히 민주노동당에서는 이 사업이 황 교수에게 막대한 연구비를 지원하기 위해서 젊은 과학자들에게 돌아갈 예산을 부당하게 전용한 것이라고 지적했다(한재각, 2006). 2005년도 최고과학자연구비지원사업 예산부족을 메우기 위해서 박사 후 3년 이내의 젊은 우수연구자 10명에게 지원하기로 한 국가특별연구원제도의 예산 10억 원을 전용했다는 것이다. 어쨌든 이것은 황 교수를 스타과학자로 만들기 위해 정부가 어떠한 행태를 보였는가를 잘 알 수 있는 대목이다.

한편 과학기술부는 2004년 황 교수에게 65억 원의 연구비를 지원한 데 이어 2005년에는 연구비를 265억 원으로 확대 책정했다. 한나라당 박재완 의원에 따르면 과학기술부가 2004년에 《사이언스》에 게재된 황 교수의 "체세포핵이식에 의한 인간 배아줄기세포 추출" 연구가 500억 달러에 이르는 시장창출 잠재력을 갖는 것으로 평가했다면서 확대 책정한 예산을 승인할 것을 국회에 요구했다고 한다. 그러나 《사이언스》는 그렇게 구체적 수치까지 대면서 시장잠재력 평가를 한 적이 없다. 따라서 과학기술부가 황 교수를 띄우기 위해 황 교수 연구의 시장잠재력을 가공하고 부풀린 셈이다(허만섭, 2006).

박 의원에 따르면 국가과학기술위원회도 2004년 12월 21일 노무현 대통령이 주재하는 회의 때 대통령에게 올린 "2004년 과학기술혁신 성과와 과제(안)" 보고서에도 비슷한 내용을 실었다고 한다. "4. 세계적 수준의 연구개발 성과 거양"란의 "해외 유명저널에 논문발표"라는 제목 아래 2004년 《사이언스》에 황 교수의 논문이 실린 사실을 소개하면서 "향후 10년 내 약 500억 달러 규모에 달할 것으로 보이는 세계 줄기세포 치료제시장에서의 경쟁력 기반 구축"이라는 내용을 담았다는 것이다. 이미 2003년 12월에 황 교수가 세계 최초로 광우병내성 복제소와 무균미니돼지를 개발했다고 발표하자 "기술이 아니라 마술이라고 느꼈다. 동북아시대, 2만 달러 시대의 가능성과 희망을 확실히 발견했다"라고 치켜세웠던 노무현 대통령에게 이러한 보고서는 황 교수를 범국가적으로 지원해야 할 '국가영웅'으로 만들 정당성을 확실히 제공했을 것이다.

아울러 2004년에 제정된 '생명윤리 및 안전에 관한 법률'(2005년 1월 1일 발효)은 황 교수의 연구를 보호하기 위해 정부가 어떻게 개입했는가를 잘 드러낸다. 정부, 과학계, 종교계, 여성계, 시민사회계가 서로 각축하는 과정에 만들어진 위의 법률은 기본적으로 체세포복제배아 연구는 금지하지만 부칙조항 3항에 경과조치(3년 이상 체세포복제배아에 관한 연구를 계속하였을 것, 관련 학술지에 1회 이상 체세포복제배아에 관한 연구논문을 게재한 실적이 있을 것)를 두어 실질적으로 황 교수의 연구를 허용하는 편법을 활용했다. 그런데 사실상 이 경과조항에 제시된 조건을 충족하는 연구자는 황 교수뿐이었다는 사실은 이 경과조치가 결국은 황 교수의 연구를 지원하기 위해 특별히 '고안'된 것이었음을 말해준다. 이 역시 현 정부가 무리수를 두면서까지 황 교수를 지원하고자 했음을 잘 보여주는 대목이다.

그럼 노무현 정부는 왜 그토록 황 교수를 지원한 것일까? 일차적으로 생각할 있는 것은 황 교수 지원을 통한 정부의 정치적 정당성 제고 효과에 대한 기대이다. 황 교수는 노무현 정부가 소리 높여 외쳤던 '2만 달러 시대', '과학기술 중심 사회'에 가장 잘 부합하는 상징적 인물이었다는 점에 주목할 필요가 있다. 현 정권에 대한 정치적 지지율이 급격하게 떨어지는 상황에서 정부는 '2만 달러 시대'의 비전을 통해 국민의 지지를 만회하려 했고, '2만 달러 시대'는 과학기술이 핵심 성장 동력이 되는 '과학기술 중심 사회'를 통해 달성할 수 있다고 보았다. 그리고 세계적 연구업적을 계속 내놓던 황 교수가 바로 정부가 제시하던 '2만 달러 시대'를 앞당길 수 있는 상징적 과학자로 등장하자, 막강한 국민적 신뢰와 지지를 받던 황 교수에 대한 지원을 통해 정부에 대한 국민의 지지를 끌어내려 했던 것이다. 노무현 대통령이 2005년 10월 19일 서울대병원에서 열린 세계줄기세포허브 개소식에 참석하여 즉석연설을 통해 "생명윤리에 관한 여러 가지 논란이 훌륭한 과학적 연구와 진보를 가로막지 않도록 잘 관리하겠다"라고 공언한 것은 바로 이러한 맥락으로 이해할 수 있다.

다른 한편으로는 지난 40여 년간 지속된 성장지상주의적 과학기술 정책레짐의 효과를 거론할 수 있겠다. 과학기술을 경제성장의 도구로만 인식하는 과학기술 정책레짐 아래서는 끊임없이 새로운 성장동력으로서의 새로운 과학기술을 찾아야 한다. 주지하듯이 지난 1980년대 이후 가장 중요한 성장동력으로 거론되었던 것이 정보기술(IT)이었는데, 복제양 돌리의 탄생 이후 새로운 성장동력으로 생명공학(BT)이 논의되었다. 그런데 황 교수가 이 분야에서 세계적으로 두각을 나타내자 정부와 기업들이 황 교수를 스타과학자로 만들어 생명공학의 일대 붐을 일으킴으로써 생명공학의 산업화를 추구했던 것이다. '10년 후에 우리나라를 먹여 살릴' 성장동력으로서 생명공학과 그것을 상징적으로 대변하는 황 교수의 연구에 엄청난 지원을 아끼지 않는 것은 성장지상주의적 과학기술 정책레짐의 자연스러운 귀결이다. 이러한 성장지상주의적 과학기술 정책레짐 아래서는 과정이나 절차가 아니라 성과(결과)만 중요한 것으로 받아들이기 때문에 2004년《사이언스》논문 발표 직후《네이처》나 국내 시민사회단체들에 의해 제기되었던 난자구입을 둘러싼 의혹 따위에 정부는 콧방귀도 뀌지 않았던 것이다. 아울러 황우석 사태가 일어났던 초기에 정부가 나서서 황 교수를 비호한 것도 바로 이러한 성장지상주의적 과학기술 정책레짐 아래서나 가능한 일이다.

이상에서 살펴본, 황우석 교수에 대한 막대한 지원을 통해 '국민영웅', 혹은 '스타과학자' 만들기에 앞장섰던 정부의 과학기술정책은 비록 의도한 것은 아니라 할지라도 결국 황우석 사태를 불러일으키는 중요한 계기가 되었다. 황우석 교수의 연구와 관련하여 규제는 없고 오로지 지원만 있는 과학기술정책[6]은 그러한 지원에 걸맞는 세계적 성과를 내라는 암묵적인 압력으로 작용했다. 이러한 압력에 직면한 황우석 교수는 결국 연구성과를 부풀리고 조작하는 세기적 과학스캔들을 일으켰다. 아울러 사태발생 초기에 정부가 적절하게 개입하여 진실을 규명하려고 노력하기는커녕, 오히려 진실규명에 소극적 자세로 일관하거나 때로는 정부가 나서서 진실규명 노력을 방해하는 태도를 보임으로써 황우석 사태를 더욱 부풀리는 결과를 낳았다는 점도 지적할 수 있겠다. [7]

4. 황우석 사태가 주는 교훈과 과제

황우석 사태는 우리 사회의 과학연구 시스템이 구조적·제도적으로 얼마나 취약한지를 극명하게 보여준 상징적 사건으로 기억되어야 한다. 황우석 사태가 진행되는 동안 연구의 정직성을 보호하고 감독하는 기구가 전혀 없었으며, 기관윤리위원회(IRB)[8]와 국가생명윤리자문위원회[9]는 유명무실하고, 기성의 과학자사회는 무기력했다. 조사결과

---

6) 생명복제에 대한 우리나라 규제시스템이 국제적으로 볼 때 얼마나 느슨한가에 대해서는 이영희(2005)를 참고할 수 있다.

7) 황우석 사태의 처리와 관련하여 정부가 비판을 받은 대표적 경우로는 보건복지부가 서울대 수의대 IRB 보고서를 대독한 점, 오명 전 과학기술부총리가 BRIC을 중심으로 제기된 황우석 교수 의혹에 대한 진실규명 주장을 "아무것도 모르는 제3자의 의견"이라고 일축하면서 《사이언스》가 논문을 승인했기 때문에 "과학적 검증은 없다"라고 단언하고, 서울대 조사위원회가 중간발표를 하기 전날에는 정운찬 서울대 총장에게 압력성 전화를 걸었던 점, 그리고 교육부총리도 서울대 정 총장에게 전화를 걸어 황 교수에 대한 조사를 하지 말도록 요청했다는 의혹 등이 있다.

8) 기관윤리위원회(기관심사위원회라고도 함. Institutional Review Board)는 인체를 대상으로 실험하고 연구하는 각종 의료연구기관에 설치된 기구로, 인체를 대상으로 하는 연구나 실험계획의 윤리성 검토를 맡는다. 황우석 사태와 직접 관련된 IRB는 한양대 IRB와 서울대 수의대 IRB인데, 두 기관 모두 황우석 교수팀의 연구에 면죄부를 씌우는 역할을 한 것으로 밝혀졌다.

9) 국가생명윤리자문위원회는 생명과학기술의 윤리, 안전확보와 관련된 이슈에

실험실에 비합리적이고 봉건적인 권위주의 문화가 만연했다는 것이 드러났고, 연구자 개개인에 대한 보상체계도 공정하지 않은 경우도 많았다고 밝혀졌다. 과정이야 어떻든 결과만 좋으면 그만이라는 그릇된 성과주의의 신화가 실험실의 연구문화를 지배한다는 것도 알려졌다. 물론 이 모든 문제를 은폐하고 키우는 데 경제성장과 국가경쟁력이라는 담론을 전면에 내세우고 스타과학자 만들기와 외형적 과학기술진흥에만 열을 올렸던 정부의 성장지상주의적 과학기술정책이 주도적 역할을 수행했음을 간과해서는 안 된다.

한마디로 우리의 기존 과학연구 시스템은 내적 충실성과 지속가능성이 결여된 매우 불안정한 상태였다. 이러한 점에서 황우석 사태는 외형적 성장에 지나치게 매달린 우리의 기존 과학연구 시스템과 그것을 지탱하던 성장지상주의적이고 권위주의적인 과학기술 정책레짐이 붕괴되고 있음을 상징적으로 보여주는 사건으로 해석할 수 있다. 그러나 진짜 위기는 옛 것은 죽고 있는데 그것을 대체할 새로운 것이 아직 등장하지 않을 때 나타나는 법이다. 이제야말로 황우석 사태로 야기된 위기를 우리나라의 취약한 과학연구 시스템, 국가혁신체제, 그리고 그것을 지탱하는 과학기술 정책레짐을 일대 반성하고 혁신하는 계기로 전환할 수 있도록 모두 지혜를 모아야 할 때다. 반성과 혁신의 방향은 무엇보다도 성장지상주의와 권위주의의 타파에서 찾아야 한다.

첫 번째로 지적하고 싶은 것은 이번 황우석 사태는 성장지상주의(성과주의)에 사로잡힌 우리나라 과학연구의 오래된 관행과 문화가 낳은 산물이라는 점에서 과학연구문화의 선진화라는 절박한 과제를 던졌다는 것이다. "눈앞의 일과 성취 외에는 보이는 것이 없었고, 한 템포를 늦춰 가더라도 국제적 눈높이에 맞춰야 한다는 이 소중한 진리를 성찰

___

대한 대통령 자문기구로, 2004년에 통과된 '생명윤리 및 안전에 관한 법률'에 의거해 설치되었다. 그러나 국가생명윤리자문위원회는 생명윤리를 주로 다루는 기구임에도 불구하고 위원 중에 정작 윤리전문가는 별로 없고 정부와 과학 및 산업계 인사들의 비율이 상대적으로 높기 때문에 과연 제대로 생명윤리 문제를 심의할 수 있겠느냐는 비판을 받았다. 더욱이 이번 황우석 사태 와중에도 이 기구의 위원장이 황우석 교수와 대책회의를 한 사실이 밝혀지기도 했다.

할 여유가 그 당시 저에게 없었던 것 같다"라는 황 교수의 말은 우리 나라의 성과주의 연구문화의 현주소를 솔직하게 보여준다. 물론 황 교 수라는 개별과학자의 야심이 이 사태를 일으키는 데 중요한 역할을 한 것은 사실이지만, 성장과 성과만을 중시하는 과학기술정책이 그러한 비행을 부추겼다는 것은 두말할 나위가 없다. 성장지상주의적 과학기 술 정책레짐이 지속되는 한 난자매매와 같은 비정상적 절차를 통한 연 구수행이나 논문조작 같은 일탈행동은 얼마든지 다시 발생할 수 있다.

따라서 근본적으로는, 이러한 성장지상주의적 과학기술 정책레짐이 과학기술의 경제적 측면만이 아니라, 사회적·윤리적·인문적·생태 적 측면 등을 포괄적으로 사유하고 실천하는 새로운 '사회통합적' 과학 기술 정책레짐으로 혁신되어야 한다. 물론 성장지상주의적 과학기술 정책레짐은 40년 이상 유지된 것이므로 하루아침에 혁신하기를 기대 하는 것은 비현실적이겠지만 변화의 단초는 마련해야 한다. 이런 측면 에서 미국이나 유럽 일부 국가에서 널리 활용되는, 과학기술의 사회적 영향을 미리 연구하여 과학기술이 사회에 더 긍정적인 방향으로 연 구·개발될 수 있도록 그 과정에 정책적으로 개입하는 '기술영향평가' (technology assessment) 제도나 연구자들의 '연구진실성' 제고를 위한 기 구(예컨대 미국의 Office of Research Integrity) 같은 제도를 우리 상황에 맞추어 충실하게 도입하는 것도 그러한 혁신을 위한 첫걸음이 될 수 있다.[10] 물론 이미 존재하기는 하지만 유명무실하거나 때로는 들러리 역할을 한다고 비판받는 각종 제도(IRB, 국가생명윤리자문위원회 등)도 이 기회에 내실화해야 한다는 점은 두말할 나위가 없다.

두 번째로 지적하고 싶은 것은 과학자사회 내의 비민주적·봉건적 연구문화의 타파다. 이는 우리나라 과학기술 정책레짐이 강화한 내적 권위주의의 문제이다. 황우석 사태는 우리나라 과학자사회 내에 비민 주적·봉건적 연구문화가 만연했음을 보여주었다. 예컨대 황 교수가 인맥관리를 위해 자기 농장의 소고기를 기자들에게 배달할 때 주로 실 험실 연구원을 활용했다는 점이나 실험실 내 여성연구원들의 난자를

---

10) 기술영향가제도에 대해서는 이영희(2000)를, 미국의 *Office of Research Integrity*에 대해서는 김옥주(2006)를 참고할 수 있다.

제공받았다는 점 등이 바로 그것이다. 특히 연구원이 '자발적으로' 난자를 제공했다고 해도 문제지만, 연구원이 무언가의 압력을 느껴 난자를 제공하지 않을 수 없었다는 것은 바로 이러한 비민주적·봉건적 실험실문화가 얼마나 중요한 문제인가를 잘 말해 준다.[11]

그러나 그간 우리나라 과학기술정책은 이러한 실험실문제를 줄곧 외면했다. 과학기술정책을 독과점하던 과학기술 파워엘리트들은 실험실의 근간을 이루는 현장연구자인 예비 과학기술자(대학원생)나 소장 과학기술자(박사급 젊은 연구자들, '포닥')들의 목소리를 진지하게 듣고자 노력하지 않았다. 이처럼 정부는 예비 과학기술자와 소장 과학기술자들의 희생에 기반해 오로지 소수의 스타과학자 만들기에만 골몰했다. 이는 곧 실험실의 민주화, 더 나아가 '과학자사회의 민주화'가 매우 시급한 과제임을 말해 주는 것이다. 다른 말로 하면, 과학자사회의 내적 권위주의에 대항하는 내적 민주주의 정착의 중요성이 이번 황우석 사태로부터 우리가 배울 수 있는 또 하나의 중요한 교훈이다.

세 번째로 지적하고 싶은 것은 시민사회에 대한 과학기술 파워엘리트들의 폐쇄성을 의미하는 외적 권위주의의 타파다. 외적 권위주의는, 민주주의의 확대와 진전에도 불구하고 과학기술과 같은 전문적 영역만큼은 시민의 감시와 참여의 대상이 될 수도 없고 돼서도 안 된다는, 여전히 강고히 남은 뿌리 깊은 전문가주의라는 '신화'에 기반한다. 그런데 심지어 앞에서 살펴본, 과학자사회 내의 비민주적·봉건적 연구문화로 피해를 입고, 내적 권위주의에 대해 매우 비판적 생각을 지닌 예비 과학기술자와 소장 과학기술자조차도 과학기술 파워엘리트의 외적 권위주의에 대해서는 별다른 문제의식을 느끼지 않는 경향이 있다. 그러나 과학만큼은 민주주의와 관계없다는 '과학 예외주의'를 신봉하는 전문가주의에 기반한 외적 권위주의는 과학기술정책 결정과정의 투명성과 민주성이 담보되는 것을 방해하고, 밀실행정을 부추김으로써 결국 황우석 사태와 같은 엄청난 결과를 낳는 데 기여했다는 점을 인식해야 한다. 밀실행정의 결과 탄생한 대표적 정책으로 '국가최고과학자

11) 서울대 조사위원회의 보고서에 따르면 여성연구원의 난자공여는 황 교수의 승인과 동행 아래 이루어졌다고 한다(서울대학교 조사위원회, 2006).

상' 제정을 들 수 있지만, 따지고 보면 생명공학을 육성하고자 하는 국가 과학기술정책의 형성과정 자체가 이미 폐쇄성을 띠었다고 볼 수 있다. 왜냐하면 사실 꽤 오래 전부터 시민사회 일각에서 황 교수의 연구가 가져올 수 있는 사회적·윤리적 문제점을 제기했지만, 그때마다 정부는 그러한 문제제기를 생명공학에 대해 잘 알지 못하는 무지한 사람들의 생명공학 발목잡기 정도로 취급했기 때문이다.

이러한 점에서 볼 때 황우석 사태는 외적 권위주의에 대항하는 외적 민주주의의 정착, 다시 말해 시민사회의 감시와 참여에 기반한 '과학기술의 민주화' 과제의 중요성과 시급성을 역설적으로 말해 준다. 과학기술의 민주화는 과학기술정책에 대한 시민의 감시와 참여에서부터 출발한다. 지금까지의 국내외 많은 경험과 연구성과들이 전문성을 특징으로 하는 과학기술정책 분야라고 해서 그 분야에 대한 전문지식을 갖춘 전문가만 감시하고 참여할 수 있는 것은 아니라는 사실을 보여줬다. 일반시민도 자신의 삶의 경험에 기초하여 축적한 나름의 전문성과 지식을 바탕으로 과학기술정책을 감시하거나 관련된 논의과정에 참여하고 발언할 수 있다는 점은 이제는 상식에 속한다(참여연대시민과학센터, 2002). 이번 황우석 사태를 계기로 국가 과학기술정책에 대한 시민사회의 감시와 참여의 폭을 넓혀 과학기술에 대한 '민주적 통제'를 강화할 수 있는 방안을 진지하게 모색해야 할 것이다.

■ 참고문헌

김근배(2006), "동물복제에서 인간배아복제로 : 황우석 연구팀의 복제기술 진화", 《역사비평》, 봄호.

김옥주(2006), "연구 부정행위에 대한 정책과 대안 : 미 연구진실성 관리국을 중심으로", 시민과학센터 토론회 자료집, 《연구진실성(research integrity), 그 쟁점과 대책》, 2월 23일.

김정수(1996), "정책레짐모델을 이용한 미국 통상정책의 제도적 변화분석", 《국제정치논총》, 36, 1.

김환석(2006), "황우석 사태로 본 한국사회의 현재와 미래", 생명공학감시연대 주최 토론회, 〈황우석 사태로 본 한국사회의 현재와 미래〉, 서울 사회복지모금회관, 1월 18일.

서울대학교 조사위원회(2006), "황우석 교수 연구의혹 관련 조사결과 보고서".

이영희(2000), 《과학기술의 사회학 : 과학기술과 현대사회에 대한 성찰》, 한울아카데미.

_____(2005), "기술규제체제의 국제비교 : 생명복제기술의 사례", 《경제와 사회》, 제 66호.

참여연대시민과학센터 엮음(2002), 《과학기술 · 환경 · 시민참여》, 한울아카데미.

최장집(2005), "개정판 후기", 《민주화 이후의 민주주의: 한국민주주의의 보수적 기원과 위기》, 후마니타스.

한재각(2006), "황우석 사태를 키워온 자 누구인가? : 정부와 정치권의 책임", 생명공학감시연대 주최 토론회, 〈황우석 사태로 본 한국사회의 현재와 미래〉, 서울 사회복지모금회관, 1월 18일.

허만섭(2006), "한나라당 박재완 의원, '황우석 예산' 의혹 제기", 《신동아》, 통권 557호.

홍성태(2006), "황우석 사태와 한국사회 : 정언학 유착망과 박정희 체계의 덫", 민주사회정책연구원 주최 토론회, 〈황우석 사태로 보는 한국의 과학과 민주주의〉, 서울 민주화운동기념사업회 교육장, 2월 2일.

토 론 문

반성되지 않는 과학주의
거대 산업복합체로서의 생명공학

김 동 광 (국민대 사회과학연구소 연구원)

2005년 말부터 수개월 동안 온 나라가 과학에 대한 논쟁을 벌였고, 웬만한 술자리에서까지 줄기세포, 계대배양, 테라토마와 같은 전문용어가 등장했지만 실상 줄기세포와 생명공학에 대해서는 별다른 반성이 이루어지지 않았다. 지금도 정부를 비롯한 많은 사회집단이 줄기세포 연구가 난치병과 불치병치료로 확실하게 이어진다고 믿으며, 생명공학에 대한 국가적 투자는 반드시 필요한 일이라고 확신한다. 이에 비해 과학에 대한 반성은 너무도 미약하다. 이 점은 아래와 같은 주장이 강하게 주창된다는 데서 잘 드러난다.

첫째, 난자공급의 윤리문제와 논문조작은 사실로 드러났지만 그것은 극소수의 실수이거나 일탈적 행위다. 둘째, 이번 사태로 줄기세포나 생명공학 연구가 차질을 빚어서는 안 된다. 셋째, 이 사태가 과학의 불신으로 이어지는 것은 어떻게든 막아야 한다.

이번 기회에 줄기세포 연구와 생명공학에 대한 정부의 일방적인 지원 행태를 전면적으로 재검토해야 한다는 주장이 제기되었지만 별반 힘을 얻지 못했다. 오히려 사회적 대응은 향후 이러한 종류의 사기를 막고 어떻게 '연구진실성'을 확보할 것인가로 가닥을 잡는 형국이다. 외국의 저널에서는 이미 오래 전부터 줄기세포 연구, 특히 많은 수의 난자공급을 필요로 하는 배아줄기세포 연구를 실제로 질병치료에 실용화할 수 있는지 진지한 문제제기가 이루어졌지만, 아직도 원천기술의 유무가 주된 논점인 우리의 상황에서는 관심 밖의 일이다.

과학주의(scientism)는 모든 사유의 중심에 과학기술을 놓고 사고하는 방식을 가리킨다. 다시 말해서 어떤 문제에 부딪혔을 때 여러 가지 해결 방식 중에서 유독 기술적 해결(technological fix) 방식을 선호하는 것이다. 과학주의는 근대적 사고방식과 불가분의 관계를 맺으며, 이른바 17세기 과학혁명 이래 우리가 세계와 관계를 맺는 지배적 양식이다. 자연의 모든 재료를 대량조작과 생산의 대상으로 삼는다는 19세기 이래의 공학적 이상은 이러한 관점에 기반한 것이고, 결국 생명공학은 생명 자체를 공학의 대상으로 삼는다.

이제는 이미 역사가 된, 사람 유전자의 물리적 지도를 만드는 인간게놈 프로젝트는 오늘날 생명공학을 비롯한 과학연구의 성격을 크게 바꾸었다. 이 연구계획은 겉으로는 유전병치료와 같은 거창한 수사(修辭)를 내세웠지만 실제로는 정보기술 이후 세계지배력을 유지하기 위해 미국이 선택한 차세대 기술인 생명공학의 국제표준을 선점하고 인프라를 구축하려는 시도였다. 또한 게놈프로젝트는 인지적 정당성을 확보하기 위해서 유전자와 생명공학 연구에 대한 과도한 기대를 부풀렸다. 그러나 당시 미국의 여러 생물학자들은 생물학의 거대과학화에 대해서 "필연적 귀결인 과학의 정치화와 상업화, 그리고 과학자들이 거대한 프로젝트에 일꾼처럼 달라붙어 일개 부품처럼 전락할" 우려를 제기하며 반대했다. 또한 하버드 대학의 생물학자 리처드 르원틴도 게놈프로젝트를 "대중을 희생해 산업적 이익을 얻는 거대사업"이라고 비판했다.

최근 밝혀진 사실들은 황우석 박사의 연구팀이 결코 일개 실험실에 국한되지 않고 청와대와 정부, 정치, 재계, 언론, 인권과 민간단체, 일부 생명 윤리학자, 인터넷상의 지원단체 등을 두루 포괄하는 거대한 산업복합체(industrial complex)를 형성했음을 보여준다. 정부는 이미 2000년부터 21세기 성장동력의 핵심축으로 생명공학을 선정하고, 최근 수년 동안 아예 노골적으로 황우석 박사를 중심에 놓고 맞춤식 생명공학 지원시스템을 구축했다. 가령 2003년 12월에 통과된 생명윤리기본법이 1년의 유예기간을 둔 것은 황우석 박사팀에게 난자공급을 비롯해서 윤리적으로 문제의 소지가 될 부분을 처리할 여유를 준 것이다. 더구나 이 법을 기반으로 작년에 구성된 국가생명윤리심의위원회의 전 위원장이 논문조작 사실이 드러나자 대책회의에 참석하고 기자회견문을 손질한 것은 이러한 구조를 잘 보여준다.

안타깝게도 이번 사태로 십여 년 전 게놈프로젝트 출범 당시 많은 과학자들이 우려했던 일이 그대로 나타난 것을 확인했다. 오늘날 무엇을 어떻게 연구하는가의 주도권은 결코 과학자 개인에게 있지 않다. 과학자가 실험실에 있어야 한다는 이야기는 원론일 뿐 연구비를 얻기 위해서는 많은 시간을 연구계획서 작성이나 로비에 할애해야 하고, 과학자로 성공하려면 과학자가 사업가나 정치가로서의 수완을 발휘해야 한다.

과학주의에 대한 반성, 그리고 생명공학에 대한 성찰을 가로막는 중요한 요인 중 하나인 '국가간 경쟁'은 오늘날 생명공학의 정치화와 상업화가 개별국가 차원을 넘어섰음을 잘 보여준다. 이번 황우석 사태가 국제적 협업형태로 발전한 것도 결코 우연이 아니다. 배아줄기세포의 원천기술에 그토록 많은 사람이 매달린 것도 '이러는 동안 경쟁국이 약진한다' 라는 걱정 때문이다. 이처럼 오늘날 과학은 이 거대복합체 속에 옴짝 못하게 구조적으로 포박되었다. 과학의 상업화와 정치화를 축소하는 구조적 메커니즘을 타파하기 위한 우리 모두의 노력이 절실히 필요한 것은 바로 이런 점 때문이다.

황우석 사태의 정치적 함의

김 환 석 (국민대 사회학과 교수 · 시민과학센터 소장)

1. 정치의 눈으로 본 황우석 사태

검찰의 수사결과 발표와 국회의 국정조사를 앞둔 황우석 사태는 이미 약 4개월이 경과되었지만 아직도 진행형이다. 2005년 11월 새튼의 결별선언과 〈PD수첩〉의 보도 이후 그야말로 '핵폭탄'처럼 터진 이 대형 과학사기 사건은 단지 과학계에 국한된 사건이 아니라 온 국민을 혼란과 논쟁 속으로 몬 중대한 사회적 사건이 되었다. 다른 나라라면 과학계 내부의 검증과 자정 메커니즘으로 비교적 쉽게 처리되었을 과학적 부정행위가 우리나라에서는 이처럼 사회적 대혼란을 일으킨 것은 한마디로 황우석 교수가 단지 과학자가 아니라 이른바 '국민적 영웅'이었기 때문이다. 많은 국민이 노벨상후보로 여기며 나라의 자랑으로 삼던 영웅이 하루아침에 한낱 과학사기꾼으로 전락한 상황을 사람들은 도저히 믿기 어려웠을 것이며, 사실 황우석 지지자들은 아직도 이를 받아들이지 않는다.

또한 황 교수와 깊이 연결된 수많은 이해관계 집단들 — 과학 · 의료계와 난치병환자뿐 아니라 정부, 정치권, 언론, 기업, 종교계 등 — 때문에 그의 몰락은 단지 한 과학자의 몰락으로 그치는 것이 아니라 한국사회 전반을 뒤흔드는 구조적 변동을 초래했다. 때문에 황우석 사태가 전개되는 동안 황우석 개인의 잘못과 비리는 물론 그 동안 누적된 한국사회의 부조리와 구조적 취약점 역시 한꺼번에 적나라하게 드러났다. 즉, 황우석 사태는 현재 한국사회의 문제점을 잘 들여다볼 수 있는 거울이자 문제해결 능력을 가늠하는 시험대가 된 것이다. 나는 황우석 사태 이전과 이후의 한국사회는 불가피하게 달라질 것이라고 생각한다. 황우석 사태는 어떤 식으로든 결국 종결되겠지만, 그 종결의 방식이 어떤 것이냐에 따라 한국사회의 미래는 희망적일 수도, 절망적일 수도 있다는 말이다.

황 교수를 국민적 영웅으로 부풀려 결국 지금과 같이 걷잡을 수 없는 황우석 사태를 야기한 일차적 책임은 정부를 비롯한 정치권에 있다. 황 교수 자신이 과학적(및 정치적) 야망을 성취하기 위해 정치권을 이용했을 뿐만 아니라, 정치권 역시 그들이 추구하는 목표를 위해 황 교수를 적극 지원하고 활용했다. 정치권력과 과학권력 사이의 이러한 동맹이 황우석 사태를 통해 파국을 맞음으로써 과학계에 대한 신뢰가 흔들림은 물론이고 이미 권위를 상실한 정치권은 더욱 심각한 정당성의 위기에 직면했다. 이는 우리 사회에서 이른바 '민주(또는 개혁) 정권'에 대한 실망과 염증 그리고 더 나아가 민주주의의 위기를 초래할 수 있는 매우 우려스러운 결과이다. 이 때문에 황우석 사태의 원인과 결과를 냉철히 살펴보면서 이 사태의 저변에 깔린 정치적 차원을 성찰하는 것은 필수적이다. 아직 국회의 국정조사가 시작되지 않았기 때문에 황우석과 정치권과의 깊은 관계에 대한 자세한 내막은 대부분 밝혀지지 않았지만, 이미 드러난 사실만으로도 황우석 사태의 정치적 성격에 대한 기본골격을 파악하는 것은 어느 정도 가능하다고 본다.

이 글은 위와 같은 관점에서 황우석 사태의 원인과 의미를 정치적 차원에서 짚어보고 한국사회의 바람직한 미래를 위한 이 사태의 해결 방향은 무엇인지 살펴보고자 한다. 미리 말해 둘 것은 황우석 사태에 책임 있는 여·야 정치권의 인사들을 모두 까발리는 것은 이 글의 의도가 아니라는 점이다. 왜냐하면 필자는 이 사태가 단지 우리나라 정치권의 고질병 때문에 일어난 우발적 사건이기보다는 한국사회의 구조적 변화에서 파생된 성격이 짙다고 보기 때문이다. 황우석 사태의 발단과 전개과정에 대해서는 이미 언론보도를 통해 자세히 다루어졌기 때문에 이 글에서는 꼭 필요하지 않는 한 생략하겠다.

2. 김대중 정부와 노무현 정부의 '황우석 영웅 만들기'

황우석 교수가 국민적 영웅으로 떠오른 것은 물론 그 자신의 자질과 업적 덕분이기도 하지만, 그보다는 정부와 언론이 손을 맞잡고 이끈 '황우석 영웅 만들기'의 결과 때문이다. 황 교수를 과학계의 영웅으로 의도적으로 띄우기 시작한 것은 김대중 정부 때부터다.

황우석 교수는 원래 생명공학에서는 주변분야에 속하는 동물복제의 전문가였다. 그가 처음 국내언론의 주목을 받은 것은 1995년 수정란 분할에 의한 소복제에 성공하면서부터였고, 1997년 2월 말 영국에서 세계 최초의 체세포 복제동물 '돌리'의 탄생이 발표된 후 국내에서 그러한 기술을 추격할 수 있는 유망한 복제전문가로 소개되었다. 그러나 이때만 해도 황 교수의 명성은 미미한 편이었다. 그가 생명공학의 스타로 떠오른 것은 1998년 김대중 정부의 출범과 더불어 정치적 후원자를 갖게 된 것이 중요한 계기가 되었다. 이미 몇 년 전에 만남을 가졌던 이해찬 의원(황우석과 서울대 72학번 동기)이 교육부 장관이 되고, 황 교수의 대전고 선배인 강창희 자민련의원이 과학기술부 장관이 되었기 때문이다. 이미 체세포 복제소의 연구를 진행중이던 황 교수는 이 기회를 이용하여 정부의 지원을 이끌어 내고자 했다. 이는 이듬해부터 시작된 '두뇌한국(BK)21' 사업에 황 교수의 서울대 농생명연구팀이 선정되는 결실을 맺었다.

이러한 지원에 보답하듯 황 교수는 1999년 2월에 복제젖소 '영롱이'를, 4월에는 복제한우 '진이'를 연이어 탄생시켰다. '영롱이'는 영국의 복제양 '돌리' 이후 미국과 일본에 이은 세계 다섯 번째 체세포 동물복제이자 젖소로는 세계 최초의 성공으로 알려졌다. 이 소식은 당시 IMF의 여파 속에 실의에 젖어 있던 국민에게 희망을 던져주는 단비와 같은 소식이었고, 성과에 목마르던 정부의 과학기술정책에도 커다란 선물로 여겨졌다. 황 교수가 대통령이 주재하는 국가과학기술위원회에 출석해 "세계 최초로 한우를 복제했다"라고 보고하자, 김대중 대통령은 '시대를 초월해 칭송받는 작품을 남긴 황진이처럼 국민의 사랑을 받는 소가 되라'는 뜻으로 이 소에 '진이'라는 이름까지 손수 붙여주었다. 마침내 대통령의 총애를 받은 황 교수는 심지어 2000년 남북정상회담에 복제한 백두산호랑이 새끼를 대통령이 북측에 선물할 계획(결국 실패하였지만)에 관여할 만큼 정치적 영향력을 갖게 되었다.

황 교수가 2001년 2월 7일 농림부 업무보고에서 "생명체 복제기술은 우리나라가 세계 최선도국으로 이른 시일 안에 실용화하도록 하겠다"라고 대통령에게 보고하자, 김 대통령은 "생명산업 분야에서 세계적 수준이 돼야 우리 경제가 발전할 수 있다"라며 "동물 체세포복제 분야에서 세계적 기술을 개발했다는 말을 들으니 대단히 기쁜 일"이라고 치하했다. 이어서 김 대통령은 그해 4월 북한과의 과학기술 교류 활성화를 위해 황 교수가 당시 개발에 성공했다고 발표한 복제젖소와 한우 20마리의 북송계획을 승인하기도 했다. 김 대통령은 그해 6월 8일 황 교수를 진대제 삼성전자 사장(전 정보통신부 장관) 등과 함께 임기 2년의 과학기술자문위원으로 위촉했고, 문화관광부는 같은 해 10월 황 교수에게 세종문화상 대통령상을 주기도 했다.

이렇게 동물복제에서 확고한 위치를 굳히며 스타과학자로 부상한 황 교수는 마침내 줄기세포 분야로 영역을 야심차게 확장한다. 2000년 8월에 그는 소의 난자에 인간체세포의 핵을 이식한 배아복제 실험을 한 것으로 언론에 알려졌으나 생명윤리 위반이라는 비난이 두려워 공식적으로 이를 시인하지는 않았다. 그러다 2001년 가을 경에 여의도의 전경련회관에서 전경련이 주최한 생명공학 관련 강연을 마친 후, 이 건물 지하다방에서 강연에 함께 참석했던 서울대 의대 산부인과 문신용 교수와 미즈메디병원 노성일 이사장을 만나 체세포복제를 통한 인간 배아줄기세포 연구에 대해 논의하면서 새로운 계획은 본격적으로 실행에 옮겨졌다. 2004년 10월 11일자 《세계일보》에 황 교수가 직접 쓴 칼럼 "인간배아복제 연구 드림팀"에서 그는 아래와 같이 밝혔다.

2001년 어느 날 전경련회관 지하다방에서 서울대 의대 산부인과 문신용 교수, 미즈메디병원 노성일 이사장과 나 셋이서 머리를 맞대고 있었다. 그 자리에서 상호간 역할이 정해졌다. 이미 불임관련 실험으로 일가의 경지를 이룬 문 교수님 팀은 총괄조정과 복제배아의 배양 등 기초부분을 담당하기로 했다. 노성일 원장께서는 윤현수 박사와 같은 백전노장의 베테랑으로 줄기세포 수립과 그 이후 배양을 책임지기로 했다. 우리 팀은 10여 년간 소와 돼지 등 동물복제에 대한 나름의 노하우를 축적하고 있었으며, 각 팀의 역할 치고는 꽤나 잘 짜여진 그림이었다. 우리 연구팀은 연전에 이미 유영준·이유진 씨의 의사, 간호사 부부가 합류하여 줄기세포 분야에서 무언가 작품을 만들어 보자는 열의에 불타고 있었다.

그러나 이 연구계획은 당시 배아복제연구에 대한 시민단체와 생명윤리학계, 종교계의 반발이 심해 비밀리에 추진할 수밖에 없었다. 특히 2000년 10월 출범한 과학기술부 생명윤리자문위원회가 마련해 이듬해 8월에 공포한 '생명윤리기본법 골격안'에 따르면 인간배아복제와 종간 교잡행위는 금지되는 사항이었기 때문이다. 비록 이 골격안이 생명공학계의 강한 반대로 법안으로 제정되는 데는 실패했다 하더라도, 황 교수팀이 사회적 논란이 많은 연구를 공공연히 추진하는 것은 부담스러웠을 것이다. 따라서 황 교수는 물밑에서 복제배아 줄기세포 연구를 진행하는 한편, 대통령선거 시기인 2002년에 여당은 물론 야당의 대통령후보와도 긴밀한 관계를 형성하기 위해 노력을 기울였다.

노무현 정부가 들어서자 대통령인수위에 참여한 박기영 순천대 교수와 서울대 72학번으로서 정권의 핵심인사였던 정동영, 이해찬 의원 등이 다시 황 교수의 정치적 후원자 역할을 하였다. 특히 박 교수는 2004년 1월 대통령 과학기술보좌관에 임명된 뒤 2월에는 '황금박쥐' 모임을 결성하고 황 교수의 2004년 《사이언스》 논문에 공저자로 이름이 올랐다. 그리고 2005년 논문 발표 후에는 '황우석 연구지원 모니터링'의 운영, 황우석 지적재산관리팀의 구성, '최고과학자상'의 신설, 황교수 연구에 대한 지원금 확대(2004년 65억 원→2005년 265억 원)를 주도하는 등 황 교수 지원에 결정적 역할을 했다. 이 중 '황금박쥐' 모임은 황 교수(=황)를 지원하는 정부와 청와대측의 주요 인사들로서, '노 대통령의 권력'을 상징하는 김병준 청와대 정책실장(=금), 박기영 보좌관(=박)과 '삼성과 정권'의 힘을 가진 진대제 정보통신부 장관(=쥐)의 성을 따서 지은 '황우석 지원 이너서클'이다. 이들은 황 교수의 줄기세포 연구를 적극 지원하고 한국을 세계 줄기세포허브로 만들기 위해 힘을 모아 관련정책을 추진했으며, 막대한 정부지원금을 받을 수 있도록 실세역할을 톡톡히 했다. 즉, 박기영과 김병준이라는 청와대의 힘과 진대제 장관을 통한 삼성의 힘이 결합해 황 교수를 지원했다고 볼 수 있다. 진 장관은 '황우석 기념우표'까지 발행하기도 했다. 그밖에 오명 과학기술부 장관도 끝까지 황 교수를 옹호하면서 과학기술부 예산 380억 원을 그에게 지원한 주요 후원자다.

이들의 조언과 뒷받침으로 결국 노 대통령 자신이 '황우석 영웅 만들기'에 적극 앞장섰다. 이는 황 교수의 연구성과에 대한 노 대통령의 연이은 극찬 속에서 어렵지 않게 찾을 수 있다. 예컨대 2003년 12월 10일 세계 최초로 광우병내성 복제소와 무균미니돼지를 개발했다고 발표하자 대통령은 "기술이 아니라 마술이라 느꼈다. 동북아시대, 2만 달러 시대의 가능성과 희망을 확실히 발견했다"라고 칭송했다. 또 같은 날 황 교수의 실험실을 방문한 자리에서는 "감동과 느낌이 넘쳐서 몸이 떨릴 만큼 감전됐다"라고 말했다. 또한 노 대통령은 황 교수의 체세포복제 줄기세포 논문이 처음 《사이언스》에 발표된 후인 지난 2004년 6월에는 황 교수 연구팀 11명에게 과학기술 최고훈장을 수여하면서 "여러분이 세계 일류가 될 수 있다는 믿음을 줬다"라며 치켜세웠다. 이에 황 교수는 "대통령이 평소 과학도에 베푸는 애정과 성원이 가슴에 와 닿는다"라며, "노벨상 수상자 20명의 첫 페이지를 여는 대통령으로서 2015년 사회교과서에 당당히 기록될 수 있기를 기원한다"라고 화답했다.

더 나아가 노 대통령은 2005년 10월 19일 서울대병원에서 열린 '세계줄기세포허브' 개소식에 참석해서 "이 시기에 제가 대통령 자리에 앉아서 여러분과 이 일을 함께 할 수 있게 된 것은 무척 큰 행운이고, 옛날에는 제가 별로 도움이 안 됐지만 지금은 좀 돕고 있고 앞으로 확실히 밀겠다"라며 스스로 '황우석 후원자'를 자처했다. 심지어 노 대통령은 이날 준비한 연설원고 내용까지 수정했다. 그는 즉석연설을 통해 "생명윤리에 관한 여러 가지 논란이 훌륭한 과학적 연구와 진보를 가로막지 않도록 잘 관리하겠다"라며, 생명윤리를 과학진보의 장애요인일 뿐 아니라 한낱 정부의 '관리' 대상으로 격하했던 것이다. 대통령인 그가 2005년 1월에 발효된 생명윤리법을 과연 어떻게 생각하는지 짐작케 하는 대목이다.

3. 한국사회의 지배구조 변화와 황우석 사태

1) 과학기술정책의 '박정희 패러다임'

앞에서 살펴보았듯이 황우석 교수를 '국민적 영웅'으로 띄우는 정책은 김대중 정부와 노무현 정부의 산물이지만 사실 그러한 정책의 뿌리는 더 오랜 역사를 지닌다. 그것은 적어도 박정희 시대 이래로 우리나라의 과학기술정책을 줄곧 지배한 성장주의, 애국주의, 과학주의, 그리고 결과지상주의라는 이데올로기의 소산이기 때문이다. 즉, 과학기술은 국가목표인 경제성장의 도구이고, 따라서 과학기술자는 조국의 선진근대화에 기여하는 핵심적 역군이며, 이러한 목표를 성취하기 위해 과학기술자는 오로지 전문지식과 기술만 열심히 추구하면 될 뿐 과학기술의 사회적 역할이나 영향은 몰라도 된다는 생각이 우리 과학기술정책의 지배적 패러다임이었다. 따라서 남보다 빨리 소기의 목적을 성취하기 위해서 수단의 정당성을 종종 거추장스럽게 여기는, 즉 과정보다는 결과를 훨씬 중요한 것으로 간주하는 경향이 과학기술 분야에 어느덧 자리잡은 것이다. 나는 이러한 지배 이데올로기를 과학기술정책에서의 '박정희 패러다임'이라 부르고자 한다.

그 동안 정권이 여러 차례 바뀌고 정치의 민주화도 어느 정도 이루어졌지만, 과학기술정책에 관한 한 이 패러다임은 근본적 성격에서 전혀 바뀐 적이 없다. 국가가 수십 년간 조장한 이 지배 이데올로기에 마취되어 우리나라의 과학기술자와 일반국민은 과학기술이 마치 사회적 가치나 권력과는 무관한 순수한 전문지식의 영역으로 간주하였고, 과학기술은 단지 우리를 선진국으로 인도할 비법과 같은 것으로 신비화되었다. 그 결과 과학기술정책과 과학기술연구에 반드시 수반되어야 할 생명윤리와 연구윤리, 과학기술의 사회적 성격의 이해 등에 대해서는 무지하거나 매우 소홀히 취급했던 것이다.

이렇게 보면 황우석 교수가 정부와 언론, 대다수 국민에게서 환호받았던 것은 전혀 이상한 일이 아니다. 바로 이러한 지배 이데올로기를 누구보다 잘 체화한 과학자가 다름 아닌 황우석 교수이다. 그는 그러면서도 세계적 업적으로 국가적 자부심을 고취한 진정한 과학영웅이 되었기 때문이다. 정부는 그를 노벨상을 받을 만한 스타과학자로 띄워 집중지원하고, 이에 뒤질세라 언론 또한 경쟁적으로 그의 업적과 인물됨을 실제보다 엄청나게 부풀렸다. 그 결과 그에게는 마치 종교적 열광과도 비슷한 대중의 맹목적 환호와 추종이 뒤따랐다. 한마디로 '박정희 패러다임'은 그 화신인 황우석을 통해 사람들에게 확실한 성공의 증거를 보여준 것이다.

황 교수가 어떻게 '박정희 패러다임'을 잘 체화했으며, 그것을 활용해 국민에게 호소력을 지녔는지는 그의 발언과 행동을 조금만 살펴보아도 금방 알 수 있다. 예컨대 그는 《사이언스》 논문발표를 마치고 돌아온 2004년 2월 18일 귀국회견에서 "미국 심장부에서 생명공학의 고지 위에 태극기를 꽂고 돌아오는 길이다"라는 말로 애국주의를 자극했다. 또한 2005년 《사이언스》 논문발표 후 열린 관훈클럽 초청토론회(6월 7일)에서는 "과학에는 국경이 없지만 과학자에게는 조국이 있다"라며 "난치병치료를 위한 줄기세포 복제기술이 한국인으로 열매를 맺어 한국기술로 인류의 질병을 치료하고 싶어 보안을 지킬 뿐"이라고 말했다. 심지어 논문조작 사건이 터지고 난 한참 후인 2005년 12월 23일 서울대 조사위원회의 중간발표 뒤에도 "환자맞춤형 배아줄기세포는 대한민국 기술임을 다시 한번 알려드린다. 국민 여러분이 이를 확인할 것"이라고 주장하며, 국민의 애국주의에 호소한 바 있다.

성장주의에 대한 발언도 이에 못지 않다. 예컨대 2005년 1월 13일 《조선일보》가 준비한 첨단과학기술산업 발전을 위한 실천적 대안토론에서 그는 "당분간 반도체산업을 기반으로 한 IT산업이 경제를 이끌어야 한다. 반도체·IT의 '외끌이 성장'이다. 이어 BT(생명공학) 산업이 IT(정보통신) 산업과 함께 우리 경제를 이끄는 '쌍끌이'가 돼야 한다. 이를 위해 반도체산업을 일굴 때 가졌던 기업오너들의 애정을 이어야 한다. 국가와 국민이 오너가 돼 BT 강국을 만들어야 한다"라고 강조했다. 그리고 직접 그가 한 발언은 아니지만, 그의 줄기세포 연구관련 경제적 가치가 향후 10년간 33조 원에 이를 것이라는 과학기술정책연구원 보고서의 예측은 언론에 보도되어 유명해졌다. 아울러 2004년 10월 22일 뉴욕에서 정부관계부처 공무원, 언론사 특파원들과 식사를 하는 자리에서 체세포복제를 금지하자는 생명윤리학자들의 주장을 비판하면서, "남대문에 가보지 않은 사람이 남대문을 자세히 묘사한 대표적 사례다"라고 언급한 것은 그가 지닌 과학주의(전문가주의)를 잘 드러낸다. 줄기세포 치료로 척수환자를 일으켜 세우겠다든지, 광우병 내성 복제소개발로 광우병을 극복하겠다는 주장은 과학만능주의에 가깝다. 또한 부안 핵폐기장 설치가 한창 문제이던 2004년 1월 그가 나서서 일부 서울대 교수들과 함께 관악산 핵폐기장 유치를 발의한 일은, 마치 핵발전에 대한 우려와 비판이 과학적 무지에서 나온 것인 양 과학자의 권위로 주민운동에 찬물을 끼얹는 행동이었다.

마지막으로 결과지상주의에 대해서는, 그의 2004년과 2005년 《사이언스》 논문 자체가 난자제공의 윤리위반과 터무니없는 논문조작에 기초한 것이었음을 지적하는 것만으로도 족할 것이다. 그럼에도 불구하고 그는 서울대 조사위원회의 최종발표 뒤인 2006년 1월 12일의 기자회견에서도 "논문데이터 조작에는 사과하나, 원천기술은 분명히 가지고 있다"라는 말로 다시 한 번 결과지상주의적 사고를 드러냈다.

'박정희 패러다임'과 관련하여 현 정부의 모순된 모습을 보여주는 흥미로운 사례가 있다. 2006년 2월 21일 청와대가 홈페이지를 통해 양극화 기획시리즈 두 번째 글로 올린 "압축성장, 그 신화는 끝났다"에서 현 정권이 '박정희 패러다임'에 대해 갖는 자기모순적 사고를 엿볼 수 있다는 점이다. 이 글에서 청와대는 1960~1970년대 박정희 정권이 추진한 불균형 성장전략으로 압축성장을 이루었지만 이와 동시에 양극화문제를 낳았다고 비판했다. 나는 현 시국에서의 정치적 목적을 배제하더라도 이러한 주장이 나름대로 타당성을 가지며 좀더 깊은 분석과 성찰이 필요한 문제라고 생각하지만, 참으로 이상한 사실은 이와 똑같은 사고를 왜 현 정부는 자신의 과학기술정책에 적용하지 못하는가 하는 점이다. 즉, 현 정부의 과학기술정책은 황우석 교수에 대한 집중지원에서 단적으로 나타나듯이 이른바 '선택과 집중'을 통해 불균형 압축성장을 지향하는 전략을 택한 것이 명백하지 않은가 말이다. 그리고 이로 인해 과학기술계의 양극화와 갈등이 점점 심화되었는데 왜 현 정부는 이에 눈을 돌리지 않는지 정말 의아하다. 한마디로 현 정부는 경제정책에서는 '박정희 패러다임'을 극복하고자 하면서도 정작 과학기술정책에서는 그것을 고스란히 지속하려는 커다란 자기모순을 저지르는 것으로 보인다.

2) '신자유주의적 성장동맹'과 과학기술 엘리트

황우석은 우리나라 과학기술정책을 지배한 '박정희 패러다임'의 산물이며, 황우석 사태는 단지 한 과학자의 개인적 동기에 의한 부정행위나 스캔들이 아니라 이 패러다임이 초래한 대표적 병리적 현상이다. 하지만 그것뿐일까? 만일 그것뿐이라면 과학기술 부문에서 수십 년 동안 지배력을 발휘하는 '박정희 패러다임'의 이데올로기에 도전하고, 그 대안으로 더 민주화되고 세계화된 사회현실에 걸맞으며 환경친화적 발전을 지향하는 새로운 가치와 이념을 과학기술 부문에 마련하고 이를 전사회로 확산시키는 것으로 충분하다. 사실 우리나라에서 이러한 작업은 지금 반드시, 그리고 시급하게 이루어져야 하지만 이는 결코 쉬운 일이 아니다. 그런데 문제는 더 복합적이다. 왜냐하면 황우석 사태는 '박정희 패러다임'의 지속에서 나타난 현상일 뿐 아니라, 오늘날 한국사회의 발전단계와 지배구조 변화를 함축하는 매우 상징적인 사건이기 때문이다. 이와 관련하여 최장집 교수는 2006년 1월 12일 성공회대의 '민주주의와 사회운동연구소'가 주최한 학술포럼에서 "한국 민주주의의 변형과 헤게모니"란 제목의 논문으로 아래와 같이 주장했다.

최근의 황우석 사태는 다른 어떤 요소보다 노무현 정부의 과학정책의 산물이라는 점에서 민주주의가 퇴행할 때 어떤 사태가 벌어지는가를 잘 드러내는 징후적 사건이다. 정부가 무언가 업적을 만들어야 된다는 강박관념과 이 정부가 한국을 세계 생명공학의 중심으로 내세우고자 했던 과학정책 사이에는 밀접한 상관관계가 있기 때문이다. 생명공학의 업적을 매개로 한 민족주의·애국주의의 동원은, 민주정부의 정책지원과 운동의 열정이 결합하면서 진실과 비판이 억압되는 일종의 '총화단결'(Gleichschaltung)을 실현하는 듯한 유사 파시즘적 분위기를 연출했다. 이 상황을 통하여 우리는 민주정부를 지지하는 과거 민주화운동 세력 일부와 극우적 세력 간 연대를 목도할 수 있었다.

최장집 교수는 노무현 정부에서 이러한 사태가 발생하게 된 원인으로 이 정부가 자신의 사회적 지지기반을 대표하기보다 신자유주의에 기울임으로써 스스로 약체정권이 되었기 때문이라고 진단한다. 오늘날 한국사회는 신자유주의적 생산체제를 중심으로 하는 '신자유주의적 민주주의'로 특징될 수 있는데, 이는 한국 민주주의의 발전을 위해서는 대단히 유해하고 퇴행적인 상황이라고 그는 비판한다. 최 교수에 의하면 '신자유주의적 생산체제'란 구래의 박정희식 생산체제와 신자유주의적 시장경제체제를 접합한 새로운 한국적 성장중심 경제체제다. 그리고 "현 정부에서는 일종의 신자유주의적 성장동맹이라고나 할 새로운 하나의 정치적 연대를 발견하게 되는데, 선출된 노무현 정부— 국가의 관료기구(특히 이 경우 경제행정 관료기구) — 와 슈퍼 재벌기업 삼성이 그것이다. 이를 중핵으로 지배적 담론이 형성되고 확산되는 헤게모니의 생산·소비구조가 형성된다"라고 최 교수는 주장한다.

나는 최장집 교수처럼 황우석 사태를 신자유주의적 생산체제에 따른 민주주의의 퇴행과 노무현 정부의 약체화가 초래한 결과로서 무언가 업적을 만들어야 한다는 강박관념이 빚은 결과라고 보기보다는, 차라리 그가 말한 '신자유주의적 생산체제'의 핵심에 황우석 사태가 배태되었다는(embedded) 점을 주장하고 싶다. 즉, 이 새로운 한국적 성장중심 경제체제를 위해서는 성장을 주도할 동력산업이 필요한데, 앞서 황우석의 언급에서도 나오지만 현재 그것은 반도체를 필두로 한 정보통신산업(IT)이며, 미래의 후보로 정부가 택한 것이 바로 줄기세포기술을 포함한 생명공학산업(BT)이기 때문이다.

한국의 자본주의경제는 이제 기술혁신에 기초한 국제경쟁력을 갖지 않고서는 더는 성장이나 생존을 할 수 없는 단계로 진입했다. 이에 따라 과학기술은 한국사회에서 점점 더 빠르게 발전하고 사회 전반에 걸쳐 중요한 역할을 담당하게 되었다. 김대중 정부는 IMF 위기를 극복하는 수단으로 IT를 집중 지원했지만, 노무현 정부는 이에 더하여 BT를 '미래 성장동력산업'으로 선정해 연구개발 면에서는 더 많은 국가적 지원을 했다. 이 점에서 우리가 앞절에서 살펴본 정부의 '황우석 영웅 만들기'는 두 정권의 자의적이거나 우연적인 정책이 아니라 한국사회의 발전단계에 부응한 나름의 전략적 선택의 산물이었다.

한국사회가 과학기술화되면서 과학기술자의 위치와 사회적 역할에도 변화가 생겼다. 박정희 시대 이래 한국사회에서 과학기술자는 국가의 자본주의적 경제성장을 위해 동원되고 이용되는 전문인력이었을 뿐 결코 파워엘리트에는 포함되지 못했다. 설사 과학기술계의 상층엘리트라 하더라도 관료, 군, 정치권, 재벌, 언론 등 지배권력의 하위파트너로서 이들의 요구(흔히 '국가발전 목표'로 간주되는)를 수행하는 정도에 따라 주어지는 보상에 만족해야 하는 주변적 권력이었을 뿐이다. 그들에겐 진정한 권력도, 그렇다고 전문가집단으로서의 자율성도 주어지지 않았고, 그들이 그런 것을 요구하지도 않았다. 그러나 1990년대 이후 한국의 자본주의가 고도화되고 정치민주화가 어느 정도 이루어지면서 이러한 상황에 변화가 생겼다. 한국사회에서 과학기술이 점점 더 중요해지면서 과학기술자의 양적 성장뿐만 아니라 사회적 역할의 증대로 이어졌고 이에 따라 그들의 요구와 발언권이 점점 커졌다. 한마디로 그들이 그 동안 경제성장에 기여한 몫만큼 그에 상당하는 지위와 권력을 달라는 요구가 거세졌다.

이러한 요구는 먼저 경제부문에서 시작되어 주요 기업의 최고경영층에 이공계 출신이 진출하는 변화로 이어졌다. 최근 한 월간지의 특집기사에 따르면 우리나라 100대 기업 최고경영자(CEO) 중 이공계 출신이 차지하는 비중은 40%로 전공분야 중 최대 비중을 차지하였다

(《월간중앙》, 2006). 또한 과학기술부가 2006년 1월 30일에 발표한 자료에 따르면 전국 676개 상장법인의 전체 임원 8,482명의 출신을 전공별로 나누면 이공계열이 39.8%(3,376명)로 가장 많고, 그 다음으로 상경계열 37.7%(3,201명), 인문계열 12.2%(1,038명), 법정계열 7%(591명)의 순으로 나타났다. 특히 대표적 기업의 2006년 신규임원 가운데 이공계 출신은 삼성이 69%, LG는 62%, 현대자동차는 63%로 각각 나타나, 시간이 갈수록 대기업들이 치열한 기술경쟁 아래 과학기술자를 경영진의 최상층에 배치하는 것을 알 수 있다.

노무현 정부에서 과학기술자의 사회적 위치상승은 마침내 정부와 정치 부문으로까지 확대되었다. 새 정부가 국가의 비전이자 핵심 국정 과제로 내건 슬로건이 바로 '과학기술 중심 사회'였다. 이를 실현하기 위한 구체적 조치인 청와대 과학기술보좌관의 신설, 과학기술자의 공직진출 확대, 황우석의 국민적 영웅화와 '황금박쥐' 체제의 등장, 과학기술부 장관의 부총리 격상 등이 바로 과학기술자의 정치적 영향력 확대를 의도한 것이다. 물론 그 동안 과학기술인력의 양적 증대와 IMF 위기 등으로 하층에 속한 평범한 대다수 과학기술자들의 고용조건과 사회적 지위는 오히려 열악해진 측면이 없지 않다. 바로 이 때문에 이 정부 초기에 '이공계 위기'가 사회적 쟁점으로 크게 부상했던 것이다. 그러나 이와 동시에 과학기술 부문의 최상층 엘리트에게는 해방 이후 처음으로 지배권력의 하위파트너가 아니라 지배권력의 일원으로 들어갈 수 있는 기회가 열린 것도 부정할 수 없는 사실이다. 아니 오히려 이 정부는 '이공계 위기'를 극복하는 유력한 정책방안 중 하나로 이공계 학생들이 본받고 미래에 대한 희망을 품을 만한 역할모델(role model)로서 사회 각계에서 성공한 '스타과학자' 양성을 적극 추진했다. 이런 면에서 최장집 교수가 앞서 언급한 '신자유주의적 성장동맹'을 대표하면서 노무현 정부의 정책을 좌우했던 인물 중에 황우석과 김우식, 진대제, 박기영, 오명, 이희범 등 과학기술자 출신이 대거 포함된 것은 결코 우연이 아니다. 따라서 이 정부의 신자유주의 성장정책으로 사회적 양극화뿐만 아니라 과학기술계의 양극화도 일어났다고 지적할 수 있다.

　과학기술자가 이처럼 경제부문과 정치부문에 한국사회의 파워엘리트로 진출한 것은 한국 자본주의경제의 객관적 변화를 반영하는 것일 뿐, 그 자체로서 선악을 따지거나 우려할 사항은 아니다. 그간 폐쇄적인 국내 파워엘리트 구성과 충원기제가 어느 정도 개방되고 다원화되는 것을 의미한다는 점에서 오히려 환영해야 할 현상인지도 모른다. 문제는 파워엘리트가 된 과학기술자들이 한국사회의 지배구조를 과연 긍정적 방향으로 변화시키는 역할을 할 것인가, 아니면 출신과 얼굴만 바뀌었을 뿐 기존의 파워엘리트가 지녔던 문제들을 지속하거나 확대·재생산하는 역할을 할 것인가에 있다. 이 점에서 이번의 황우석 사태는 과학기술의 사회적 역할에 대한 비판적 성찰 없이 단지 자신이 지닌 전문적 지식과 인맥 등을 무기로 파워엘리트에 진출하고자 한 시도가 어떤 불행을 초래하는지 잘 보여준 사건이다. 기존의 파워엘리트는 아직 부정부패와 권위주의를 청산 못했기 때문에, 철저한 윤리의식과 민주적 가치관을 갖추지 못한 과학기술자는 그대로 기존의 구조에 영합하는 역할밖에 하지 못한다. 만일 과학기술계가 이번의 사태를 귀감으로 삼아 진지한 자기성찰을 하지 못한다면 파워엘리트가 되고자 하는 과학기술자의 열망은 또 하나의 추한 권력욕으로 귀결될 수밖에 없다. 더 나아가 황우석 사태는 현재의 '신자유주의적 성장동맹'이 얼마나 불안한 기반 위에 서 있으며 '박정희 패러다임'을 청산하지 않은 정치권력과 과학권력의 유착이 어떻게 쉽게 부패의 함정으로 빠져들 수 있는지 잘 보여준다고 생각한다.

　4. 한국 정치에 던져진 과제:
　　민족주의 과학정책 vs. 민주주의 과학정책

　황우석 사태는 현재 한국사회의 여러 모순과 문제점을 적나라하게 드러내는 징후적 사건이다. 그 직접적 원인은 IMF 사태를 배경으로 김대중 정부에서 시작되어 노무현 정부에서 정점에 달한 '황우석 영웅 만들기' 정책에 있다. 그런데 앞서 살펴보았듯이 이와 같은 '황우석 영

웅 만들기'는 이 두 정권의 우연적 선택의 산물이거나 황 교수의 개인
적 노력이 낳은 결과만은 아니다. 그 근저에는 지난 40년간 우리나라
과학기술정책에서 면면히 유지·계승된 지배 이데올로기인 '박정희 패
러다임'이라는 오랜 역사적 뿌리가 있다. 더 나아가 현재 이런 정책을
촉진하고 강화하는 구조적 요인으로 한국사회의 지배구조가 노무현 정
부에 들어와 '신자유주의적 성장동맹'이라는 새로운 형태로 변형되었다
는 사실을 앞에서 지적한 바 있다. 따라서 지금 벌어지는 '황우석 사
태'는 단지 황우석 개인의 실패만이 아니라 과학기술정책에서 '박정희
패러다임'의 실패요, 더 나아가 현 정부가 추진한 '신자유주의적 성장
동맹'의 정당성 위기다. 현재의 이러한 위기국면이 어떻게 전개되고
종결되느냐에 따라 황우석 사태 이후 한국사회 모습은 크게 달라질 것
이다.

우선 '황우석 영웅 만들기'처럼 어떤 특정한 과학자를 국민영웅으로
만들기 위해 국가가 기획하고 개입하는 것은 역사적으로 불행한 결과
만 낳았다는 점을 기억해야 한다. 옛 소련의 스탈린 치하에서 정통 유
전학을 비판하고 획득형질 유전과 이를 이용한 농업증산을 주장하여
'사회주의과학'의 영웅으로 국가가 떠받들던 리센코(Joravsk, 1970), 그
리고 북한에서 1960년대 초 원자물리학적 방법으로 경락의 존재를 증
명했다고 주장하여 '주체과학'의 영웅으로 한때 칭송받았던 김봉한(황
일도, 2006) 등이 그 좋은 예다. 이들은 모두 과학적 연구성과가 국가
개입으로 부당하게 부풀려 과학계에서 제대로 검증받을 기회를 가지지
못한 것이 치명적 문제가 되었다.

'영웅 만들기'는 과학계에서 학문적 실력보다는 정치권과의 연계로
권위를 얻으려는 폐해를 낳을 뿐만 아니라, 특정한 과학자 내지 특정
분야에 국가의 연구자원이 집중되어 과학의 균형적 발전을 저해하는
부작용을 초래한다. 또한 국민적 영웅이 된 황 교수의 연구에 생명윤
리나 연구윤리의 측면에서 문제점을 지적하는 사람들, 그리고 배아줄
기세포의 기술적 위험과 다양한 사회적 영향 등을 성찰하려는 노력들
은 모두 황 교수의 연구나 생명공학을 시기하여 '발목 잡는 사람', 심
지어 미국의 앞잡이 역할을 하는 '매국노', '기독교 맹신자'라고 온갖

음모론에 싸잡아 매도되었다. 그 결과 황 교수를 따르며 애국주의의 광풍에 휩쓸린 대중은 BRIC과 서울대 조사위원회 등 과학계의 합리적 검증과 논리적 결론을 부정하고 '국익'을 위해서는 '진실'도 덮을 수 있다고 강변하는, 그야말로 '유사 파시즘'적 상황을 연출했다. 이것은 과학의 발전을 위해서도 결코 바람직하지 못하지만, 사회 전체의 민주주의에도 커다란 위협이 된다. 왜냐하면 이는 황 교수의 연구와 생명공학 전체에 투명하고 객관적인 검증시스템이 작용하지 못하도록 할 뿐 아니라, 우리 사회에서 특정권력을 아무도 건드릴 수 없는 성역으로 만들기 때문이다.

  황우석 사태가 한국의 정치 전반에 던지는 더 핵심적인 문제는 그동안 한국의 제도정치권에서는 물론이고 민주화운동과 진보세력에서 광범위하게 받아들였던(명시적 또는 암묵적으로) 전통적 과학기술관의 한계와 모순이다. 그 동안 과학기술은 정치적·이념적 좌우를 막론하고 합리성의 화신이자 사회진보의 토대로 간주되었다. 제도정치권에서 이러한 사고는 박정희 시대 이래 주창한 '과학기술입국'이라는 구호에서 보듯이 과학기술은 국가발전의 열쇠이자 이를 위해 존재한다는 이데올로기로 굳었고, 진보운동권에서도 이른바 민족자주파(NL)와 민중민주파(PD)를 막론하고 과학기술은 민족과 노동의 해방을 위한 진보적 생산력이라 믿어 의심치 않았다.

  따라서 산업화 추진과 민주화운동으로 점철되었던 지난 수십 년간의 한국사회를 되돌아보면 정치·경제·사회 분야의 쟁점에 대해서는 좌·우 세력과 그 안의 다양한 분파들이 첨예한 대립과 갈등을 표출했지만, 유독 과학기술에 대해서만은 의견 대립과 갈등이 거의 없었다. 또한 과학기술의 발전을 전폭 지지하는 입장에서 모든 세력이 드물게 사회적 합의를 이루었다. 이러한 드문 사회적 합의가 형성된 것은 거슬러 올라가자면 개화기의 계몽사상에서 그 단초를 찾을 수도 있지만, 아마도 가장 큰 역사적 충격을 준 것은 일제 식민지배의 쓰라린 경험이었으리라고 판단한다(박성래·신동원·오동훈, 2005; 김근배, 2005). 이에 더하여 해방 후 남북분단과 외세지배의 고통스러운 현실 속에서 국가의 생존과 발전을 어렵게 추구하면서 자연스럽게 과학기술의 발전을 지지하는 일사불란한 사회적 태도가 형성되었을 것이다.

사실 이러한 사회적 합의는 우리나라의 자본주의 발전이 아직 과학기술에 크게 의존하지 않고 정치민주화가 전혀 이루어지지 않았던 시대에는 별다른 도전에 직면하지 않았다. 과학기술보다 더 시급하고 중요한 과제가 많았기 때문이다. 그러나 적어도 1990년대 이후 한국의 자본주의가 기술경쟁력을 핵심적 관건으로 하는 발전단계에 접어들고, 그 동안 산업화과정에서 누적된 환경문제(더 정확히는 환경·보건·안전 문제)가 더는 간과할 수 없을 정도로 심각해지고, 정치민주화의 진전으로 이것이 시민사회에서 점점 중요한 이슈로 제기되면서 과학기술은 이제 무시해도 될 문제가 아니라 미래의 발전을 지속하는 데 핵심적 의제로 부상했다. 과학기술은 '한국사회가 발전을 지속할 수 있을 것인가' 뿐만 아니라, '과연 어떤 발전을 지속하는 것이 바람직한가' 하는 근본적 문제와 밀접하게 관련되기 때문이다. 정보화, 핵발전, 생명공학, 새만금개발 등이 국가적 과제이자 사회적 논쟁거리가 된 것은 바로 이러한 변화를 나타내는 것이다. 과학기술에 대한 사회적 의존이 심화되는 것은 거의 불가피한 현상이지만, 그로 인해 초래되는 여러 문제에 대한 자각과 저항도 점점 더해진다. 그리고 이는 우리나라에서 해방 이후 처음으로 과학기술에 대한 사회적 합의에 도전하고 균열을 만드는 힘으로 작용한다.

이러한 맥락에서 볼 때 황우석 사태는 과학기술에 대한 기존의 사회적 합의에 마침내 완전한 파산선고를 내리는 일대 혁명적 사건이다. 이제 제도정치권은 물론이고 진보운동권 내에서도 황우석 사태를 둘러싸고 분명한 입장의 차이와 분화는 불가피하게 되었다. 단지 황 교수의 과학적 부정행위에 대한 입장(=연구윤리) 뿐만 아니라, 체세포복제 줄기세포 연구에 대한 입장(=생명윤리), 더 나아가 생명공학 전반과 과학기술에 대한 입장에 이르기까지 다양한 차원에 걸쳐 각자 분명한 자신의 입장을 선택하도록 요구받고 있다. 과거에는 과학기술 발전을 무조건 지지하고 그 연장선에서 황 교수의 복제연구를 찬성하는 것에 이른바 좌·우 또는 보수·중도·진보세력 간에 큰 차이가 없이 서로 어색하게 공존했다. 그랬기 때문에 황 교수는 여·야를 막론하고 폭넓은 정치적 인맥을 형성할 수 있었고, 다양한 일반대중에게 '국민적 영웅'으로 추앙받을 수 있었다. 그러나 이제 과학기술자나 과학기술이 몰정치(*non-politics*)의 영역으로 남는 것은 불가능하다. 한마디로 과학기술사회에서 과학기술에 대한 정치적 견해와 실천의 차이, 즉 '과학기술의 정치'가 전개되는 것이다.

그런데 이 과학기술의 정치는 과거의 정치적·이념적 구분을 따르기보다는 그것을 종횡으로 교차하면서 차이와 대립이 나타나고, 그 결과 과학기술에 대한 입장의 차이에 따라 새로운 정치적 경계선과 동맹세력이 형성되는 경향이 있다. 예를 들어 현재 황 교수의 우호적 세력에는 극우파(예: 인터넷《독립신문》)와 노무현지지파(예:《서프라이즈》), 진보운동 내 자주파(예: 민노당 NL, 《자주민보》 등), 불교세력 등이 있으며, 황 교수에게 비판적 세력 역시 보수파(예: 한나라당 일부), 노무현지지파(예:《오마이뉴스》), 진보파(예: 생명공학감시연대, 《프레시안》, 민노당 일부 등), 가톨릭, 그리고 젊은 과학도집단(예: BRIC, SCIENG, 디시인사이드 과학갤러리) 등으로 다양하게 구성되었다.

이제 제도정치권은 자신의 권력을 유지하고 차기 정권을 획득하기 위해서라도 과학기술에 대한 자신의 입장을 분명히 해야 하고, 진보운동권도 이미 과학기술사회가 된 한국사회에서 누구와 무엇을 위한 과학기술 발전에 찬성하는지를 시민대중에게 제시하지 않고는 진정한 사회운동으로 존립하기 어렵다. 황우석 사태를 통해 점차 분명한 모습으로 드러나게 된 것은 현재 우리 사회가 과학기술의 발전모델에 관해 두 가지의 상반된 선택지에 당면했다는 사실이다. 나는 이를 잠정적으로 '민족주의적 과학정책'과 '민주주의적 과학정책'의 길로 부르고자 한다. 이 두 가지 모델은 과학발전의 목표, 과학정책의 기획, 연구개발의 우선순위, 연구의 조직화와 관리, 연구공동체의 문화 등에서 대조적 차이를 보인다.

'민족주의적 과학정책'은 과학발전의 속도를 높여 선진국이 되는 것을 궁극적 목표로 삼는다. 이를 위해 성장을 극대화하는 연구분야와 우수한 연구자를 선택적으로 집중지원하고, 노벨상 수상과 같은 국위선양에 큰 인센티브를 주면서 연구윤리·생명윤리 등에는 최소한의 관심만 기울이는 발전 중심의 전략을 지칭한다. 이에 반해 '민주주의적 과학정책'은 과학발전의 속도를 높이기보다는 환경친화적이고 지속가능한 발전을 이루는 것을 목표로 한다. 따라서 선택과 집중보다는 균형적 과학발전을 추구하며 투명하고 공정한 연구관리와 민주적 연구문화의 실현을 강조한다. 특히 건전한 연구윤리와 생명윤리의 확보를 위해 시민참여를 허용하는 열린 과학공동체를 지향한다.

과학기술사회를 포기하지 않는 한 우리는 대체로 이 두 가지 모델 중에서 하나를 선택해야 한다. 황우석에 열광했던 애국주의 과학은 이 중 '민족주의적 과학정책' 모델과 부합한다. 그것은 역사적으로 보면 '박정희 패러다임'의 연장선에 있으며, 노무현 정부의 '신자유주의적 성장동맹' 역시 근본적으로 이 모델에 기초한다. 황우석 사태는 이 모델이 안은 허점을 드러내면서, 이제까지 잠복했던 두 모델 사이의 갈등이 밖으로 표출되는 계기가 되었다. 예컨대 오로지 '국익'을 최상의 가치로 강조했던 황우석 지지자들의 주장과는 대조적으로 연구윤리와 생명윤리를 중요한 규범으로 제시하며 황우석팀의 부정행위에 비판적이었던 생명공학감시연대의 입장이 그것이다.

앞으로 한국사회의 과학기술화가 진전될수록 이러한 갈등은 더욱 뚜렷이 구체화되고 사회구성원 사이에 점점 더 널리 인식되고 확산될 것이다. 나는 과학기술에 대한 과거의 사회적 합의로 되돌아갈 길도 없지만 또 그것이 바람직하지도 않다고 생각한다. 사실상 '민족주의적 과학정책'의 압도적 지배로 특징지어진 이러한 사회적 합의는 마치 과학기술에 관한 한 대안적 발전경로는 없는 듯이 우리 눈을 가리고 과학기술을 신비하게 만드는 역할만 했을 뿐, 우리 스스로가 모든 대안을 알고 선택한 진정한 '합의'는 결코 아니었기 때문이다. 따라서 나는 이러한 두 모델 사이의 갈등이 앞으로 더욱 첨예하게 표출되어 사회적 논쟁과 정치적 의제의 수면 위로 떠오르는 것이 오히려 한국사회의 미래를 위해 더 바람직한 사태전개라고 본다. 다시 한번 강조하지만 '과학기술의 정치'는 이제 단지 과학기술 부문에 국한된 문제가 아니라, 과학기술 시대에 사실상 한국정치의 핵심을 이루는 주요 과제이기 때문이다.

■ 참고문헌

김근배(2005), 《한국 근대 과학기술인력의 출현》, 문학과지성사.

박성래·신동원·오동훈(2005), 《우리 과학 100년》, 현암사.

최장집(2006), "한국 민주주의의 변형과 헤게모니", 성공회대 민주주의와 사회운동연구소 주최 학술포럼 발표문, 1월 12일.

황일도(2006), "'북한판 황우석' 김봉한의 영광과 몰락", 《신동아》, 2006년 2월호.

《월간중앙》(2006), "특별기획 : 대한민국 CEO 100인의 초상", 2월호.

Joravsky, David(1970), *The Lysenko Affair*, Cambridge, Mass. : Harvard Univ. Press.

토론문

월화수목황금박쥐
황우석 게이트와
영웅이 필요한 사회

정병기 (서울대 기초교육원 교수 · 정치학)

  황우석 사태의 정치적 함의에 대한 김환석 교수의 분석은 매우 실재적이고 치밀하다. 황우석 사태의 본질을 과학기술정책의 박정희 패러다임과 신자유주의적 성장동맹에서 파악하는 점에 전적으로 공감한다. 실로 우리 사회는 성장주의와 애국주의, 과학주의와 결과지상주의라는 이데올로기를 벗어나지 못했다. 박정희 패러다임은 어쩌면 절차적 민주주의를 확립한 이후 신자유주의적 성장동맹에서 다른 얼굴을 하고 있지만 더 강화된 것일지도 모른다. 강력한 민주화투쟁을 통해 이룩한 민주주의지만, 다른 한편으로는 지배층과 운동주도층의 타협으로 탄생한 민주주의로 생긴 잠재적 허탈감에서 권력추구의 집착을 제대로 떨치지 못한 것이 아닌가 하는 의문이 들기도 한다.

  김환석 교수는 우리나라 과학기술정책의 문제를 민족주의와 민주주의 과학정책의 갈등으로 보았다. 절차적 민주주의가 확립되었지만, 사회경제적 측면뿐만 아니라 정치적 측면에서도 실질적 민주주의는 아직 이루어지지 않았다. 우리 사회의 정치문화도 잠재적 허탈감과 권력추구의 집착에서 완전히 벗어나지 못했다. '민족주의'와 '나라사랑'이라는 구호는 그러한 심리적 공백을 채워주기에 알맞다. 이러한 점에서 볼 때 민주주의 과학정책을 제시하는 김환석 교수의 처방은 옳다.

  이번 사태는 분명 황우석 개인의 문제가 아니라 권력형 부정부패다. 이 점에 대해서는 김환석 교수가 김대중 정부와 노무현 정부의 과학기술정책과 엘리트 분석을 통해 충분히 밝혔다. 정부가 황우석 사단의 연구를 지원하고 노골적으로 정치적으로 부추기고 이용한 것은 분명하다. 참고로 제시한 우표가 이를 단적으로 증명한다. 이 우표는 정부가 도안하여 판매하기 직전에 황우석 사건이 터짐으로써 부랴부랴 폐기했다. TV 뉴스에 몇 초간 소개되고 말아 이 우표를 아는 사람은 드물 것이다.

인간복제 배아줄기세포의 의학적 활용은 자주 문제가 제기되고, 가능하다 하더라도 실제 활용시기는 쉽게 예측할 수 없을 정도로 먼 미래의 일임에도, 정부가 발행한 이 우표는 신체장애자가 마치 내일이라도 벌떡 일어나 애인에게 달려갈 듯 선정적으로 도안되었다. 이 우표가 증명하듯이 이번 사태는 권력구조와 관련된 사건이다. 따라서 황우석 사태는 권력형 부정부패라는 점에서 '사태'가 아니라 '게이트'다.

황우석 게이트를 아직도 옹호하는 사람들은 잘못된 민족주의와 애국주의에 빠져 있다. 생명윤리의 엄격한 적용으로 실험이 쉽지 않은 미국을 비롯한 선진국들이 한국을 난자식민지로 만들 계획이었다는 것은 이미 어느 정도 알려졌다. 그러나 더 본질적인 문제는 황우석 교수 스스로 인정했듯이 배아줄기세포가 경제적 가치의 획득과 이윤추구를 목표로 한다는 것이다. 그것이 국가적 차원에서 이루어진다 하더라도 고액의 의료수단이 된다면 가진 자를 위한 축복에 불과하다. 또한 인간수명의 양극화를 더욱

〈그림〉 황우석 기념우표

심화할 것이 자명하다. 이러한 의미에서 정부와 과학기술 엘리트, 자본의 신자유주의적 동맹이라는 지적은 매우 정당하다.

이제 우리 사회가 왜 영웅 만들기에 급급한지 살펴보겠다. 우리 사회는 실로 영웅을 필요로 하고, 실제 영웅 만들기 전략을 추구하고 있다. 절차적 민주주의의 향유에도 불구하고 우리 사회는 아직 실질적 민주주의의 절실함을 제대로 의식하지 못했다. 실질적 민주주의를 이룩하지 못한 형식적 민주주의는 새로운 파시즘적 화두에 이용당할 것이며 민주의식이 투철하지 못한 구성원들은 포퓰리스트적 동원에 무력할 수밖에 없다. 포퓰리스트적 동원과 파시즘적 화두의 대표적 현상이 영웅 만들기다. 영웅은 절대적 존재로서 비판의 대상이 아니다. 특히 황우석 게이트는 왜곡된 애국과 민족주의라는 이름 아래 특정집단의 이익을 추구하며, 영웅을 비판하는 모든 타자를 죄인으로 만드는 슈퍼-에고 파시즘적 현상을 보인다.

황우석 교수의 '월화수목금금금'은 자본과 결합해 금권을 추구하는 '월화수목황금황금황금'이다. 거기에 권력형 박쥐가 있으니 황우석 게이트는 '월화수목황금박쥐'의 권력형 사기극이다. 그 황금박쥐에 삼성전자 사장이 속한 것도 우연이 아닐 것이다.

황우석 사태와 여성

박진희 (국민대 사회과학연구소 연구위원 · 과학기술사학)

1. 부수적 문제, 여성?

'과학사에 길이 남을 최대 사기사건' 중 하나로까지 일컫던 황우석 사태가 이제 막바지에 달했다. 비이성적으로 흐르는 일각의 흐름이 검찰의 수사발표로 잠잠해질지는 아직 의문이지만, 사건의 핵심인 배아 줄기세포 사기행각은 드러나리라 본다. 이 사태는 여러 사람이 지적하듯 그야말로 한국사회의 현주소를 그대로 드러냈다. 관료, 정치계와 과학계의 동거, 봉건적 잔재에서 벗어나지 못한 과학계의 현장, 사실 대신 희망소설을 쓴 언론, 성과와 애국주의를 내면화한 시민들의 자화상을 그대로 보여준 사건이다. 명백히 드러난 사건의 책임자들이 언제 그런 일이 있었냐는 듯 공식적 사과 한마디 없이 슬그머니 사라져버리는 것도, 또다시 '대한민국'의 정체성을 확인할 월드컵에 열광하는 일반시민의 모습에서 여러 번 반복된 우리의 깜빡 근성도 다시 본다.

이제는 황우석 사태가 드러낸 우리의 폐부를 찬찬히 들여다보고, 우리에게 남은 과제가 무엇인지를 정리해야 한다. 이 과제 중 하나가 이 사태로 드러난 여성문제의 현주소를 살피는 일이다. 황우석 사태의 전개 자체가 사실 우리 사회에서 여성문제를 어떻게 다루는지 잘 보여준다. 매매된 난자가 연구에 불법적으로 사용되었을 가능성, 연구팀의 여성연구원들이 난자를 기증했을 가능성에 대한 문제제기에서 황우석 사태가 공론화되었다. 즉, 사태의 핵심 하나가 바로 배아줄기세포 연구에서 필연적으로 따르는 난자수급과 연관된 여성인권 문제였다. 하지만 이 문제는 논문진위 공방으로 넘어가면서, 제대로 다루어질 기회조차 갖지 못한 채, '국익론' 공방에 묻혀야만 했다. 여성의 관점에서 배아줄기세포 연구에 대한 진지한 논의가 진행되는 것은 고사하고, 여성이 주축이 된 '난자기증운동'으로 문제제기조차 하지 못했다. 여성연구원의 난자기증 문제 역시 뛰어난 과학적 업적을 위한 '숭고한' 희생으로 받아들여지는 분위기에서 정작 그 배경이 되는 연구실 내 권력관계 문제 등은 의제가 되지도 못했다. 논문의 진위를 밝혀준 '브릭'(BRIC)이 언론의 조명을 받으면서 잠시 연구실 실태에 관한 내용이 공중전파를 탔을 뿐이다. 실험실 내 여성의 지위나 이로부터 발생할 수 있는 여성연구원의 불이익 등은 언급되지도 않았다.

여기에서는 여성의 관점에서 황우석 사태가 남긴 과제를 정리하고자 한다. 이 사태의 근간이 되는 배아복제 줄기세포 연구와 여성의 문제를 먼저 살펴보고, 여성연구원의 난자제공 배경이 되는 실험실 문화와 여성연구원의 문제, 그리고 마지막으로 여성인권과 건강문제를 우선해야 하는 여성단체에 남겨진 과제는 무엇인지 아울러 살펴보겠다.

2. 배아복제 줄기세포 연구와 여성

2006년 2월 6일 국가생명윤리심의위원회의 중간보고서에 따르면, 2002년 11월 28일부터 2005년 12월 24일까지 총 4개 기관에서 119명의 여성으로부터 138회에 걸쳐 채취한 총 2,221개의 난자가 황우석팀에 제공되었다고 한다(생명위, 2006 : 7). 아직 정확하게 밝혀지지는 않았지만, 언론보도에 따르면 난자 이외에 여성 환자에게서 적출한 난소 100여 개가 황우석팀에 제공된 정황도 있다고 한다.[1] 지금까지의 조사결과에 따르면, 이렇게 무한정으로 난자를 공급받으면서도 한 개

1) 《한겨레》(2006), "황교수팀에 적출난소 제공 한양대병원 조사", 1월 26일.

의 줄기세포도 배양할 수 없었다는 것인데, 이것은 무엇을 말하는가. 현재의 핵이식기술을 기반으로 진행되는 배아복제 줄기세포 연구는 수백이 아니라 수천, 수만의 여성을 난자기증자로 동원하지 않는 한 성공을 약속할 수 없다는 것이다. 이렇게 되면 난자에 대한 정의도 달라져야 한다. 생명의 원천이 아니라 줄기세포의 원천으로 말이다.

이런 이유로 황우석 사태 이후 전세계 줄기세포 연구자들은 난자수급에 따른 윤리적 문제를 어떻게 해결할 것인가에 더 주목했다 (Steinbrook, 2006 : 326). 지금까지 가장 선도적이었던 황우석팀의 기술로도 줄기세포 배양에 실패한 것이니, 같은 연구를 하고 있는 이들로서는 앞으로 얼마나 더 많은 난자를 기증받아야 하는지 불확실해진 것이다. 때문에 일부 연구자는 성숙된 난자가 아닌 미성숙 난자를 배양하는 기술을 개발하는 등 현재의 난자채취 방식의 대안을 모색중이다(Dennis, 2006 : 652~654). 한편, 여성단체에서는 이번 사태를 계기로 난자기증을 여성의 건강보호라는 관점에서 엄격하게 관리하는 방안을 찾고 있으며, 나아가 여성의 시점에서 줄기세포 연구의 사회적·윤리적 영향에 대한 평가를 시도중이다(Reydolds, 2006).

그러나 정작 황우석 사태로 체세포핵이식 연구가 여성의 건강에 부정적 영향을 미친다는 것이 드러난 우리 사회에서는 이와 관련한 심층적 논의가 진행되지 않았다. 지난 두 달 사이 긴급토론회 등이 마련되었지만, 여성의 관점에서 이 사태를 되짚어보고 배아복제 줄기세포 연구에 관한 근본적 성찰이 이루진 적은 거의 없다.[2] 그런데 생명위의 조사결과를 보면, 밝혀진 난자제공자들이 겪어야 했던 건강상의 위험은 누가 봐도 명백하다. 난자채취에 따른 부작용 때문에 국제적으로 난자채취는 1인당 한 번으로 제한하는데, 황우석팀에 2회 이상 난자를 제공한 여성이 15명에 이르며, 그 중에는 4차례 이상 제공한 사람도 있었다(생명위, 2006 : 7). 게다가 제공자에게 난자기증의 위험에 대해 충분히 설명하지 않고, 연구용이라는 사실도 제대로 알리지 않은 경우

---

2) 생명공학감시연대가 2006년 1월 18일에 마련한 토론회 〈황우석 사태로 본 한국사회의 현재와 미래〉에서 "황우석 열풍에 가려진 여성인권의 문제"라는 제목의 주제발표가 있었을 뿐이다.

도 있었다고 한다. 기증한 난자의 권리포기에 대한 동의가 주된 내용
을 이루고, 난자채취의 위험성과 부작용, 예후에 대한 설명이 불충분
했던(생명위, 2006 : 21) 것으로 드러났다. 세계 최초 기술보유에 대한
열망, 과대 포장된 줄기세포 연구의 경제적 잠재성의 부각은 결국 연
구윤리의 소홀로 이어졌고, 이는 난자제공 여성의 건강상 장애를 야기
했다. 윤리위 조사는 난자채취 시술을 받은 한 사람은 난소과다자극으
로 치료를 받았으며, 연구용 난자제공자의 17.7%가 과배란증후군으
로 치료받았다고 밝혔다(생명위, 2006 : 23).

난자매매와 기증 여성이 겪는 부작용이 알려지면서, 여성단체들에
서는 2006년 1월 '난자 및 배아의 체계적 관리시스템과 생명공학 연구
에서 여성의 인권과 건강을 보호하기 위한 사회적 장치의 마련'을 요
구하고, 2월부터는 '난자채취 피해자 신고센터' 운영에 나섰다. 손해배
상 청구소송을 준비하는 등 피해자 대책에 적극적으로 나선다는 점에
서 환영할 일이지만, 사전대책을 강구하지 못한 것은 이들 단체활동의
한계였다. 여성의 건강보호라는 관점에서 핵이식 연구와 관련해 어떤
대책을 마련해야 할지는 최근 미국 등에서 진행되는 논의에서 단초를
엿볼 수 있다.

현재의 체세포핵이식 기술에 기반한 줄기세포 연구는 실질적으로
여성의 육체에 심각한 장애를 유발한다. 현재 이 연구에 수반되는 위
험성은 난자채취 과정에 기인한다. 시험관아기 시술에 기원을 둔 난자
채취 과정에서는 안전성에 관한 데이터가 제대로 수집되지 않은 다양
한 호르몬약품을 사용한다. 미식품의약청(FDA) 전 의학부장 수잔 파
리지안(Suzanne Parisian) 박사는 "채취과정에서 사용되는 여러 가지
약품3) 중 대부분이 장기연구를 거치지도 않았고, 몇몇 약품들은 FDA

---

3) 많이 쓰이는 배란자극제로 루프론(Lupron : Leuprolide acetate)이 있는데,
   이 약품은 우울증, 기억력 상실, 간기능 저하, 뼈의 손실, 심각한 근육통,
   골통, 관절통, 호흡곤란을 유발하는 것으로 알려졌다. 이 약은 난자채취용으
   로 사용허가를 받지 않았다고 한다. 이 중 몇몇 증상은 평생 동안 계속될 수
   있다. 미국 FDA에서는 수백 건의 입원기록을 포함하여 부작용 관련문건을
   모두 추적하지 못할 정도도 부작용 사례보고가 줄을 잇는다. 몇 년 전부터 루
   프론으로 건강상의 장애를 겪은 여성들이 자발적으로 루프론 희생자 네트워

승인도 받지 않은 것이다. 이 때문에 기증여성이 받게 될 위험이 잘못 알려진 경우도 있다"(Norsigian, 2005) 라고 밝혔다. 이 약품들의 부작용에 대한 연구도 제대로 이루어지지 않았기 때문에 난자기증자들에게 충분한 정보를 제공하는 것 자체가 현재로서는 불가능하다는 것이다. 이런 상황에서 과배란자극 호르몬 고나트로핀스(Gonatropins) 가 원인인 난소과다자극 증후군(Ovarian Hyperstimulation Syndrome : OHSS) 으로 영국에서는 지난 2005년 6월까지 두 명의 여성이 사망하는 일도 발생했다. 4)

이처럼 여성건강에 미치는 치명적 위험성 때문에 캐나다와 다른 일부 국가에서는 체세포핵이식 연구를 하지 않기로 잠정적으로 결론을 내렸다(Galpern and Darnovsky, 2005). 미국 여성단체들에서는 이들 약품에 대한 장기연구를 수행해 안전성평가가 이루어질 때까지 잠정적으로 체세포핵이식 연구를 미룰 것을 요구하고 있다. 물론, 미국에서도 우리와 마찬가지로 기술주도권의 확보, 잠재적 시장선점 구호에 여성단체의 연구중단 요구가 사회적으로 큰 반향을 얻지는 못했다. 그럼에도 불구하고 이들 단체에서 여성의 건강보호라는 관점에서 핵이식 연구 자체에 근본적 문제제기를 한다는 점을 주목해야 한다.

아울러 이들 단체에서는 최소한 현재 진행되는 핵이식 연구가 여성건강을 최대한 보호하는 방식으로 수행될 수 있도록 각종 가이드라인을 제안한다. 난자에 대한 체계적 관리를 넘어 난자채취에 쓰이는 약품에 대한 자세한 정보가 제공되도록 하고, 줄기세포 연구자금의 일부가 이들 약품의 위험성평가에 배정되어야 한다고 지적한다(Reydolds, 2006). 최근 나노기술 등 불확실한 기술에서 연구와 병행해서 이들 기술이 미칠 위험성연구에 연구기금의 일정부분을 할당하도록 한 것과 마찬가지로 줄기세포 연구에서도 난자채취가 유발할 수 있는 위험성연구에 지원해야 한다는 것이다.

미국의 '유전학과 사회센터'(Center for Genetics and Society) 에서는

크를 만들어 서로 경험을 공유했다(Norsigian, 2005).

4) 29세의 재키 러시턴(Jackie Rushton) 은 시험관수정에 필요한 호르몬 처치를 받고 난소과다자극 증후군으로 2005년 6월에 사망했다.

독립기관을 두어 난자채취 과정에 쓰는 약품들을 전체적으로 평가하자는 권고안을 내놓았다. 5) 여기서는 채취방법과 관련해 난자채취를 할 때 안전하고 윤리적으로 적합한 방식을 준수할 것을 규정하며, 가능하면 과배란 방식보다 자연배란 사이클을 따라 채취하는 방식을 따를 것을 제안한다(Center for Genetics and Society, 2005). 그리고 난자채취는 연구나 연구기관과는 관련이 없는 의사가 하도록 하고, 난자기증자에 대한 기록관리를 철저히 하여 채취 이후에 일어날 수 있는 건강상의 장애를 모니터링하는 시스템 마련도 제시했다. 또한 난자채취로 인한 부작용이 발생할 경우를 대비해서 핵이식 연구자금에 이의 보상에 필요한 재원을 포함시키는 것도 권고사항 중 하나다.

한편, 황우석팀 연구에 불법적으로 거래된 난자도 사용되었다는 사실이 드러나면서, 핵이식 연구의 사회적 부작용으로 지적되던 난자상업화의 실태도 알려졌다. 즉, 실제 난자를 제공한 여성 중에는 순수한 기증자도 있지만, 금전적 보상을 이유로 반복해서 난자를 제공한 여성도 상당수였다. 6) 이는 정부의 허술한 연구관리, 법이나 시행규칙령의 결여, 기관생명윤리위원회 등의 기능부재에 기인한 것이다. 그러나 난자상업화에 대처할 수 있는 정부의 정책실행을 모니터링하지 못한 여성단체도 원인제공자이다. 2003년 12월 12일에 생명윤리법이 통과된 이후에도 연구용 난자기증에 관한 시행령이 제정되지 않은 문제 등을 여성단체에서 공론화하지 못했던 것이다. 이번 사태를 계기로 국가생명윤리심의위원회에서는 상업화를 방지하기 위해 난자기증자에게 실비보상 차원의 일정 금액만을 제공한다는 규정을 심의 의결하여, 제도적 보장은 마련되었다. 그러나 이런 제도가 실제로 시행되어 난자상업화가 더는 진전되지 않기 위해서는 여성단체에서 모니터링 작업 등 구체적 계획을 세워야 한다.

---

5) 이들 국가에서는 이미 난자기증자의 기증횟수 제한은 시행했으므로 이에 대한 특별한 언급은 권고안에 들어있지 않다. 우리나라의 경우, 난자기증 공여자는 1년에 한 번, 평생 두번만 연구목적으로 난자를 제공한다는 규칙이 2006년에 대통령령의 시행규칙으로 제정될 것으로 보인다(연합뉴스, 2006).

6) 보상공여는 64명에 1,349개에 이르고, 순수기증은 30여 명에 520개에 불과했다(생명위, 2006 : 9~10).

이 밖에 그 동안 황우석 광풍에 밀려 논의되지 못하던 핵이식기술에 기반한 배아복제 줄기세포 연구에 대해 더 근본적으로 성찰해야 한다. 언론이나 정부정책에 의해 과도하게 부풀려진 줄기세포 연구의 가능성을 실체적으로 되짚고, 여성의 건강권 차원에서 이 연구가 갖는 의미를 규명하는 작업을 실시해야 한다. 배아복제 줄기세포가 특정 난치병을 치유할 수 있다는 것은 아직까지 가정일 뿐, 증명된 것이 없다. 이렇게 순수하게 가정에 입각한 줄기세포의 이점을 얻기 위해, 현재의 위험(여성의 건강에 대한 위험)을 감수하라는 것이 타당한 논리인지도 검토해야 한다(Norsigian, 2005). 아울러 이들 연구가 여성건강권의 관점에서 어떻게 수행되어야 할지를 적극적으로 의제화해야 할 것이다. 나아가 배아복제 줄기세포가 아닌 대안적 연구도 제시해야 한다.

3. 연구실 민주화와 여성

여성연구원의 난자기증은 직접적으로는 세계의사협회의 '헬싱키선언'을 위반한 것이다. 이 선언은 8조에 "약자의 입장에 있는 연구대상 집단에는 특별한 보호가 요구된다. … 스스로 동의할 수 없거나 거부할 수 없는 자, 강제에 의해 동의할 우려가 있는 자 … 에 대해서도 특별한 요구가 요구된다"(생명위, 2006 : 30~31) 라고 명시해 연구원과 연구책임자 사이의 불평등한 관계 때문에 연구원이 강제로 연구대상이 되는 상황을 막고자 한 것이다. 연구책임자인 황우석 교수는 2003년에 여성연구원들에게 '난자기증 동의의향서'를 돌려 서명하도록 하고, 이 중 두 명의 연구원에게서는 직접 난자를 제공받아 이 윤리규정을 위반했다.

연구원의 난자기증은 표면적으로 국제적 연구윤리 관행에 무지[7] 하

---

7) 2005년 11월 29일 생물학전문연구정보센터(BRIC)에서 행한 '황우석 연구팀 난자채취 윤리논란'에 관한 설문조사에 따르면, 헬싱키선언의 내용을 '들어본 적이 없다'와 '잘 모른다'의 응답이 전체 응답자의 85%에 해당했다. 윤리교육에 관해서는 51%가 공식교육을 받은 적이 없는 것으로 나타났다.

거나 관행이 무시되는 우리나라 과학계의 윤리수준을 드러내는 것이기 도 하지만, 한편으로는 우리나라 연구실문화나 조직이 운영되는 방식 의 전근대성을 보여주는 것이기도 하다. 난자를 제공한 여성연구원들 이 만약 헬싱키선언을 당시 숙지하고 있었다면, 난자기증이 이루어지 지 않았을까? 교수의 절대적 권력이 제도와 문화적으로 보장되는 우리 연구실에서 난자기증 동의서에 서명하지 않기란 거의 불가능하다. 게 다가 난자제공자 중 한 명이 명백한 자격미달임에도 불구하고 교수로 임용된 현실은 이를 더욱 불가능하게 만든다. 이 때문에 난자기증 문 제는 국내 연구실문화라는 배경과 무관하게 고찰하기란 힘들다. 여기 서는 최근의 설문조사를 토대로 국내 생명공학 연구실의 현실을 알아 보고, 난자기증을 강요하는 문화란 어떤 것인지를 분석하고자 한다. 그리고 이런 현실이 어떤 과제를 남겼는지도 정리할 것이다.

　생물학전문연구정보센터(BRIC)에서 2006년 1월에 발간한《국내 바 이오분야 연구실의 현주소와 문제점》보고서는 바이오분야 연구원[8]들 이 가장 개선이 시급한 문제로 여긴 것이 '장시간근무나 주말근무', '업 무활동 외 잡다한 업무', '열악한 연구환경', '연구참여자들의 상명하복 의 지휘체계' 등이라고 밝혔다. 이런 개선항목에 대한 우선순위는 출 연연구소인지 기업인지 등에 따라 조금씩 다르다. 대학에 있는 연구원 들은 '장시간근무'에 이어 '업무 이외의 잡다한 업무(행정이나 상사의 개 인적 부탁)', '열악한 연구환경'과 '진로에 대한 연구책임자의 불공정 영 향력 행사'를 꼽았다고 한다. 병원에서는 무엇보다도 '연구참여자들의 상명하복의 지휘체계'를 지적했다(BRIC, 2006 : 20).

　이 보고서에서 국내 연구실이 무엇보다 전산업적 규범에 지배받는 다는 점을 발견할 수 있다. 연구원들이 지적하는 장시간근무나 잡다한 업무에 대한 불만, 진로에 대한 연구책임자의 불공정 영향력 행사 등 이 바로 그것이다. 특히 대학은 브릭이나 과학기술인연합에서도 지적 하듯이, 학위 논문부터 이후 취업에 이르기까지 교수가 학생에 미치는 권한은 절대적인 것으로 알려졌다.[9] 이처럼 도제적인 교수와 학생의

---

8) 조사대상으로서 연구원에는 대학원생, 연구생, 연구원, 포닥, 연구교수가 속 한다.

관계는 주말이 없는 연구실노동을 일상화하도록 만들었다. 또한 교수의 전횡을 학생이 견제할 수 있는 적절한 장치가 마련되지 못한 대학의 경우, 교수 자녀의 개인적 교습까지 연구실 대학원생이 맡아야 하는 현실을 낳았다. 황우석 실험실의 경우, 소고기 배달이 연구원들의 또 다른 일과이기도 했다.

이런 전근대적 도제시스템이 작동하는 연구실에서는 상사의 연구윤리 위반사항도 묵인할 수 있다. 브릭의 조사에 따르면, 연구윤리에 반하는 지시로 데이터변형이나 실험용 조직샘플 확보시 채취강요, 과량 채취를 어쩔 수 없이 수행했다고 답한 연구원의 비율도 12%에 달했다 (BRIC, 2006 : 22). 교수의 지시에 따라 데이터조작도 수행할 수 있다는 것은 단순한 국내 연구원들의 연구윤리 부재(대학 내 연구윤리 수업의 부재 등으로 인한)에서 기인한다기보다는 연구책임자의 무소불위의 권력을 마련해 준 제도에 원인이 있다. 데이터조작도 가능한 상황에서 저자표시(Authorship)의 국제적 관행을 지키는 것을 바랄 수는 없었다. 실제 브릭의 조사에서, 논문발표와 관련된 불이익 경험에 관한 질문에서 응답자의 66%가 그런 경험을 했다고 답했다. 이 경험에는 '연구에 참여하지 않은 사람이 저자로 등록되었다'는 응답이 가장 많았고, '연구참여 정도와 상관없이 저자순서가 정해져 순서가 밀렸다'와 '실험에 주도적으로 참여했으나 논문저자에서 제외되었다'는 순서였다고 한다 (BRIC, 2006 : 17).

이렇게 국내 연구실, 특히 대학연구실이 안은 가장 큰 문제는 도제적 조직문화이다. 도제적 조직문화는 연구활동과 관련해서 장시간의 근무, 불필요한 업무의 부과, 연구윤리 위반을 조장하는 배경이 되었다. 한편, 도제적 조직문화는 가부장적 문화를 지배적으로 만들어 여성연구원에게 더욱 열악한 연구환경을 만들었다.

장시간의 근무를 강요하는 상황에서 기혼 여성은 의지가 있더라도 연구현장에서 자연스럽게 배제된다. 일반직장에서 여성이 결혼과 더불어 퇴직을 강요받는 것과 비슷한 현상이 이곳에서도 벌어진다. 대덕

9) 학생이 교수를 학위취득과 취업추천권 등 학생의 목숨을 쥔 '제왕'이라고 묘사했다는 신문의 기사는 이를 잘 드러낸다(《한겨레》, 2005).

연구소의 경우 1996년 통계에 따르면 경력 있는 여성연구원이 남성에 비해 현저하게 낮게 나타났는데, 이는 이러한 근무여건과 무관하지 않다. 또한 상대적으로 연구현장을 오랫동안 지킨 여성연구원은 남성에 비해 미혼이 많은 것으로 알려졌다(윤정로, 2000 : 308). 바이오연구실의 여성연구원 상황은 남성에 비해 높은 비정규직 비율에서도 드러난다. 여성연구원의 계약직 비율은 59%로 남성 29%의 두 배에 해당한다(BRIC, 2006 : 4).

이런 배제(排除) 기제를 한층 강화하는 것은 연구업무 외에 기타 업무가 강요되고 은연중에 이런 요인으로 연구실에서의 지위도 결정되는 연구실문화이다. 이런 업무 외의 일은 대개 남성연구원에게 집중되는 경향이 많다. 연구책임자 대부분이 남성인 국내 과학계에서는 대개 직접 선후배로 연결된 남성연구원을 이런 일에 동원할 수 있다고 본다. 그리고 이러한 비공식적 연계는 남성연구원이 여기서 제외된 여성연구원에 비해 연구실에서 상대적으로 높은 지위(팀장 등의)에 쉽게 오를 수 있도록 한다. 비공식적 자리를 통해 중요한 사항이 결정되는 정치계나 회사 등에서 간부급 여성이 드문 것과 크게 다르지 않다. 실제 황우석 연구팀의 경우, 연구책임자나 팀장은 모두 남성이었다. 이렇게 지연이나 학연이 중심이 된 남성연구원이 주축이 되는 조직에서는 상명하복의 위계질서가 연구원 사이에 자연스럽게 내면화되고, 여성연구원은 생소한 이 문화에 적응해야만 한다.

상명하복 가치의 내면화는 여성연구원에게 교수의 난자기증서에 자연스럽게 서명하게 만들었고, 동료 여성의 난자기증을 암묵적으로 동의하도록 했다. 그리고 남성에 비해 경력을 쌓을 수 있는 기회가 적은 여성연구원에게 교수의 권력은 더욱 절대적인 것으로 보인다. 실제 한 연구원에게 주어진 보상은 이런 복종을 더욱 내면화하도록 만들었다.

이렇게 볼 때, 여성연구원이 난자기증자로 전락하는 현실을 개선하기 위해서는 단순히 윤리교육을 강화하는 것이 아니라 국내 연구실에 작동하는 전근대적 규범을 해체해야 한다. 이를 위해서는 무엇보다 여성연구원의 지위향상을 통해 올드보이 네트워크 해체를 강화하고 연구실에 더 많은 여성연구원이 진출하도록 해야 한다(Schiebinger, 1999).

우선 여성 친화적인 실험실문화의 정착이 필요하다. 이는 다만 탁아 등의 복지시설 확충의 요구가 아니라, 내용적으로는 현재와 같은 장시간의 근무여건을 개선하는 것, 연구업무 이외의 잡무를 근절하여 남성 연구원에 대한 선호를 줄이는 것을 포함한다. 또한 여성연구원의 신체에까지 권한을 행사할 수 있는 현재의 교수 전횡을 막을 수 있는 대학 차원의 제도개선도 중요하다. 이 밖에 연구여건의 개선으로 제시되는 실험실안전의 문제도 막연한 연구원의 안전이 아니라 여성연구원(기혼을 포함)의 건강보호라는 차원에서 논의해야 한다. 더 급진적인 형태의 민주화를 위한 행보로서, 이번처럼 여성의 신체가 대상이 되는 연구의 대안을 연구원이 찾을 수 있도록 하는 제도구축 노력도 필요하다. 즉, 대안적 연구에 대한 정책적 지원이 가능하도록 하는 과학기술 정책의 전환을 요구해야 한다.

4. 여성단체의 과제

지난 1월 4일 여러 여성단체에서는 '황우석 교수 사건 난자채취와 관련한 여성단체 입장'을 발표하면서, 연구윤리 문제에 발빠르게 대처하지 못한 점을 사과했다. 그러면서 국익이라는 대의를 거스를 수 없었던 단체의 한계를 원인으로 지적하였다. 물론, 논문진위 여부로 문제가 옮겨지면서, 애국주의 쓰나미가 몰아친 즈음에 여성의 목소리를 낸다는 일이 쉬운 것은 아니었다. 그러나 이것은 이전에 예고되었던 황우석 사태의 전조들이 나타났을 때도 제대로 대응하지 못했던 여성단체의 상황을 설명하지는 못한다.

난자채취에 관한 윤리논란은 아직 황우석팀이 막강한 네트워크를 형성하기 전인 2004년에 이미 제기되었다. 2004년 5월 《네이처》에서 연구원 난자기증 의혹을 보도한 것이다. 이에 생명윤리학회에서는 이와 연관하여 황 교수에게 난자출처 등에 대한 해명을 요구하기도 했지만, 여성단체에서는 이를 적극적으로 의제화하지 못했다. 이 무렵 이미 난자채취 과정에서의 문제나 핵이식 기술이 지닌 난자상업화의 위험이 단편적으로 제기되었지만, 이를 여성의 건강권 차원에서 사회적 문제로 쟁점화하지 못했던 것이다.

여기에는 여러 가지 요인이 작용했다. 그 중 하나는 이런 문제제기를 과학의 발목잡기로 여기는, 경제성장의 도구로서의 과학주의가 여전히 우리 사회에 팽배하다는 점이다. 과학주의 이면에는 또한 '과학은 진보만 계속한다'는 이미지가 자리한다. 이런 과학주의는 사회적 관점에서 과학비판을 잘 수용할 수 없게 만든다. 그러나 이를 중심원인으로 볼 수는 없다. 이보다는 이를 의제화해야 할 단체 등에서 과학에 대한 비판이 정당한지 확신하지 못해 쟁점을 만들지 못한 것일 수 있다. 여성단체들은 지금까지 대개 전통적 주제인 직업에서의 양성평등, 성적 평등 등을 다루었지 현대과학 문제를 본격적으로 다루지는 않았다. 더구나 여성의 시각에서 현재 진행중인 과학연구 사업에 개입한 일은 없었다. 자연히 과학에 대한 여성단체의 시각은 일반인의 시각에서 크게 벗어날 계기가 없었고, 따라서 과학윤리문제를 의제화하기 어려웠을 것이다.

황우석 사태는 남성 중심으로 발전한 현대 과학기술의 폐해를 극명하게 드러냈다. 여성단체도 난자기증 여성들의 손해배상청구 등으로 발빠르게 움직였다. 그러나 여기서 나아가 여성단체에서는 여성건강권 차원에서 배아복제 줄기세포 연구가 갖는 문제점을 구체적으로 짚고, 이를 통해 현대 과학문제 전반을 여성의 시각에서 정리하는 작업도 시작해야 한다. 미국에서 지난 1980년대에 활발하게 일어났던 여성건강권 확보운동, 여성에 대한 의학적 지식축적 시행 등이 유사한 활동의 예이다(Schiebinger, 1999 : 115). 과학이란 다양한 사회계층의 참여로 얼마든지 다른 과학으로 재창조될 수 있다는 최근의 시민과학운동을 여성단체에서도 적극 받아들일 필요가 있다. 젠더 중립의 과학기술이란 존재하지 않으며, 여성의 참여로 여성에게 유익한 과학과 기술을 만들 수 있다(Wajcman, 2004). 정부와 기업, 과학계의 연합이 중심이 되어 여성건강을 외면한 채로 진행된 배아복제 줄기세포 연구의 미래는 시민여성이 새롭게 만들어야 한다. 여성단체는 이 미래기획을 주도해야 한다.

■ 참고문헌

국가생명윤리심의위원회(2006), "황우석 교수 연구의 윤리문제에 대한 중간보고서".

윤정로(2000), 《과학기술과 한국사회 : 구조와 일상의 과학사회학》, 서울: 문학과 지성사.

참여연대 과학기술민주화를 위한 모임 편(1999), 《진보의 패러독스》, 서울 : 당대.

BRIC(2005), "국내 바이오분야 인력채용 및 취업에 관한 설문조사", *SciOn Survey Report* No. 147·148·149.

_____(2006), "국내 바이오분야 연구실의 현주소와 문제점", *SciOn Survey Report* No. 159.

연합뉴스(2006), "체세포핵이식 연구 '윤리논란' 종식되나", 2월 2일.

《오마이뉴스》(2006), "여성단체 '난자제공 여성후유증 국가배상해야' 30여 개 단체 공동으로 난자채취 진상규명 촉구 기자회견", 1월 4일.

《한겨레》(2005), "교수는 제왕 … 눈 밖에 나면 앞길 캄캄 조작 입 닫게 한 군대식 연구실 풍토", 12월 26일.

Center for Genetics and Society(2005), "Egg extraction for stem cell research : Protecting women's health fact sheet", http://www.genetics-and-society. org/resources/background/eefactsheet. html.

Dennis, Carina(2006), "Mining the secrets of the egg", *Nature* 439(9), pp. 652~655.

Galpern, Emily and Darnovsky, Marcy(2005), "Eggs vs Ethics in Stem-cell debate", *The Nation online*, 11. 29.

Norsigian, Judy(2005), "Risks to women in embryo cloning", *The Boston Globe*, 2. 25.

Reydolds, Jesse(2006), "Learning from stem cell stumbles", *San Diego Union Tribune*, 1. 27.

Schiebinger, Londa(1999), *Has Feminism Changed Science?*, Cambridge, London : Havard University Press.

Steinbrook, Robert(2006), "Egg donation and human embryonic stem-cell reserach", *New English Journal of Medicin* 354(4), pp. 324~326

Wajcman, Judy(2004), *Technofeminism*, Cambridge : Polity press. ,

Reydolds, Jesse (2006), "Learning from stem cell stumbles", *San Diego Union Tribune*, 1. 27.

박 소 영 (여성문화이론연구소 연구원)

발제문은 '황우석 사태'에서 '난자수급과 연관된 여성인권 문제'가 제대로 제기되어 다루어진 적이 없다고 하면서, 여성의 건강권과 연구실 민주화의 측면에서 더 '심층적 논의'가 필요하다고 제안한다.

일단 '심층적 논의'까지는 몰라도, '여성의 관점에서 이 사태를 되짚은' 논의가 1월 18일의 〈황우석 사태로 본 한국사회의 현재와 미래〉의 한 주제발표로(이영희 발제문 각주 2 참고) 그치지는 않았다. 2005년 12월 6일 〈난자채취 '여성의 눈'으로 본다〉라는 토론회가 있었고, 12월 14일에는 민우회 주최로 〈여성의 재생산권리 보장 및 인공생식에 관한 법률마련을 위한 토론회〉가 있었으며, 2006년 2월 8일 한나라당 진수희 의원 등의 주최로 〈여성의 시각으로 본 생명윤리법 개정〉 토론회, 그리고 2005년 12월 9일 한나라당 박재완 의원 주최의 "생명윤리법 개정안 및 인공수정법 제정안" 입법공청회에서도 피험자 보호와 난자제공자 권리에 대해 논의한 바 있다.

발제자가 "여성의 시점에서 줄기세포 연구의 사회적·윤리적 영향에 대한 평가를 시도한다"라며 언급한 제스 레이놀즈(Jesse Reynolds)의 글은, 캘리포니아의 줄기세포 연구프로그램의 주체들이 한국의 황우석 사태를 반면교사 삼아 여성인권 문제와 여타 윤리적 문제를 고려해야 함을 전혀 배우지 못했다고 지적하는 글일 뿐이지 한국보다 미국에서 더 나은 논의가 이루어지고 있다는 이야기는 아닌 것 같다. 황우석 등의 배아줄기세포 논문이 저명한 '국제'저널 《사이언스》 표지논문으로 실렸다는 사실이 그 연구의 사회적 의미와 윤리 등에 대한 모든 문제제기를 덮어버린 열등감의 역사를 윤리영향 평가의 장에서 다시 반복할 필요는 없을 것 같다. 영·미 등의 사례가 참고는 될 수 있을지 몰라도 '기준'이 될 수는 없다.

이 토론문에서는 간략하나마 그간의 국내논의를 소개하면서 발제자가 제안하는 '심층적 논의'에 폭과 깊이를 조금이나마 더하고자 한다.

1. 건강권에 관한 어떤 '심층적 논의'?

일단 그간 '황우석 사태' 이후 한국에서 이루어진 '여성의 시각'으로 본 토론회에서의 공통점은 강제배란제 투여와 난자채취가 난자제공 여성에게 고통과 후유증을 안기는 '건강권 침해'임을 강조한 것이다. 강제배란제 투여와 난자채취 시술이 수년 전부터 불임시술의 일환으로 행해지고, 2002 년경에 이미 '명문여대생'의 난자를 사들인다는 난자브로커의 존재가 이슈가 되기도 했지만, 강제배란과 난자채취 시술을 받는 여성의 건강이 문제된 것은 황우석 사태에 이르러서다.

실험용 난자제공과 관련하여 난자제공자의 건강과 인권이 문제가 되면서 제시된 대안은 다음으로 요약된다. '정보에 입각한 동의'(informed consent)라는 생명윤리법상 규정을 철저히 지키는 것과, 가능한 한 안전한 난자채취의 요구, 난자기증시의 기회비용 보상과 부작용에 대한 보상요구이다. 한편에서는—실현여부는 희박해 보이지만—난자와 배아의 채취와 보관과정을 국가가 센터를 세워 관리하고 통제해야 한다는 목소리까지 있다(민우회, 박재완의 법률제정안).

하지만 난자제공자의 건강권 내지 인권을 들어 난자채취 시술을 일단 중단하거나 아예 금지해야 한다는 목소리는 나오지 않았다. 민우회는 강제배란제 투여와 난자채취 시술이 난자제공 여성의 건강을 위협한다며 시술에 비판적 시각을 갖고는 있지만, 다른 여성의 난자나 강제배란 시술을 필요로 하는 불임부부의 '현실'을 인정할 수밖에 없다는 입장을 취한다.

이런 논의의 장에서 발제자가 제시한 것으로 새롭게 느껴졌던 것은 "채취과정에서 사용되는 여러 가지 약품들 … 의 부작용에 대한 연구도 제대로 이루어지고 있지 않았기 때문에 … 난자기증자에게 충분한 정보제공은 현재로서는 불가능하다"라며 "약품에 대한 장기연구가 수행되어 안전성평가가 이루어질 때까지 잠정적으로 체세포핵이식 연구를 미룰 것을 요구"

할 수도 있음을 지적한 것이다. 그리고 "줄기세포 연구자금의 일부가 이들 약품의 위험성 평가에도 배정될 수 있도록 해야 함"을 지적한 지점이다. 그러나 이런 요구들이 제도화된다고 해도 — 필자는 이런 약품에 대한 안전성평가가 시급히 시행되어야 한다고 생각하지만 — 불임시술시의 강제배란제를 투여와 난자채취까지 막을 수 있을지는 의문이다. 또한 어떤 이유를 들어 강제배란과 난자채취를 제도적으로 제한한다 해도 이미 난자에 대한 수요가 있는 이상 국내에서 충족되지 못한 수요는 법·제도적 제한이 덜한 지역을 찾아 국경을 넘는 시장을 형성하기 마련이다. 황우석 논문조작이 폭로될 즈음에 다시 이슈화되었던 '난자브로커' 사건을 보면 이미 일본 불임부부가 한국에서 난자를 사가는 시장이 형성되었음을 알 수 있다.

불임시술시 난자채취의 문제는 연구용 난자채취의 문제와 결코 분리되지 않는다. 오히려 황우석 사태가 잘 보여준 것은 불임클리닉이 번성하는 한국의 상황이 한국이 — 뻥으로나마 — '생명공학입국'을 외칠 수 있었던 조건이었다는 점이다. 이미 "체외수정으로 태어나는 전 세계 아이들 중 20%가 한국의 케이스이며 세계 잔여배아의 최소 반 이상이 한국에 있고 불임클리닉이 많다는, 배아연구가 활발할 수 있었던 조건들, 나아가 임신과 출산이 여성 자신이 선택할 문제라기보다는 부계혈통주의 내에서 '집안' 전체의 문제로 여긴다는 사실과 이와 결합된 '내 핏줄'에 대한 집착, 국가주도 불임시술의 역사가 보여주듯 여성의 신체에 의료적으로 침입하는 것을 심각하게 여기지 않는 문화, 난자매매 사건에서 볼 수 있는 여성의 빈곤화문제 … 이렇듯 한국의 불평등한 젠더체계와 취약한 여성인권의 역사라는 '비윤리'가 특정 과학지식 발달의 토대로 기능했다"(이승주, 《이대대학원신문》, 2006년 3월 8일)는 지적이 나왔다.

여성의 건강권에 대한 '심층적 논의'가 필요하다면 그것은 굳이 불임시술을 필요로 하는 기술-문화(technoculture)에 대한 질문에서부터 시작해야 할 것 같다. 발제자가 예로 드는 강제배란제 위험성평가 제도나 "일부 연구자들이 성숙된 난자가 아닌 미성숙 난자를 배양하는 기술을 개발하는 등 현재의 난자채취 방식의 대안을 모색"(Dennis, 2006)하는 것은 배아줄기세포 연구를 지속하기 위한 대안1)이지 여성의 건강과 인권에 대한 대

---

1) 발제자가 언급한 데니스(Carina Dennis)의 글을 보면 난자를 구할 수 있는 갖가지 기상천외한 방식(태아의 난소에서 미성숙난자를 꺼내 성숙시키려는 시도 등)이 개발되는 것은 윤리를 고려했다기보다는 실험용 난자가 '대량으

안이라고 할 수는 없다.

2. 여성연구자와 '대안적 연구'

토론자의 생각에는 인터넷에서 '익명'으로만 논문조작을 고발할 수 있었던 현실을 '한국과학의 미래를 밝히는 젊은 연구자들이 존재한다'는 식으로 정리할 수 있을지 의문이다. 발제자가 지적한 대로 '교수의 지시에 따라 데이터를 조작'할 수도 있겠지만 연구원간의 경쟁, 출세와 경력에 대한 개인의 고려 등으로 조작이 이루어지기도 한다. 실험실, 연구실의 권력관계는 단순히 '교수 대 학생'이라는 식으로 단순화되지 않는다.

연구실의 민주화라는 지난한 과제에 대한 토론은 일단 다른 분께 미루기로 하고, 발제자의 글에서 간단히 한 가지만 지적하고자 한다. 발제자는 "여성연구원이 난자기증자로 전락"하는 현실을 개선하기 위해 "올드보이 네트워크 해체를 강화하고 연구실에 더 많은 여성연구원이 진출할 수 있도록" 해야 한다고 논한다. 물론 교수직에 선출되거나 정규직 연구원으로 고용되는 기회를 남녀 평등하게 부여하는 것이 중요하다.

그러나 숫자상의 성비균형이나 여성연구원을 고려한 연구실 문화정착이 꼭 '여성친화적 기술'로 이어지는 것은 아니다. 그리고 구체적으로 어떤 여성에게 어떤 식으로 '친화적인' 기술인가? 다른 여성의 난자를 필요로 하는 불임여성에게, 아니면 경제적 문제나 경력상의 고려로 난자를 제공해야 하는 여성에게? 기술-문화의 여성주의적 비전을 만드는 것은 여성 '인권'에 대한 고려를 넘어서는 일이다. 생식세포를 이용한 재생산기술과 배아줄기세포 기술을 비롯한 생명공학이 가지는 전복적 가능성(아직 드러나지 않은 가능성이지만)은 그것이 기존의 인간, 기존의 가족, 기존의 여성 등의 범주를 해체한다는 데 있다. 난자라는 '생식' 세포가 예전과 다른 방식으로 몸의 안팎으로 이 몸에서 저 몸으로 명명(命名)되고 거래가 가능하게 되었다는 것은 어쩌면 여성에게 억압적이었던 기존의 가족, 친족의 명명 · 거래 구조를 완전히 뒤바꿀 가능성을 의미하는지도 모른다. 그것은 ─ 이미 어딘가 존재할지도 모르나 ─ 아직 드러나지 않은 가능성이긴 하지만.

로 필요하기 때문이다.

공통이익 보호, 민주언론 책임의 실패

황우석 사태를 통해 본 한국 저널리즘의 한계

전 규 찬 (한국예술종합학교 방송영상과 교수 · 언론학)

1. 민주주의 미완의 과제

조희연 교수는 이른바 '포스트-민주화' 시기에 '역설적으로 한국 민주주의가 어떤 과정에 놓여 있으며 그 대안적 발전전망은 무엇인가' 하는 물음을 던진다. 그에 따르면 민주주의는 '민의 자기통치'(*self-rule of people*)라는 정신 위에 존립하는, "하나의 주어진 정체(*polity*)의 구성원이 자신이 속한 사회의 정치적 의사결정 과정에 동등한 지위에서 참여토록 하는 제도"다(조희연, 2006). 그런데 근대 민족국가에서 민주주의는 이른바 대의민주주의로 형식화하고, 결국 '민과 민의 참여가 존재하지 않는 민주주의'(*democracy without Demos*)라는 딜레마를 낳는다고 지적한다. 이 내적 갈등은 "자신의 삶의 문제를 주체적으로 결정하고자 하는 민의 요구는 높아지고 민 스스로가 변화하면서 쟁점화되었다"라고 설명한다(조희연, 2006). 자기통치의 주체인 인·민이 민주주의라는 형식 속에서 여전히 주체적으로 삶의 문제를 결정할 수 없다는 사실, 자기통치와 자율관계를 욕망하지만 이를 실현할 조건을 갖추지

---

* 이 논문은 2006년 2월 23일 한국언론학회 《쟁점과 토론》에서 발표하고, 《신화의 추락, 국익의 유령 : 황우석, 〈PD수첩〉 그리고 한국의 저널리즘》(한나라, 2006)에 수록한 것을 수정·보완한 글입니다.

못한 사실, 바로 이것을 현대 대의민주주의의 자기모순으로 꼽는다.

사실 스피노자와 같은 철학자에게 민주주의는 우선 개인 '역능'(*potential*)의 자발적이고 주체적인 계발에서 출발해서, 둘째 집단적 행위의 토대를 구축하고, 셋째, 이를 기반으로 정치적 관계를 수립하며, 마지막 네 번째로, 권력의 예속으로부터 즉각적 해방을 실현하는 과정에 해당한다. 개인의 특이한 지적·실천적 역능과 이를 토대로 한 개방된 사회·집단적 관계의 형성, 자유롭고 평화로운 '공통된' 정치활동이 바로 민주주의다. 정치에 대한 공적 권리를 갖고 다중이 자유롭게 자신의 역능을 발휘하는 것이 민주주의인 것이다.

당연히 민주주의란 '국익'(*national interest*)의 일방적 강요와 거리가 멀다. 민주주의는 사회적 생산을 위해 협력하는, 창조와 발명·생산·주체적 특이성에 의해 재전유될 수 있는 일반적 이익, 즉 '공익'(公益, 共益 : *public, common interest*) 추구의 생체정치다. 민주주의의 위기란 커뮤니케이션 역능의 불구화 혹은 조작과 선전에 따른 자유의 통제, 그로 인한 인·민의 자기통치의 실패에 다름 아니다. 개인과 전체, 사익과 국익, 외부와 내부, 우리와 그들의 단순이분법을 고집하는, 횡단성의 관계가 끊어진 상태에서 발생하는 사고의 긴축상황이다. 이를 한국사회에 적용하면, 바흐친(M. Bakhtin)이 강조한 다성성과 대화주의, 카니발적 축제의 기쁨이 제거된 선전의 모놀로그가 지배하는 반민주·비자유의 시공간에 우리가 존재하고 있음을 뜻한다. 1987년 민주화 이후 민주주의 체제'[1]에 대한 새로운 비판적 평가다.

최장집도 민주화 이후 한국사회의 민주주의에 실망과 불신을 표하기는 마찬가지다. 그는 황우석 사태를 "민주주의가 퇴행할 때 어떤 사태가 벌어지는가를 잘 드러내는 징후적 사건"으로 정의한다. 그는 민족주의와 애국주의를 동원하고 "일종의 총화단결(*Gleichschaltung*)을 실현하는 듯한 유사 파시즘적 분위기를 연출"하는 주범으로 정권을 꼽는

---

1) FTA와 스크린쿼터 축소·폐지 압력과 맞물리면서 위기에 처한 한국 민주주의, 이와 맞물려 시급히 재구성해야 할 사회운동의 문제에 대해서는《문화과학》45호(2006년 봄)에 실린 심광현의 논문 "한국사회-운동의 문화정치적 쇄신을 위하여"를 참조.

다(최장집, 2006). 이와 더불어 정권과 일정하게 결탁한 '변형된' 개혁운동의 선을 비판한다. 사회학자로서 분명 탁견이지만, 아쉽게도 미디어와 저널리즘의 핵심이 빠졌다. 그의 책임은 아니지만, 현실을 보면 결코 간과할 수 없는 요소다. 사실 그는 민주주의를 "사회 내에 존재하는 갈등을 억압하거나 범죄화하는 대신 적대적 이익을 공식적인 대표의 체계 내에 포함하여 갈등을 제도화하는 정치적 과정을 가능케 하는 것, 그 갈등을 제도화할 수 있는 자원을 발굴할 수 있는 과정"으로 설명한다. 민주주의를 공적 영역을 통한 차이와 이견의 합리적 조절과 조절기능의 강화로 풀이하는 셈이다.

이렇게 보면 황우석 사태로 드러난 한국 민주주의의 위기란 다름 아닌 공적 영역의 실패, 이를 통한 합리적 커뮤니케이션의 실패, 이로 인한 다중의 역능 발휘의 궁극적 실패를 가리킨다. 합리적이고 공개적인 커뮤니케이션의 실패가 집단광기의 주범이다. '사이, 중간'(in, between), 즉 횡단적 관계의 소멸, 연대의 상실이라는 조건으로 '구성되고 또 그 조건을 구성하는'(constituted and constituent) 소외와 고립감, 불안감의 집단광기적 표출이 바로 파시즘이다(권명아, 2005). 요컨대 '유사 파시즘'적 체제의 배후에는 공적 영역과 미디어, 그 실천양식 중 하나인 저널리즘의 위기가 도사린다. 저널리즘의 실패에 따른 공적 영역 형성의 실패, 이에 따른 소통사회 실현의 실패가 바로 지금 우리가 목격하는 민주주의 실패의 내용이다.

이 '저널리즘-공적 영역-소통사회-민주주의'의 상호중첩된 실패는 다중 속에 잠재된 역능의 실패에서 출발해 역능 자체의 억압이나 '폭력'적 폭발과 왜곡된 표현을 낳는다. 삼성관련 X파일과 국가감시의 사건이 역능 자체의 억압에 해당하고, 신자유주의적 쌀개방에 따른 농민의 물리적 봉기가 역능의 '폭력'적 폭발에 속한다면, 황우석 사건 풀이 과정에서 드러난 대중 파시즘적 양상은 바로 역능의 왜곡된 표현으로 풀이할 수 있다.

황우석 사건에서 가장 눈길을 끄는 것은 '국가-자본-과학지식 생체권력'의 근친교배적 관계[2]와 다중의 왜곡된 집단행동이다. 이성적 사유와 합리적 소통이 부분적으로 존재해 지성적 문제해결과 희망의 단초를 제시했다고 볼 수 있지만, 상당수 인·민은 자율적 판단 대신에 신화에 몰두했다. 숫자로 표기된 '여론'에 매달리고, 적대감과 폭력에 의존했다. 황우석 사태는 대화적 소수성과 선전적 다수성, 개방된 민주주의와 통제된 전체주의 사이의 심대한 갈등, 즉 민주주의의 불안을 확실히 드러냈다. 또한 이로 인해 삶의 생산의 재발명이 긴급함을, 민주혁명이 진보정치의 핵심으로 남아있음을 확인할 수 있었다.

2. 조작 동원된 '파시즘의 대중심리'[3]

민주주의는 평등한 참여권리의 부여와 대중의 실질적 정치참여를 통한 '민중권력의 창출'을 내재해 어느 체제보다 민중적 요소를 많이 포함한다. 그러나 "참여하는 민중이 자각되고 이슈에 대한 계몽적 이

2) 지원국가(supportive state)와 달리 얼굴이 구체적으로 드러나지 않는, 그러면서도 신화와 사태의 생성에 핵심적인 자본의 문제는 이 논문에서는 초점을 맞추지 않지만 여전히 매우 중요하다. 황우석 교수와 정권의 재창출이라는 정치적 관점에 덧붙여 — 혹은 이와 연관하여 — 바이오산업과 황우석, 미즈메디와 자본의 보이지 않는 고리에 대한 실증적이고 이론적인 연구가 절실하다. '황우석의 정치경제학'에 대한 쉽지 않은 비판적 고찰의 필요성이다.

3) 파시즘의 문제를 정치경제적·사회정치적 조건뿐만 아니라 당시 대중의 이데올로기 '성격구조', '대중심리적 토대'의 차원에서 동시에 살펴볼 것을 강조한 라이히(W. Reich)의 저서 제목이다. 그에 따르면, 파시즘은 "일반적이고 국제적인 평범한 인간의 성격구조가 조직화되어 정치적으로 표현된 것"일 뿐이다. 파시즘은 "인간 사회의 모든 신체와 국가에 퍼진 현상"이며, "우리 시대 인간들의 기계론적이고 신비주의적인 성격이 파시스트당을 만든 것이지 그 반대는 아니다"(Reich, 2006 : 12). 황우석 사건과 관련해서 2005년 한국사회의 대중은 대체 어떤 일이 있기에 파시즘을 인식하거나 거부할 수도 없는지, 이런 성격의 구조화는 과연 어떤 역사적·사회적 상황에서 발생하는지 질문을 던지는 문제설정이 필요하다. 이 글에서 필자는 파시즘을 대중의 성격구조와 폭력적 집단행동 양식, 호명과 주체구성의 이데올로기, 이를 조장·방임·지원하는 미디어를 포함한 물리적 제도, 국가의 직·간접적 개입과 지원 등을 포괄하는 일종의 체계로 파악한다. 그래서 파시즘은 정치적인 것을 넘어 사회적인 것, 경제적인 것, 문화적인 것, 언론적인 것, 그리고 대중심리적인 것의 총합으로서 '파시즘 체계'가 된다. 파시즘은 대중심리뿐만 아니라 국가제도 속에, 미디어 담론 속에 함축된 것이다.

해를 갖지 않을 때, 그리고 이 참여를 통한 그들의 힘이 제도의 작동 원리에 대한 이해와 아울러 이를 합리적으로 운영하는 방법을 실천을 통해 습득하지 못할 때 민주주의 체제에 내재한 민중적 요소는 다른 종류의 엘리트 지배적 체제와 크게 다르지 않을 것이다"(최장집, 2006). 이번 황우석 사건을 통해 드러난 대중의 행동방식이 이러한 우려를 확인해 준다. 사건의 본질에 대한 정확한 이해, 이를 기초로 한 사회적 대화전개의 필요성 인정, 평화적 커뮤니케이션, 즉 언론에의 공개적 참여라는 민주의 조건을 대중은 저버렸다. 진리 대신에 음모와 의혹, 신화와 이데올로기에 매달리고, 타자와의 지적이고 개방된 소통보다는 일방적 '언론플레이', 즉 선전의 코드를 고집하며, 궁극적으로는 언어폭력으로 언론을 방해하는 '파시스트'적 모습을 보였다. 네그리(A. Negre)는 다중이 환원될 수 없는 특이성의 요소를 상실할 때, 즉 균질의 대중으로 합체될 때 언제든지 파시스트가 될 수 있다고 경고한다. 파시즘은 다중·대중과 결코 멀리 떨어져 있지 않다. '파시즘은 항상 역능의 부정, 공통된 존재로부터의 뺄셈'이다. 파시스트에 대한 네그리의 다음과 같은 묘사를 황우석 사태 동안 나타난 일부 대중의 행위방식과 비교해 보자.

> 각 파시스트는 다른 사람에 대한 증오를 부추기고, 세상의 악에 대한 처방으로 폭력을 신성화하며, 차이를 지워버리고, 과거의 세계질서를 찬양합니다. … 파시즘 — 모든 파시즘은 삶의 운동에 대항하여, 삶의 운동을 발명하는 즐겁고 다양한 방법에 대항하여 파괴적으로 대응합니다. 파시즘은 음산합니다. 그것은 저속함과 폭력의 지배입니다. 파시즘은 차이의 등장에 공포스럽게 반응합니다. 파시즘은 혼혈에 분개하며 성적인 의사(擬似) 정상성에 대한 대안적 경험에 소름끼쳐 합니다. 좌절, 위선, 폭력이 그 모든 것의 토대에 있습니다(Negri, 2006: 100~101).

대중은 황우석에 열광하고, 그의 '국민'적 영웅됨과 그가 실현할 '국익'을 집단으로 떠든다. 그에 대한 지적 비판, 언론적 견제의 시도에 흥분된 행동으로 반응한다. 〈PD수첩〉을 악마적인 것으로, 매국적인 것으로, 반민족적인 것으로 탄핵한다. 1%의 이견을 허락하지 않겠다는 전체주의적 결기다. '닫힌 사회'의 전형적 얼굴이다. 영웅숭배의 이런 대중적 욕망은 대체 어디에서 나온 것일까? 왜 대중은 스스로 완장을 차고 이단·이탈자의 발본색원에 나섰는가? 쉽게 답하기 어렵다. 섣부른 진단과 비난은 위험하다. 대중의 욕망 혹은 욕망하는 다중·대중에 대해 진지한 사회학적·문화연구적 조명이 절실하다. 이번 사태는 대중문화 연구를 텍스트가 아닌 삶 속에서 새롭게 행해야 할 필요성을 가르쳐준다.

분명 대중은 욕망한다. 욕망의 흐름은 1987년 민주화로 분출되고, 1990년대 이후 신자유주의에 의해 급속하게 계발되어 이 사회를 떠돈다. 계기가 제공될 때 이 욕망은 놀라운 열기로 폭발한다. '천 개의 고원'으로 융기한다. 2002년 '붉은악마'로 표출되던 집단 에네르기가 미선·효순 추모행렬, 노무현 정권의 탄생, 탄핵반대 촛불시위로 이어졌다. 그러다 바로 이렇게 〈PD수첩〉 제작자의 목숨을 위협하고 사생활을 감시하며 방송사의 광고를 떨어뜨릴 무시무시한 파시즘적 테러양태로 표현된다. 대중의 욕망은 생성적인 동시에 소모적이다. 진보적일 수 있지만, 동시에 수구적일 가능성도 분명히 존재한다. 세계시민적 잠재성과 민족·수구적 잠재성을 동시에 배태한다. 권력의 회로에 귀속할 가능성과 역능의 코드와 접속할 가능성을 함께 내장하고 있다. 전자와 후자를 별개로 보는 것은 오류다. 요컨대 욕망 에네르기는 다양하고 복잡하며 불예측적 속성을 지니며, 특정한 조건과 특정한 계기에 특정한 담론운동과 접속하여 특수한 얼굴로 나타난다. 그래서 문제는 파시스트적인 대중이 아니라, 이들을 생산하는, 이들의 행동과 담론을 구조화하는 복잡한 문맥, 그 수로화의 조건이다. 정치·경제·사회 등 거시적 조건을 반드시 분석해야 한다. 이에 덧붙여 언론학적 관점에서 보면 인터넷매체의 폭력의 잠재성, 감시·검열·훈육의 가능성을 성찰해야 한다.

황우석 사태는 인터넷이 권위적·체제적·억압적 기제로도 작동할 수 있다는, 선전과 신화의 채널이 될 수 있다는 사실을 보여준다. 대중인기주의에 영합하면서 동시에 이를 부추기는 포털의 문제, 이를 통

해 생산되는 무분별한 가짜 뉴스, 사이비기사의 문제는 학계와 운동진
영에서 반드시 짚고 넘어가야 한다. 4) 이와 함께 국가의 막강한 지원5)
과 여러 채널에서 막대한 자금을 받고, 촘촘히 구축한 네트워크의 교
묘한 활용을 무기로 한 '황우석팀'의 '조직적이고 체계적인 거짓말'을
무시할 수 없다. 온라인과 오프라인에서 동시에 이루어지는 언론플레
이는 오보와 설이 난무하게 하고, 흥분된 여론과 왜곡된 여론을 제조
하며, 규명되어야 할 진실의 실체를 혼란케 했다. 서울대 조사위원회
의 결정을 무력하게 만들고 사회적 일반지성의 판단력을 헷갈리게 만
들었다. 애국주의, 민족주의를 대중주의 통치전략의 중핵으로 취하는
국가가 이를 적극 방조하거나 지원하고 보호했다. 지성보다는 감성,
보편타당성보다는 국수적 애국심, 냉정한 사유보다는 열광된 행동에
몰입한 대중이 바로 이런 체계 속에서 만들어졌다. 진실의 규명, 상식
대면의 필요성에 대중은 '유아적 거부'(infantile refusal)라 이름 붙을 만
한 미성숙한 반응과 알레르기적 거부의 모습을 보였다. "과학적 전체
주의에서 미래는 선전이다"라는 비릴리오의 예단(Virilio, 2002)은 "과
학적 전체주의에서 선전은 현실이다"라는 말로 지금 당장 정확하게 실
현된다.

결국 '대중의 반역'이 나타나고, '진실'이라는 이름으로 진실을 억압
하는 폭력적 군중과 대중의 폭력이 생긴다. 아렌트(H. Arendt)는 "현

---

4) 최근 포털사이트 네이버가 확인한 극소수에 의한 리플의 조직적 글쓰기 현실
   은 이른바 '네티즌 여론'의 의미에 심각한 문제를 제기한다. 인터넷 공간의 민
   주적 가능성, 이를 통한 이른바 '쌍방향적'이고 익명적인 글쓰기의 정치적 가
   능성과 그로 인해 조직되는 '여론'의 사회적 타당성, 그리고 이를 수행하는
   '네티즌'의 시민주체적 역능성에 대해 문화연구와 언론학, 사회학자들이 더
   진지하게 관심을 기울여야 한다. 사이버 스페이스에 대한 기존의 자유주의적
   이거나 아나키적인 열호가 아닌, 구체적 진단과 성찰적 사유를 기초로 한 민
   주적 생성과 사회적 (재)구성의 개입노력이 필요하다는 것이다.

5) 황우석 사건에 대한 노 정권의 책임은 말 그대로 결정적이다. 황 교수를 국가
   적 영웅으로 제조하는 개입과정에서 시작해, 〈PD수첩〉의 문제제기를 '국익'
   위해사건으로 왜곡하면서 해결을 지연하고 모호하게 한 진실은폐 과정에서
   모두 그러하다. 그럼에도 불구하고 지금까지 어떤 분명한 사과와 책임표시가
   없는 것, 이에 대해 사회적 비판이 조직적으로 개진되지 않는 것은 심각한 문
   제로 남는다.

대사에는 실제의 적보다는 사실적 진리를 말하는 사람들이 훨씬 더 위험하고, 심지어는 더 적대적으로 느껴졌던 예로 가득 차 있다"라고 주장한다(Arendt, 2005 : 342). 황우석 사태 동안 대중이 진실을 규명하려는 욕망을 드러낸 사람과 집단에 가한 테러는 그 정확한 예가 된다. 이러한 파괴적 공포는 진실과 의견 혹은 의혹의 경계선을 허무는, 공적 영역을 장악한 황 교수팀과 지원국가·선전미디어 삼각동맹구조의 체계적 거짓말을 통해 강화된다.

자신의 의견에 대한 타자의 동의와 공유를 간청하는 설득과정이 폭력을 예방한다면, 설득과정이 구조적으로 배제된 상태는 테러의 천국으로 이어진다. 판단에 의한 사유의 확장, 공적 영역의 확보, 그리고 대화적 사회의 가능성은 판단하지 않으려는, 타자와 더불어 '공통적인 것'을 찾으려 하지 않는 대중에 의해 조직적으로 부정된다. 공적 영역으로 들어가 발언하는 언론자유와 자유언론의 용기가 이런 전체주의적 상황에서 결코 쉽지 않다. '자유가 출현할 수 있는 공적 영역' 자체가 이미 폭력적 선전으로 크게 훼손된 상태이기 때문이다. 결과는 불투명한 이데올로기, 신비주의 선전에 의한 사적인 삶과 정치권력의 합체, 공적 영역의 실질적 포섭으로 드러나는 유사 파시즘적 상황이다. 이런 상황의 중심에 '소통과 협력, 공통적인 것이 되고자 함'(become common)의 자격조건을 통해 구성되는 저항적 다중·인·민(Hardt & Negri, 2004 : 107)이 아닌, 구별되지 않는 동형(uniform)의 '국민'6)·대중이

---

6) 독일어 '스타트폴크'(statsavolk)를 직역한 일본어로, 막부시대 특정 번(藩)의 주민을 가리키는 말로 사용되다가 이후 근대화를 거치면서 전 일본인을 일컫는 말로 의미가 전이된다. 국내에는 '신민', '인민' 등과 더불어 근대인을 가리키는 개념으로 1895년 2월 고종이 발표한 '교육입국조서' 발표와 함께 자주 등장했다(이치석, 2005). '조서'가 그 이전 1890년 메이지 정부의 '교육칙어'를 그대로 본뜬 것이라는 점에 기초해, '국민' 용어의 번역적 이식과정도 쉽게 유추할 수 있다. '국민만들기'의 근대화 작업은 '충량(忠良)한 국민(國民)을 육성하는 것을 본의(本義)'로 한다는 1911년의 8월의 '제1차 조선교육령'을 거치면서 식민지조선 시대와 해방 이후로 계속된다. 중요한 것은 '국민'의 개념과 정체성, 담론에 내재한 전체로의 통일을 강조하는 파시즘적 심성과 기의다. 균질적 '국민'의 대당은 '비국민', 즉 '국민 아님'밖에 없기 때문에 '국민'이기를 거부하는 것은 비존재이거나 '스파이'라는 것을 선언하는 것과 다름없

존재한다.

막연한 신비주의나 미신에 매료된,[7] '국익'의 비합리적 기계론에 자신의 신념을 두고 이로써 애국적 '국민'의 정체성을 확인코자 하는 대중의 동형적 행위는 인터넷 '공동체'의 가입, '자발적' 난자증여 서약, 거리에서의 촛불시위 등으로 다양하게 나타난다. 이들 행동의 기저에는 인종적 민족주의, 권위적 가족주의, 종교적 신비주의의 요소가 공통적으로 깔려 있다. 지도자와의 동일시를 통해 자신의 자존심을 충족하고자 하는 '민족적 나르시시즘', 진리 때문에 신화가 해체될까 봐 두려워하는 집착증적 정신착란, 숭배하는 '영웅'의 헌신을 도덕률로 삼는 소부르주아의 마조히즘, 억압된 성적 욕망의 인공적 투사 혹은 '무의식적으로 작동하는 오르가즘에 대한 열망'과 같은 퇴행적 요소도 두드러진다. 그렇기 때문에 서울대 조사위원회가 확인한 진실에 대해서도 대중은 히스테리적으로 반항한다. 황 교수의 사법적 추락을 자신의 책임 또는 민족의 무능이라며 가학적으로 자책한다. 또한 가부장적 영웅에 대한 유대의 감정을 길에 진달래꽃을 까는 퍼포먼스를 통해 헌신적으로 드러낸다.

십자가를 짊어진 황우석과 이른바 '성스러운 어머니 여성',[8] 그리고

다. 내부제보자의 이름을 밝히라고 강요하고, 이를 위해 〈PD수첩〉 제작진의 개인 메일을 해킹한 것은 '국민'의 균질적 경계를 설정하고 그 바깥으로의 도주와 탈주를 '스파이짓'으로 규탄하는 '국민정치'의 전형적 사례다. 잡종화 자체를 거부하는 이런 균질적 국민론이 다름 아닌 파시즘의 언어이다.

7) 대중을 매료시킨 황 교수팀의 종교적 · 성(性)적 신비주의 전술에 대해 이를 비웃거나 이것에 분노하는 것으로는 충분하지 않다. 신비주의, 그와 연관된 비합리적 파시즘의 언어구조를 정확하게 드러내 해체하는 작업이 "신비적인 문장의 대중심리학적 영향을 알고 올바르게 평가"하는 일과 더불어 중요하다 (Reich, 2006 : 134).

8) 이번 사태는 젠더(gender)가 파시즘의 정치학에서 얼마나 중요한지를 잘 보여준다. 시민사회를 구조적으로 생략한 상태에서 만들어지는 '가족국가주의'는 '국민 전체의 이익'을 위한 여성의 역할을 가정지킴이로서의 '어머니'로 한정한다. 여성은 신성한 가국 재생산의 임무를 책임지는 무성적 존재이자 '성모'적 존재이며, 상위의 가부장적 지도자에 대한 하위 자식 · 자손의 충성스러운 유대를 잇는 핵심인물일 뿐이다. 여성 신체의 자본주의적 착취라는 윤리적 문제와 더불어 촛불시위 등을 통해 표현되는 가족주의와 모성신화가 파시

구원할 자식과 완성될 자손이 가족·가국의 삼위일체 고리를 완성한
다. 이를 시비하는 사람과 집단은 반가족, 비국민의 악마적 존재로서
외부로 자동 추방된다. 조직적 '악플'로 제조된 '네티즌 여론'으로 가차
없이 징계한다. '자신에게 속하지 않는 자들과의 공존을 원하지 않는'
대중이 '반대집단을 모두 진압하고 전멸시킨다'(Gasset, 2005 : 106).
진실규명을 주장하더라도, 실제로는 스스로 만들어낸 '의혹'의 자기예
언적 발설 수준에 그친다. 이처럼 소문에 숨어 진실에 테러를 가하는
대중은 용기 있는 모습과 거리가 멀다. 지도자의 환상으로 자신을 포
장하는 소심증이 두드러진다.

　다시 한 번 질문해 보자. 대중은 왜 진리발견과 사회보호의 주체적
역능을 발휘하기보다 권력을 위해 봉사하는 파시즘의 모습을 보였는
가? 사회·정치·경제적인 거시적 조건에 덧붙여, '황우석팀'의 효과
적 선전공작과 정권의 무책임한 기회주의, 인터넷 소통방식의 약점과
더불어 '지식인'의 문제를 지적하지 않을 수 없다. 대중을 계몽하는 전
통적 지식인이 아닌, 다중과 유기적으로 결합하여 그 속에서 대화하
고, 적절한 사유와 판단의 메뉴를 제공하며, 그럼으로써 공론의 문화
를 구성하는 교전(engagement)의 태도가 학계뿐만 아니라 진보적이고
비판적인 (시민)사회운동 진영 내부에 절대적으로 부족했다. 결국 대
안과 대항적 담론, 공통된 지식의 부재가 폭력적 대중을 출연시킨다.
다중이 주체적으로 자기 삶을 통치하는 데 필요한 이성적 역능, 비판
적 판단력의 부족이 선전 조작된 '여론'에 의한 공개된 언론의 억압,
즉 대의민주주의의 위기를 초래하는 것이다. 요컨대 파시즘적 대중심
리 속에서 확인되는 민주주의의 실패를 인·민의 탓으로 돌리는 것은
성급하다.

　주목해야 할 것은 현상 배후의 실체적 조건이다. 다중에게 민주정치
적 행위조건을 마련해 주기는커녕 오히려 이를 왜곡하고 통제하고 조
작하는 조건이다. 광기를 효과적으로 예방하고 견제·제어하지 못한

즘 체제의 작동에 깊이 연관되었음을 보여주는 이런 담론·표상·이데올로기
의 문제에 착안하는 급진 페미니즘 정치가 황우석 사태 동안 크게 부진했던
점은 많은 아쉬움으로 남는다.

지식인, 시민사회, 사회운동의 불구화된 현실이 문제다. 진리의 즐거움과 삶의 유쾌함과 일치하는 언어의 장을 대안적으로 발전시키지 못한 진실과 합리, 소통의 '진영'을 조직화하는 '전투적 태도'(militantism)로 임하지 못한 지식인과 학계, 시민사회는 황우석 사태의 바깥에 있지 않다. 오히려 사건의 내부에, 그 결정적 일부로 존재한다. 9)

3. 언론의 폐쇄, 미디어의 책임

지식인의 문제와 연관된 것으로 미디어와 기자사회, 저널리즘도 사회적 커뮤니케이션의 일차적 구성요소로서 황우석 사태에 책임이 크다. 미디어는 지적 · 대안적 · 비판적 담론을 거의 생성하지 못했고, 거꾸로 권력과 신화, 선전의 도구로 전락했다. 심층적 논의와 개방된 소통 대신에 표피적 의혹과 일방적 풍문의 전달창구로 기능했다. 자발적 탐사취재 대신에 제공된 정보를 수집하고 유포하기 바빴다. 한마디로 판단자가 아닌 관여자로서 미디어가 사태의 비합리적 전개를 주도한 꼴이었다.

방송과 신문의 차이가 없었다. 조 · 중 · 동과 KBS, SBS, YTN의 모습이 별반 다르지 않다. 물론 사건을 최초로 터뜨려 의제화한 〈PD수첩〉의 탐사 저널리즘적 의미, 그리고 기자정신의 표본을 보인 강양구 기자와 《프레시안》의 언론 · 정치적 의의는 분명하게 평가해야 한다. 마찬가지로 중도적 성향을 취하는 《한국일보》의 사실에 입각한 접근과 진실에 근거한 성찰의 태도, 충분히 만족할 정도로 주도적이지는 못했지만 그래도 실재하는 반담론의 반영에 일정한 노력을 기울인 《한겨레》의 활동은 황우석팀과 더불어 '파시즘의 대중심리'를 추종 · 조장하는 데 급급했던 보수 일간지들과 확연하게 구분된다. 그럼에도 불구

---

9) 진보적 지식인의 무력증과 관련해서는 필자가 인터넷 민중언론 《참세상》 12월 17일자에 실린 인터뷰 "지식인은 대체 뭐하는 작자들인가?" 참조. 《참세상》은 황우석 사태를 진보적 시각에서 살펴볼 뿐만 아니라, 사태에 적극 개입하지 못한 진보정치의 문제점도 집중적으로 다루었다.

하고 가령 MBC가 여타 방송사보다 나았다는, 혹은 방송이 신문보다 잘했다는 식의 평가는 옳지 않다. 이번 사태는 사회 전반적 경향을 반영한 방송의 보수이념화를 확연하게 드러냈다. 따라서 조·중·동이 아닌 매체 전반의 주류포섭적 흐름에 주목하고 이에 걸맞은 운동과 분석전략을 재구성해야 할 중대한 과제를 남겼다.

사실 미디어, 특히 보수 일간지들에 의한 신화창조의 과정은 〈PD수첩〉 방송이 있기 훨씬 전부터 이루어졌다. '고난과 역경을 이겨내고 세계 최고의 과학자로 우뚝 선' 황 교수의 감동적인 이야기, "자랑스러운 한국인으로서 오직 국가의 영광과 민족의 미래를 위해 분투하는 과학자가 되겠다"라는 황 교수의 약속이 오랫동안 신문과 방송을 도배했다. 신비주의 신화는 결코 일회적 작업이 아닌, 파편적으로 보이는 이미지와 이야기들의 장기간의 축적을 통해 비로소 강력한 효과를 얻는다. 물론 황우석 교수가 삶에 대한 인간의 본능적 욕망, 특히 '새 생명'에 대한 환자와 장애인들의 의지를 부추기며 미디어를 활용한 전략은 말 그대로 탁월했다. 그렇다고 미디어가 부차적 기능만 맡은 것은 결코 아니다. 오히려 황 교수와 미디어가 신화체제의 일부로 합작하여 생명과학의 숭고한 내러티브, 생명부활의 거룩한 스펙터클을 지속적으로 연출했다고 보는 것이 옳다. 10) 이러한 과정을 통해 황 교수 주변에 축성된 신성한 아우라(aura)는 대중의 삶과 생명의 표면에 감각적으로 새겨졌다. 그리하여 탄생한 절대적 '생체권력'은 무소불위의 위력을 정계와 경제계, 지식계, 언론계에 떨쳤다. 이제는 황 교수가 움직이는 게 아니라, 바로 이 생체권력을 재생산하는 담론기계, 신화기계, 이미지기계가 작동한다. 방송과 신문은 그 구체적이고 물리적인 기제로서, 뉴스뿐만 아니라 교양 장르, 오락 프로그램을 통해 신화와 신화의 욕망을 제조한다. 11) 〈PD수첩〉의 비판을 '우리' 자신에 대한 악의

10) 〈PD수첩〉이 취재를 시작한 2005년 6월에도 《매일경제》는 과학기술부 차장 등 여섯 명의 기자를 저자로 《세상을 바꾸는 과학자 황우석》이라는 책을 내놓는다. 황 교수를 '온 인류의 희망'으로 칭송하는 이 책은 '황 교수에게 이런 인간적인 면이 있구나' 하는 새로운 사실을 알려줄 목적으로 썼다고 밝혔다. 이는 신화와 이야기, 저널리즘의 경계가 모호함을 정확히 드러낸다. 실제 자서전적 이야기는 일간지의 뉴스로도 스며들어 논픽션의 픽션화를 가져온다.

적 공세로 접수하는 의미왜곡의 결정적 기관으로 작동한다.

한학수 PD가 조작에 대한 비판을 실재화(*actualization*) 했을 때도 대부분의 미디어는 파편적 사실, 더 정확히 말해 황우석팀이 제공하는 '사실의 주장'을 좇는 데 급급했다. 정보를 믿고 알고 싶어하는 대중의 급한 욕구와 당장의 호기심에 부합하는 안전한 길을 택하면서 진실이라는 핵심표적을 비켜갔다. 스스로 취재하고 탐사하려 노력하는 대신 황우석팀의 일방적 정보와 스스로가 유포한 대중의 '의혹'과 가공된 '여론'을 진실 문제(시)화(*problematization*)의 근거로 댄다. 이는 검증과 대결, 발굴의 저널리즘적 본령과 한참 거리가 먼 태도다. 결과는 고도의 선정주의로 나타난다. 복잡한 '사실'의 표면으로 본질을 은폐하는 것이다. 제공된 사실과 진실의 뒤바뀐 위치, 물구나무서기다. 황 교수는 불구화된 '우리'를 일으켜 세울 성인으로, 그의 작업은 미국과 일본 등 '그들'로부터 '우리'를 지켜줄 국가와 국익, 민족의 비전으로 변한다. 다음의 《중앙일보》 의학전문기자의 기사는 고도의 추상적 이념으로 자본, 권력, 비리의 구체성을 지워버린 비지성적이고 반언론적인 수사의 일단에 불과하다.

> 사면초가의 위기다. 하지만 줄기세포 연구는 반만 년 이래 한민족이 인류에 기여할 수 있는 최초의 기회다. 우리가 뿌린 씨앗인데 남에게 열매를 빼앗길 수 없다. 먼저 분열된 국론을 통일해야 한다. 지금은 윤리적 비판보다 연구진에 대한 격려가 우선이다. 생명윤리는 보완되어야 하지만 교각살우(矯角殺牛) 는 곤란하기 때문이다. 그들에게 다시 기회를 줘야 한다. 난자기증운동을 통해 겨우 16명의 여성으로부터 난자를 채취한 사실까지 의심의 잣대로 들여다보는 선진국 언론을 머쓱하게 만들어야 한다. 황 교수팀은 연구에 더욱 매진해 난치병을 하루빨리 정복해 주길 바란다. 그것만이 자중지란으로 땅에 떨어진 한국의 위상을 회복하는 길이다(《중앙일보》, 2005).

---

11) KBS 〈열린음악회〉에 출연해 한 장애인 가수를 다음다음 회에는 꼭 걷게 만들겠다는 황 교수의 약속은 프로그램의 신화적이고 '국민' 통합 이데올로기적인 특징과 결합하면서 황당한 개인적 거짓말이 아닌 전체를 위한 그리스도적 구원으로 성화된다.

지적인 담론, 진실의 사유, 합리적 판단의 사회적 소통을 봉쇄하는 반언론적 미디어 담론은 취약한 공적 영역을 더욱 위협한다. 소통공간의 포섭, 시민사회의 소실을 조장한다. 이는 진실을 발견하는 행위가 가능한 공적 공간, 즉 '정치적인 것 = 민주적인 것'의 소멸현상을 의미한다. 하버마스식 '합의적 소통적 정치'(*consensual communicative politics*)라기보다는, 아렌트가 말한 '더 경쟁적인 수행적 정치'(*a more agonistic performative politics*)의 잠정폐쇄다. 12)

'민족'과 '국익', '애국'을 내세운 방송과 신문의 구별 없는 대중주의는 학술적 작업의 투명성을 어긴 황 교수팀의 비도덕성과 여성난자 착취에 대한 너무나 당연한 윤리적 비판을 무화하면서, 의견의 차이 대신에 여론의 통일을 집단 도덕화한다. '국익'의 담론이 '구원'이라는 유사 종교주의와 결합하여 신비주의가 연출되고, 궁극적으로 파시즘의 심리가 대중적으로 강화된다. 황 교수가 바로 '우리'라는 신비화에 의해, 그가 '민족'의 카리스마적 구세주라는 지극히 남성주의적인 판타지에 의해 합리적이고 민주적인 사유는 강제로 철거되고 구속당한다. 결국 '영웅의 숭배, 소통의 실패' 상태가 오랫동안 지속된다. '신화의 작동, 발언의 후퇴' 상황이다(전규찬, 2005). 현세적 국가주의와 내세적 신비주의의 결합에 의해, 그리고 '보통사람들'을 호출한 도구적 이성과 목적 합리성의 작동에 의해 언론봉쇄와 여론검열의 계엄사회가 일시적으로 수립되는 것이다.

> … 대다수 '보통사람들'은 당혹스러웠다. "도대체 MBC가 저렇게 황 교수를 깎아내려서 얻는 것이 무엇인가?", "모처럼 세계적 과학자로

---

12) 하버마스는 아렌트의 판단이론이 자신의 소통행위이론보다 약 10여 년 앞선 선구적 이론이라고 인정한 바 있다. 소통과 공론이라는 공통의 지반에 서 있지만, 하버마스가 공통성에 기초한 합의도출에 주목한다면, 아렌트는 표현의 경쟁적(*agonal*) 차별성에 방점을 찍는다. 황우석 사건은 한국사회 내 공적 영역의 체계적 부재함과 함께 '여론'에 기초한 대중적 합의모델의 위험성을 드러냈다. 공적 영역을 경합하는 다중의 의견과 이견의 경합적 표현장, 즉 정치적 집단행동의 공간으로 재구성할 중대한 이론적·운동적 과제를 남긴 것이다. 양자의 가깝고도 먼 이론구조에 대해서는 김선욱(2002), 《한나 아렌트 정치판단 이론 : 우리 시대의 소통과 정치윤리》, 서울 : 푸른숲 참조.

발돋움하는 황 교수에 대한 우리의 자부심이 그렇게도 못마땅하단 말
인가?", "연구성과 자체가 의도적으로 조작된 것이라면 당연히 규탄되
어야 하지만 과정상에 실수나 문제가 있었다면 그것을 교정하는 선에
서 지적하는 애정을 보여줄 수는 없는 것인가?" 보통사람들의 의구심
은 '황우석 죽이기'와 'PD수첩 옹호론자'의 진짜 의도는 무엇이며 그들
끼리의 어떤 의견통일 같은 것은 없는 것이냐에 쏠려 있다. 세계적 기
준에서 볼 때 좌파의 이념성향은 일반적으로 지구환경, 낙태, 사형제
도, 빈부문제, 노조운동, 학생운동, 생명윤리 분야에서 두드러진다.
한국의 좌파도 그런 성향에 치우쳐 있으면서 유독 반(反)서울대, 반
강남, 반기득권, 반재벌, 반미에 강한 면을 보여왔다. 한국의 좌파
운동에는 '민족끼리'가 강하며 친북(親北)도 그 줄기를 타고 있다. …
(중략) … 황 교수에 대해 작은 애정을 지닌 대다수 보통사람(네티즌)
들은 어쩌면 지난번 선거에서 개발독재와 전체주의를 거부하고 이 정
권을 탄생시킨 주역들인지도 모른다. 〈PD수첩〉이 협박수단을 동원해
가면서까지 황 교수 연구업적을 깎아내리려는 것에 분노하는 '보통마
음'들은 한국의 축구에서 자존심을 되찾으려 광화문을 물들였던 '붉은
악마'들의 바로 그 '마음'이었을 것이다. 13)

'보통사람들'인 '우리'의 순수한 '마음'에 대한 '좌파', '그들'의 의식적
공세로 풀이하는 보도의 전체 틀은 사회적 합의로 구성된 서울대 조사
위원회가 결과를 발표한 직후에도 크게 다르지 않다. 물론, 사설과 칼
럼을 통해 분명한 반성이나 유감의 뉘앙스를 풍긴 것도 사실이다. "언
론이 군중선동의 도구로 타락할 때 민주주의가 지탱될 수 있겠는가?"
라면서 기본으로 돌아갈 것을 주장한 2006년 1월 3일자《동아일보》
윤평중 교수의 시론 "다시 기본을 생각하며"가 대표적이다. 그러나 이
런 것들의 대부분이 자신의 책임 대신에 모호한 전체의 책임론을 내세
우며, 구체적이고 분명한 '책임' 대신에 관념적 '성찰'을 강조한다.
MBC와 여타 방송사 간 갈등의 프레임(frame)을 비롯해 시기별, 방송

13) 김대중(2005),《조선일보》, "보통 사람들에 대한 마녀사냥", 12월 5일. 동일
    시를 통해 대중을 호명·동원하는 우익 파시즘 대중주의 정치를 징후적으로
    드러낸 일종의 사건적 칼럼이다. 정도는 약하지만 조·중·동뿐만 아니라
    YTN을 포함한 방송뉴스에서 '보통사람들'의 이야기는 끊임없이 반복된다.

사와 신문사별 변화는 분명 있지만, 미디어 전체적으로 봤을 때 개선의 변화는 크지 않았다. 14) 사태를 종결하기보다는 계속해서 '논란거리'를 남기고 '의혹'으로 지연시킨다. 검찰조사가 시작되고 법적인 제재가 검토되면서, 혼란은 더욱 심해진다. 추측성 보도와 과장보도, 오보가 난무한다. 인기와 흥미, 호기심에 영합하는 위험한 '대중주의15) 저널리즘'(*populist journalism*) 이 더욱 기승을 떨친다. 16) 진실은 철저하

14) 이 시점을 기준으로 한 미디어 보도태도에 대해서는 수 차례 분석작업이 이루어졌기 때문에 이 논문에서 다시 반복할 필요는 없어보인다. 앞서 언급한 2005년 12월 1일 토론회의 양문석 박사의 "황우석 교수 관련 언론의 보도태도 분"을 비롯해서, 12월 13일 한국언론재단·한국언론정보학회 주최 〈황우석 신도롬과 PD수첩, 그리고 언론보도의 문제〉, 2006년 1월 24일에 있은 한국방송프로듀서연합회·한국기자협회·전국언론노조 주최 토론회 〈황우석 사태와 탐사저널리즘을 바라보는 시각〉이 있었다. 그리고 지난 2월 14일에 있었던 한국방송학회·한국언론재단의 세미나 〈황우석 사태와 언론보도, 무엇이 문제인가?〉도 참조할 수 있겠다. 마지막 세미나에서 반현 교수와 최영재 교수가 방송과 신문을 분석한 것은 실증적 데이터에 기초했다는 점에서 의미가 크다.

15) 대중주의(*populism*) 라는 개념의 정의는 매우 다양하다. 필자는 정치학자 캐너번(M. Carnovan) 이 구분한 "선(*virtue*) 은 절대 다수인 보통사람들 속에, 그들의 전통 속에 있다는 핵심전제에 기반한 주의나 운동", "인민의 뜻이 다른 모든 것에 비해 절대적으로 우월하다는 주창"으로서의 대중주의 정의를 지지한다(Laclau, 2005 : 5 재인용). 라클라우는 *On Populist Reason*에서 대중주의를 '추악'(*denigrated*) 하고 '일탈적'(*aberrant*) 인 것으로 간주하는 본질주의적 접근에 반대를 표한다. '민중'은 성격이 미리 결정되지 않은, 일종의 텅 비고 부유하는 기표이며, 따라서 대중주의라는 것도 결국은 불확정적 헤게모니 과정의 효과라는 것이다. 일정부분 그의 주장에 동의하지만, 합리적 판단에 필수적인 정확한 정보와 지식의 제공 없이 표집된 '네티즌 여론'을 진실이나 진실보다 우월한 '선'으로 일방 선언하는 방송과 신문의 퇴행적 행태를 지시하고 그러한 기의를 담아낼 개념어로서 '대중주의'는 여전히 유효해 보인다. 확실한 것은 대중주의가 저널리즘적인 관용어 이상의 이론적·정치적 개념이라는 사실이다.

16) 이와 관련해 이번 황우석 사태 동안 예외적으로 공개적·이성적 소통가능성을 보인 브릭(BRIC) 에서 대안과 대항의 담론생산 주체로서의 잠재성을 확인한 청년과학자들도 '대중을 의식한 흥미위주, 자극적인 과학기사 작성'(46%) 과 '여론의 흐름에 편승하는 언론의 행보'(25%) 를 황우석 관련 저널리즘의 가장 큰 문제로 꼽는다(http://www.hani.co.kr/popups/print.hani?ksn=96076).

게 유기된다.

네그리는 진리의 유일한 기준, 즉 진리에 도달할 수 있게 하는 것으로 '행동'을 꼽는다. 언어적 행동과 검증, 대결이라는 "함께 싸우고 스스로를 변혁하는 존재들의 집합적 행위" 없이 진리는 획득할 수 없다 (Negri, 2006 : 45). 방송과 신문은 서울대 위원회가 진실에 대한 공식 결론을 내놓을 때조차 이를 비합법화하고 진실을 더욱 모호하게 했다. 슬그머니 진실의 불가지론을 유포하고, 진리의 다면주의라는 궤변을 늘어놓았다. 진실 대면을 멀리한 자신의 책임을 상황의 탓으로 돌리면서 교묘히 스스로에게 면죄부를 주는 것이다.

한마디로 말해, 막바지에 이른 황우석 사건은 방송과 신문의 사건이다. 기회주의적 미디어의 사태이자 신화기계적 저널리즘의 사태다. 총체적 무능을 드러낸 한국 저널리즘 때문에 비롯된 불행이면서, 저널리즘의 정당성 위기를 더욱 심화한 결정적 계기가 되었다. "황우석 사건은 한국 언론사의 오점"이라는 김영석 언론학회장의 지적이 이를 잘 요약한다. 실패한 저널리즘의 효과는 매우 막대하다. 그 효과는 위험할 수밖에 없는 진실의 회피와 소통의 단절, 선전의 난무에 그치지 않는다. 그로 인한 자본 · 국가 · 이념 권력의 재생, 민족 · 국익 · 애국 신화의 강화에 멈추지 않는다. 실패한 저널리즘은 공적 영역의 체계적 폐쇄를 가져오며, 결국 민주주의 후퇴라는 비극을 초래한다. 다중역능의 조직적 억압과 체계적 왜곡으로 지금 모두 체험하고 있는 섬뜩한 (유사) 파시즘의 반민주적 현실을 만든다.

이렇게 보면 황우석 사건을 정리한다는 것은 미디어의 문제, 저널리즘의 문제를 정리한다는 뜻이 된다. 저널리즘에 부여한 언론매개와 여론대의의 역할에 대한 근원적인 의심을, 기자와 저널리스트가 점유한 '전문가'적 지위에 대한 추궁을, 마지막으로 이들이 내놓는 부실한 뉴스와 기사에 기초한 소통과 판단양식에 대한 회의의 작업을 시작해야 한다. 이를 위해 무엇보다 시급한 것은, KBS를 비롯한 방송을 조 · 중 · 동과 같은 신문보다 의미 있게 평가하는 잘못된 관습을 바꾸고 새로운 잣대를 제시하는 일이다. 이에 앞서, 이번 사태에서 또 다른 논란의 축이 된 이른바 기자저널리즘과 PD저널리즘 구분의 뿌리 깊은 고정관념에 대해서도 심각하게 사유할 필요가 있다.

학술적이고 이론적인 담론의 개입으로 이념성의 PD저널리즘과 사실성의 기자저널리즘이라는 한국방송 특유의 이분법적 체계가 자리잡았다. 기자저널리즘이 짧은 호흡으로 승부한다면, PD저널리즘은 상대적으로 긴 호흡의 작업이라는 설명이다 (고희일, 2005). 전자가 논리적 소구를 주된 내용전달의 양식으로 한다면, 후자에서는 감성적 소구가 일차적이다. 전자가 원고 중심, 전능적 시각과 새로운 소재를 특징으로 한다면, 후자는 현장영상 중심, 자기 반영성과 새로운 시각을 강조한다.

원용진은 기자저널리즘을 '과학적' 태도를 지닌 장르로, PD저널리즘을 '문예적' 태도를 지닌 장르로 구분한다. '두 저널리즘'이 조직문화와 제작관행, 프로그램 인식 등 이른바 '무대 뒤'에서도 뚜렷한 인식차이를 보인다고 설명한다. PD저널리즘이 사회정의, 개성강조, 출입처 무관, 총체성 강조, 자기정체성, 개인 중심의 특징을 지니는 반면, 기자저널리즘은 균형객관성과 조직강조, 출입처 의존, 분업강조, 익명성, 체제 중심의 특성을 지니는 것으로 파악한다 (원용진, 2005). 보수언론 학자들도 방송저널리즘을 두 하위 장르(sub genres)로 구분하면서 PD저널리즘을 편향적 '주창저널리즘'으로 평가한다.

'정보전달'(기자) 저널리즘은 객관성과 사실성에 충실하므로 뉴스가 무미건조할 수 있다. 그러나 PD들이 제작하는 탐사프로그램은 흥미, 즐거움, 통쾌함 그리고 정의감 등을 극적으로 표현하는 스토리를 꾸미는 과정을 거치므로 강조와 과장을 동반하는 경우도 있다. … 기자들은 뉴스프로그램 시청자를 합리적이고 냉철한 시민으로 간주하며 다양한 사실 및 의견정보를 접한 후에 이성적으로 판단하고 성찰할 것으로 본다. 반면 PD들은 시청자들이 강한 시각적 이미지를 동반한 극적 이야기를 듣고 흥분, 긴장, 감동을 느끼면서 이야기 속으로 빠져들어 제작진의 도덕적 판단에 호응하고 공감해야 한다고 본다. … 기자는 보편적 저널리즘 원칙을 따르므로 누가 뉴스를 제작하는지에 따라 그 내용이 변하지 않는다. 전문직 언론인이라면 누구라도 동일한 절차와 방식에 따라 뉴스를 제작할 것이기 때문이다. 하지만 PD는 가치관과

작가정신을 작품에 불어넣어야 한다는 의식과 의지를 가지고 제작하므로 누가 만드는지가 중요하게 작용한다(윤영철, 2004 : 93~95).

황우석 사태와 관련하여 〈PD수첩〉, 그리고 PD저널리즘 전반에 대한 수구매체와 보수적 언론학자들을 중심으로 한 논의도 바로 이 장르 구분을 기초로 이루어졌다. 김선종 연구원을 취재할 당시의 윤리위반 때문에 〈PD수첩〉은 엄청난 압박과 비난, 테러에 시달렸다. 《중앙일보》 등 보수 일간지들은 학자들을 동원해 〈PD수첩〉뿐만 아니라 PD저널리즘 자체를 맹비난했다. 〈PD수첩〉의 취재윤리 위반은 이념·정치적이고, 개인·주관적이며 감성·문예적인 PD저널리즘의 고질적 병폐를 드러낸 증거라는 해석이 줄을 이었다. 권력을 비판하고 신화에 맞서고자 하는 의지만 앞서는, 객관적 사실보도라는 저널리즘의 기본을 망실한 것으로 보인 〈PD수첩〉과 PD저널리즘에 대한 문제화였다. 황우석 사태는 〈PD수첩〉 사태로, PD저널리즘 사태로 치환되었다.

이러한 비난은 〈PD수첩〉의 윤리문제를 지나치게 과장한 점에서 치명적 한계를 갖는다. 아울러 황우석 사태와 관련해 기자저널리즘이 보인 이념·정치적, 주관적·극적 측면을 은폐하는 오류를 낳는다. 과학의 문제에 관해 YTN와 TV 3사의 기자저널리즘은 전혀 '과학적'이지 못한 태도를 보였다. 황 교수의 입원사실을 떠벌리는 KBS나 '죽이러 왔다'는 말로 협박했다고 보도한 YTN은 '문예적' 뉴스의 압권이었다. 황 교수의 기자회견 중계는 저널리즘이라는 이름 자체를 붙이기 민망한 일종의 쇼이자, 드라마이자, 코미디였다. 사실의 전달을 빙자한 신화의 연출이었다.

〈PD수첩〉이 드러낸 취재윤리적 약점을 주관적 문예저널리즘의 구조적 한계로 풀이한 것은 이번 사태로 확인된 전혀 과학적이지 않은 선전과 동원의 기자저널리즘을 '객관적 사실보도'라고 고집하는 것만큼이나 위험하다. 〈PD수첩〉은 PD저널리즘이 아닌, 저널리즘으로서 부분적인 한계에도 불구하고 승리한 것이다. 권력에 맞서는 대신에 권력과 함께하고, 성역을 깨는 대신에 그 안에 머물며, 신화와 이데올로기를 극복하는 대신에 재생하기 바빴던 KBS 〈시사중심〉과 같은 프로그

램은 PD저널리즘이 아닌, 저널리즘으로서 총체적으로 실패한 것이다. 17)

　PD저널리즘이 기자저널리즘에 비해 장르적으로 우월하다는 평가는 그 반대 경우와 마찬가지로 가당치 않다. PD저널리즘과 기자저널리즘은 차이만큼이나 많은 공통점을 지닌다. '저널리즘'으로서 예상보다 훨씬 많은 부분이 중첩된다. 두 저널리즘의 조우와 상생 필요성을 강조하면서, 원용진은 이를 위해서라도 "아비투스의 차이는 차이 그 자체로 인식할 필요가 있다"라고 결론내렸다(원용진, 2005). 그러나 더욱 시급한 것은 이념적 PD저널리즘 대 사실적 기자저널리즘, 혹은 진보적 PD저널리즘 대 보수적 기자저널리즘이라는 고정관념을 해체하는 일이다.

---

17) 전용길 PD는 CBS 라디오 〈시사자키 오늘과 내일〉과의 인터뷰에서 끊임없이 '우리', '국민', '네티즌'을 호명했다. 그는 "국민의 70~80%는 혼란을 느끼면서 무엇이 진실인지 잘 모르겠다고 호소하고, 서울대 조사위 최종조사 발표에 대한 국민의 신뢰가 30%에 불과하며, 왜 70%의 국민이 '황 교수에게 잘못과 책임은 있어도 연구재연의 기회가 주어져야 한다'라는 의문을 갖는 것일까"라는 질문을 이른바 '팩트주의'를 넘어선 '더 큰 진실' 규명의 출발점으로 삼았다. 이는 바로 판단의 혼란을 가져온 언론플레이와 공작의 문제, 그리고 이에 휘둘리고 더욱 심각하게 공모한 KBS를 포함한 미디어의 문제, 저널리즘의 문제를 무시하는 것이다. 다음과 같이 '우리'를 자책하는 내용은 실제 프로그램에서도 '어리석음'에 대한 심각한 훈계로 표출된다. "황 교수에게 한 수 배운 뉴캐슬대학의 스토이코비치 교수가 스페인 정부로부터 2,300억 원의 지원을 받고 스페인으로 스카웃되었다는 보도가 있었다. 그런데 우리는 그 스토이코비치의 사부인 황 교수를 내동댕이치고 인간사기꾼으로 몰고 있지 않은가! 윤리와 도덕이라는 잣대로 말이다. 물론 윤리와 도덕은 과학자에게 매우 중요하다. 그래서 황 교수가 윤리와 도덕을 어겼다면 그에 합당한 책임을 물으면 되는 것이 아닌가. 온 나라와 언론이 동원되어 무엇을 하고 있는 것인가. 미국, 영국, 프랑스 등 그들이 보기에 우리는 얼마나 어리석은가?"(전용길, 2006일). 여기에서 '우리'와 '그들'의 전형적인 이분법의 수사학이 눈에 띈다. 아울러 흥미로운 것은, 네이버와 야후를 검색해 봐도 전 PD가 주장한 스토이코비치 교수 스카웃 관련기사는 과학기술부의 정보에 상당부분 의존한 YTN 김진두 기자의 짧은 기사 단 한 건뿐이라는 것이다.

4. 저널리즘 윤리회복의 일곱 가지 조건

미디어의 윤리와 정치철학, PD·기자 저널리즘을 구분하지 않는 민주적 저널리즘의 일반원칙이 필요하다. 윤리와 정치경제학, 칸트 비판과 맑스 비판 사이의 코드 변환(transcoding)으로서 '트랜스크리틱'(transcritique)이다.[18] 우선 저널리즘 윤리회복의 첫 번째 조건으로 다성적 저널리즘(polyphonic journalism)의 원칙을 제안한다. 이것은 민주주의의 위기에 대한 정확한 인식을 기초로 다중의 역능발휘에 생산적으로 기여하고, 신자유주의 국가자본 권력에 의한 공적 영역의 실질적 포섭에 맞서는 사회적 커뮤니케이션으로서의 작동이다. ① 이성적이고 공개적인 소통·언론·여론의 공간으로 작동하고, ② 다중이 다양한 목소리로 정치실천에 참여토록 격려하며, ③ 그럼으로써 민주주의를 일상적 언어과정으로 실현하는 것이 핵심이다. 이를 토대로 다중의 분자적(molecular) 활동, 창조, 해방에 기여하는 다성적 저널리즘, 반대로 몰적(molar) 규합과 통제, 동원에 협력하는 전체적 저널리즘의 새로운 구분이 이루어져야 한다. 위기에 처한 한국 민주주의의 현실에 비춰볼 때 매우 필요한 구분방식이다. 다성적 저널리즘은 국가, 자본, 신화와 이데올로기, 생체권력 등의 권력에 저항한다. 그러므로 다성적 리얼리즘은 반권력적이다. 투명하고 보편적이며, 전 세계시민적이다. 논리적이고 과학적이며 또한 비판적이다. 총체적이며 대화적이다.

두 번째, 지적 저널리즘(intelligent journalism)의 원칙이다. 지적 저널리즘은 다중이 자신의 역능을 제대로 발휘할 수 있도록 정확한 정보와 입체적 지식을 제공한다. 그럼으로써 인·민이 사태를 총체적으로 파악하고, 합리적으로 진상을 판단하며, 논리를 갖추고 대화에 나설

18) 가라타니 고진, 송태욱 역(2005), 《트랜스크리틱 : 칸트와 맑스 넘어서기》, 서울 : 한길사. 맑스와 칸트를 결부하는 일, 즉 맑스에서 칸트를 읽어내고 칸트에서 맑스를 읽어내는 일은 미디어 문화연구와 진보적 미디어문화운동에서도 큰 시사점을 제공한다. 칸트가 강조하는 주체적이고 윤리적인 비판의식과 맑스의 정치적이고 경제적인 실천의식을 결합함으로써 '안티 조선'으로 대표되는, 미디어 자본에 대한 상투적 비판과 기자 개인에게 쏠릴 수 있는 윤리적 비판의 약점을 동시에 극복할 수 있다.

수 있도록 한다. 지적 저널리즘은 결코 시청자 대중을 도덕적으로 훈계하지 않고, 편협하게 지정한 토론의 틀로 '여론'을 제조하지 않으며, 확인되지 않은 설로 과학적 논리를 대신하지 않는다.

황우석 사건과 관련해 다중의 역능보다는 국가이익을 우선한 〈시사중심〉과 같은 프로그램은 이러한 원칙을 심대하게 위반해 민주적이지도, 지적이지도 않다. 황우석팀과 서울대 조사위원회, 검찰의 정보를 일방적으로 전달하기 바쁜 YTN과 KBS, SBS의 뉴스도 마찬가지다. 테러하는 대중의 위세에 눌려 침묵을 지키다 겨우 자사 이기주의 차원에서 나선 기회주의적 MBC 뉴스도 예외는 아니다. 모두 권력으로부터 자유롭지 않았다. 권력적 정보원에 의존적이었다.

세 번째 자율 저널리즘(*autonomous journalism*)의 원칙은 바로 이러한 현실에서 비롯된다. 자율 저널리즘은 권력으로부터 해방과 탈주를 끊임없이 시도한다. [19] 권력의 목소리를 전파하는 확성기 노릇, 즉 선전공작 기계의 위치에서 독립해 다중과 연대한다. 이를 위해 저널리즘은 네 번째로, 용기 있는 저널리즘(*courageous journalism*)의 조건을 필수적으로 갖추어야 한다.

용기 있는 저널리즘(*courageous journalism*)은 권력을 거스를 수 있고 폭력과 협박에 과감하게 맞설 수 있는, 한마디로 권력의 결을 거꾸로 빗질할 수 있는 저널리즘이다. 진실보도는 용기가 없으면 불가능하다. 언론자유와 자유언론은 두려움 없는 발언을 전제한다. 이것이 바로 푸코가 언론자유(*free speech*)의 어원을 그리스어 '파르헤시아'(*parrhesia*)에서 계보학적으로 찾아내면서 말하고자 하는 바다. 언론자유와 자유언론은 솔직함(*frankness*)과 진실(*truth*), 위험(*danger*), 비판(*criticism*), 의

---

19) 한국방송 저널리즘에서 권력을 가진 정보원 인용의 문화는 매우 뿌리 깊게 구조화되었다. 특히 스트레이트 뉴스에서 심하다. 이는 다음과 같은 세 가지 문제점을 가져온다. 첫 번째로, 권력의 의사를 전달하고 확장함으로써 사회적 변화보다는 현상유지 효과를 낳는다. 두 번째, 단순 사실성에 몰두함으로써 사회성과 심층성 부족의 문제를 강화한다. 세 번째, 정보를 독점한 소수에 의한 정보조작, 언론통제를 용이하게 만든다. 흔히 말하는 '언론플레이'의 문제로서, 이는 이번 황우석 사건에서 심각하게 드러났다. 1월 22일 〈개그콘서트〉의 '봉숭아학당' 코너는 이를 통렬하게 풍자함으로써 웃음을 자아냈다.

무(duty)의 다섯 가지 조건으로 짜인다. 위험에도 불구하고 권력에 비판적인 진실을 공개적으로 발언할 수 있는 파르헤시아, 즉 자유언론은 선량한 시민의 특징인 동시에 민주주의의 가이드라인이 된다(Foucalut, 2001). '용기 있는 저널리즘'은 바로 이 진리의 두려움 없는 자유언론의 사회제도적 실천으로서 권력의 문제와 밀접하게 연관된다. 아래로부터 시작하며, 인·민과 평등한 시선을 함께한다. 약자와 소수자의 진실에 우호적이다.

〈PD수첩〉의 문제와 관련해 보수학자들은 이른바 '전사 저널리즘'의 폐해를 비꼬았지만, 다중민주주의를 실현함에 '투사'의 의미는 여전히 크다. 검열과 자기검열의 위험을 극복하고, 다수성과의 안일한 결탁이나 전문가적 특권에 매몰되는 나르시시즘의 유혹으로부터 벗어나기 위해 투사적 용기는 저널리스트라면 반드시 지녀야 할 자기성찰의 덕목이다. 두려움 없는 발언이란 일반적이고 객관적인 지식이나 정보의 영역이 아닌, 예외적이고 단수적(singular)이며 창의적인 진실의 영역에서 나온다. 그것은 '스스로의 노력으로 진실을 개척·획득하는 과정'(truth-procedure)의 자연스러운 효과다.

다섯 번째, 탐사 저널리즘(investigative journalism)의 조건이다. 탐사 저널리즘은 선전과 거리가 멀다. 외설과 포르노그래피의 적이다. '진부함의 악'(evil of banality)을 뚫고 내려가 진리를 주체적이고 능동적으로 발굴하고자 하는 선한 언론운동, 즉 윤리적 보도이다.[20] 표피적이

---

20) 바디우(A. Badiou)도 '진실에의 충성심'(fidelity to truth)을 갖고 끊임없이 진실발견의 과정을 '계속 가는'(keep going, continue) 태도를 윤리적인 것으로, 그렇지 않은 용기와 분별력, 겸양의 '타락'과 '고갈'(exhaustion)을 악(Evil)한 것으로 규정한다. 푸코의 사유와 매우 근접한 것으로서, 그가 말하는 '진실의 윤리학'은 저널리즘의 윤리에도 철학적으로 매우 중요한 시사점을 제공한다. 사실 '저널리즘 윤리'의 문제는 지금까지 취재윤리처럼 정해진 규칙(code)을 지키는 기자수행성 차원의 문제로 제한된 측면이 많다. 칸트적 철학과의 만남을 통해 진보적 문화연구는 저널리즘 윤리의 문제에 대해서도 더 깊이 있고 확장된 형태의 개입을 서두를 필요가 있다. 이처럼 저널리즘이나 비판 커뮤니케이션, 매체철학의 영토로 스며들고 혼성·접선하는 게 '문화연구'로의 재영토화를 제안하는 것보다 훨씬 학문적으로 생산적이고 정치적으로 더 유효하다. 바디우의 윤리학에 대해서는 Badiou, A., Hallward,

고 선정적인 것이 아닌, 은닉된 현실을 자발적으로 취재하고 입체감 있게 재현하는 끈질긴 언론정치다.[21] 탐사 저널리즘은 단편적 사실과 근거 없는 설, 의혹 모두를 초월한다. 진실을 고집하는 탐정의 목소리로서, 국가와 일상생활 사이 매개와 소통, 대의의 제 3의 공간을 구성한다.

이렇게 해서 자연스럽게 공적 영역 확보를 책임지는 여섯 번째, 공공 저널리즘(public journalism)의 조건과 이어진다. 황우석 사건은 한국사회 내 공적 영역이 사실상 부재하며, 따라서 지식인과 시민운동세력, 그리고 무엇보다 양식과 양심 있는 저널리즘의 실천을 통해 지속적으로 생성해야 함을 새삼 확인하게 했다. 저널리즘은 국가적인 것과 사적인 것 사이에서 '국익'이나 사익이 아닌 바로 공익(public, common interest)을 위해 기능해야 한다. 공적 영역은 비평가이자 관찰자로서의 다수적 저널리스트, 공동의 세계를 책임지고자 하는 복수적 언론인의 '함께 행위함'으로 형성·발휘되는 것이다. 이를 통해 칸트가 《판단력 비판》에서 지적한 '자연적 소명'으로서 언론과 일반적 '소통가능성' (general communicability)은 그만큼 증가한다.

> 현존하는 권력자들이 우리에게서 말하거나 글쓰는 자유는 박탈할 수 있으나, 생각하는 자유는 빼앗을 수는 없다고 흔히 말한다. 그러나 만일 우리가 다른 사람들과 서로 소통할 수 있는 공동체 안에서 생각하지 않는다면, 우리는 얼마나 많이 그리고 얼마나 정확하게 생각할 수 있을까. 그러므로 우리는 인간에게서 자신의 생각을 공적으로 소통할 자유를 박탈하는 외부권력에 대해 생각하는 자유 또한 박탈하는 것이라고 주장할 수 있다(Arendt, 2002 : 89~90 재인용).

P. (trans.) (2001), *Ethics : An Essay on the Understanding of Evil*, London & New York : Verso 참조.

21) 이와 관련해 영국 탐사 저널리즘의 대명사인 〈파노라마〉의 한 프로듀서는 다음과 같이 단언한다. "진정한 저널리즘은 누군가가 숨기려 하고, 왜곡하려 의도하는 것을 찾아내고 밝히는 일이다. 그 외의 모든 활동은 그냥 홍보일 따름이다." 칸트는 '비밀리에 예외가 되려는 성향을 가진 이들'을 가장 악마 같은 존재라고 이름 붙인바, 탐사 저널리즘은 바로 악에 대한 공공성과 공통감각 (common sense)의 징계가 된다.

바로 이 실천을 통해 민주주의 최종의 조건인 자유로운[22] 저널리즘 (*free journalism*)이 완성된다. 이것은 다중의 자유로운 판단과 의견교 환을 책임지는 저널리즘이다. '한국의 언론은 자유롭다'만큼 거짓된 신화는 없다. 국가와 자본 등 권력으로부터, '국익'의 신화나 '애국심' 의 이데올로기로부터 자유로운 저널리즘은 이미 주어진 것이 아니라, 거듭된 실천을 통해 만들어지고 쟁취될 것이다. 다중의 공적 소통가능 성, 언론자유를 실천하지 않는 저널리즘은 자유롭지 않다. 저널리스 트라는 주체도 바로 이런 진실과정을 통해 윤리적 집단으로 구성되는 것이다. '진실과의 교전'(*engagement in truth*) 외에 기자를 단일하고 대 체 불가능한 주체로 '인도'(*induce*)하는 것은 없다. [23]

5. 언론자유와 자유언론 해방의 정치학

사회는 도피적 미신으로부터, 착시적 신화로부터, 미혹적 권력으로 부터 해방되는 만큼 자유로울 수 있다. 그럼으로써 가능해지는 자유의 상태가 바로 인·민의 자기통치, '모두에 의한 모두의 통치' 상태로서 의 민주주의다. 즉, 급진적 자유민주주의다. 다중의 표현, 인·민의

---

22) '자유'라는 개념은 보수주의, 신자유주의, 시장주의의 전유물이 아닌, 헤게모 니적 다툼, 즉 재전유의 대상이다. 민주주의를 급진적으로 재전유하는 것과 같이, 자유도 시장과 아나키의 사이·중간에서 새롭게 발견하는 것이 진보정 치의 책임이다. 이는 뉴라이트의 공세가 강화되는 상황에서, '리버럴리즘'의 청년정치와 전략적 연대를 고민해야 할 한국사회의 좌파에게 특히 중요하다. 바깥은 없다. FTA(자유무역협정)에 대한 저항논리에도 민족주권을 갖다대는 식이 아닌, 다중과 세계시민을 중심에 둔 새로운 FTA(Free Traffic & Travel Associations : 자유 여행·교통 조합)의 유쾌한 개념의 재전유적 상상 력으로 출발하는 것은 어떨까? 네그리가 말하는, 자본이 독점한 자유로운 이 동, 즉 통행권의 전 지구적 조직화다.

23) 이와 관련하여 아렌트는 "비록 무력하고 존재하는 권력과 정면충돌하여 항상 패배하지만, 그 자체의 저력을 보유하고 있는" '진리를 말하는 실존적 양식' 가운데 두드러진 것으로 "철학자의 고독, 예술가의 소외, 역사가와 판사의 불 편부당성, 사실 발견자와 증언, 그리고 기자의 독립성"을 꼽는다(Arendt, 2005).

언론적 실천, 그리고 무엇보다 다중의 활력 넘치는 정치적 행위를 통해 드러나고 구성되는 현실이다. 권력에 대한 두려움을 제거하고, 더욱 높은 수준의 자유를 구성하며, 이를 통해 자유로운 사회적 개인의 다기한 공동체를 건설하는 과정이고 운동이자 정치가 다름 아닌 민주주의 체제다. 요컨대 민주주의는 권력에 대한 두려움 없이 영혼과 육체가 모두 안전한 삶을 누리는 것을 의미한다. 이는 거짓과 폭력의 공포에서 해방된 자율적 생활이다. 증오나 분노, 계략을 행사하지 않고, 인·민이 악의 없이 서로를 관용하며 관계를 맺을 수 있는 기쁨의 집단문화다. 합리적으로 판단할 수 있는 존재로서의 당연한 행복을 만끽하는 다중의 정치이고 그 산물로서의 사회다.

황우석 사건은 이런 민주주의의 활력이 봉쇄된 곳에 음침한 전체주의, 그리고 그 징후와 결과로서 신비주의 판타지가 횡행함을 보여준다. 신화와 권력으로부터 해방되지 않은 곳에 '대중의 폭력'이 판치는 것을 드러낸다. 이번 사태와 관련해 미디어는 단순히 민주적 수행에 실패한 것이 아니라, 무지와 고의로 다중의 자율적이고 이성적인 자기통치를 방해했다. 진실로 다중의 정치적 활동을 격려하는 대신에, '의혹'으로 인·민의 폭력적 행동을 선동한 점도 빠트릴 수 없다.

스피노자는 《정치론》에서 "사회가 폭군의 전횡 속으로 빠져들지 않기 위해서, 그리고 시민의 평화와 자유가 손상되지 않은 채 유지되기 위해서 어떤 방식으로 제도화되어야 하는가를 논증하는 정치론"의 중요성을 일찌감치 역설한 바 있다(Negri, 2005 : 33~34). 바로 그 급진 민주주의, 절대적 민주주의를 책임지는 것이 저널리즘이라는 영역이자 조건이며 제도다. 한국의 미디어가 다성적 저널리즘, 지적 저널리즘, 자율 저널리즘, 용감한 저널리즘, 그리고 탐사 저널리즘, 공적 저널리즘, 자유로운 저널리즘으로의 (급)진화를 통해 삶의 의지를 보일지, 아니면 지금과 같이 유사 저널리즘을 고집하다 은퇴할지 지켜볼 일이다.

이제 PD·기자 저널리즘의 낡은 이분법을 들어내고, 민주주의와의 깊은 연관성 속에서 다중의 저널리즘, 저널리스트와 지식인의 공통된 윤리학에 대해 사유할 때다. 파시즘과 커뮤니케이션은 적대한다. 신화가 파시즘과 근친하다면 탈신화화는 커뮤니케이션을 통해 가능하다. 커뮤니케이션은 증식하는 특이성 속에서 '공통된 것'을 찾아가는 정치, 해방, 혁명의 동의어이기도 하다. 다음과 같은 무페(C. Mouffe)의 결론은 갈등의 시대, 위기와 위험의 사회 내 민주적 소통이라는 책임24)을 고민해야 하는 '우리'에게 큰 울림으로 다가온다.

> 급진적 · 다수적 민주주의라는 프로젝트는 정치적인 것 내부의 갈등과 적대라는 차원에 조응해야 하며, 불가역적 가치의 다수성이 지닌 결과를 받아들여야 한다. 바로 이것이 자유민주주의 정권을 급진화하고, 민주혁명을 증대하는 사회적 관계들로 확대하기 위한 우리의 시도에서 출발점이 되어야 한다. 사회적 관계에 내재한 갈등과 적대의 요소로부터 도피하는 대신에, 그러한 공세적 힘이 제거(defuse) 되고 방향을 바꿀 수 있는, 그리고 다수적 민주주의 질서가 가능할 수 있는 상황을 창조하는 방법을 사유하는 것이 임무다. 25)

'이것은 옳다'라고 말할 수 있는 능력으로서 '판단의 자질'26)이 폭력

---

24) 황 교수 사태가 종결되면서 일부 신문과 지식인들이 '성찰'의 목소리를 낸다. 그러나 지금 더 우리가 진지하게 고민해야 할 것은 책임의 문제가 아닐까? 무지와 용기 없음에 대해서는 분명하게 사과하는 게 윤리적으로 옳다. 그렇지만 '판단'에 대해서는, 그것이 오류로 드러났을 때 도덕적 · 정치적 · 사법적 · 윤리적 '책임'을 져야 한다. 저널리즘 윤리는 자기 내부로 파고드는(reflex-ive) 성찰과 더불어 타자에게 응대하는(responsive) 책임의 문제를 이중적 기축으로 삼아야 한다. 성찰의 이성 · 존재론적 의미와 함께 책임의 실천과 사회학적 가치는 대단히 중요하다. 개인적, 집단적으로 그러하다. 개인적 책임에서 시작해, '함께-구성하기'의 공통된 책임을 다하는 것이다. 그래야만 무리한 체제, 오류의 제도는 개선되고 진화할 수 있다. 판단과 책임의 문제에 대해서는 Arendt, A., Kohn, J. (ed.) (2003), *Responsibility and Judgement*, New York : Schocken Books 참조.

25) Mouffe, C. (2005), *The Return of the Political*, London & New York : Verso, pp. 152~153. 투쟁하는 것, 혁명하는 것은 다름 아닌 '공통적인 것'(*the common*) 을 중심으로 새롭게 삶을 발명, 창조하는 것이라는 네그리의 제언과 비슷하다.

26) 아렌트에 따르면, '판단의 자질'은 '사유의 자질'과 동일하지 않다. "판단은 사유라는 해방적 효과의 부산물로서 사유를 실현하며, 현상의 세계에서 그것을 구체적으로 표명한다"(Arendt, 2003 : 189). 저널리스트를 포함한 진보적 지식인에게 필요한 덕목은 양심과 의식에 따르는 사유의 자질뿐만 아니라, 그

에 의해, 선전에 의해 방해받아서는 안 된다. 미디어의 책임, 저널리즘의 존재 의미, 기자의 윤리가 바로 여기에 있다. 커뮤니케이션의 작동과 '공통된 것'의 생성, 그로 인한 사회구성과 자유민주 갱신의 책무다.[27) 인·민을 권력과 권위로부터 해방하는 것, 신화와 이데올로기로부터 자유롭게 하는 일이다. 다중이 자신의 이성을 공적으로 사용할 수 있도록, 공개적으로 언론자유와 자유언론을 행사토록 하는 것이다. 이를 위한 앎을, 지식을, 진리를 다양하고 깊이 있게 제공하는, 위가 아닌 옆으로부터의 계몽의 역할이다.

미디어는 합리적 판단의 메뉴를 제공하고, 공개적 발언과 소통, 대화의 매개역할을 충실하게 수행하는 책무를 다시 져야 한다. 그럼으로써 인·민의 자기통치라는 민주주의의 절대적이고 결정적 조건을 충족시켜야 한다. 인·민을 진실과의 대면현장으로 소개하는 것, 권력과 결탁하기 쉬운 거짓 신화와 이데올로기, 그 폭력의 두려움으로부터 다중을 해방하는 것, 그리하여 합리적이고 투명한 사회의 실현을 가능케 하는 것은 민주주의를 위하는 저널리즘의 최소조건이다. 저널리즘 수행성에 대한 평가는 바로 이러한 조건의 충족 여부를 기본잣대로 삼아야 한다. 주체로서의 저널리스트와 행위로서의 저널리즘이 수직적 통제와 검열, 공작이 아닌 수평적 매개와 대의, 자유의 선을 얼마나 성실하게 생산했는지에 따라 민주주의가 결정된다. 민주화 이후 한국사회 내 민주주의에 대한 회의는 저널리즘이 바로 이 역할에 실패한 데 결정적으로 기인한다.

동원하는 권력, 유혹하는 신화로부터 인·민을 해방시키는 대신에 애국심과 민족주의, '국익'의 이데올로기로 오히려 현혹하는 '기자저널리즘'에 민주주의 실패의 책임이 있다. 자발적으로 발굴한 심층지식이 아닌, 얕은 정보와 파편적 사실, 근거 없는 해설에 치중함으로써 오히

외부적 표현, 즉 발언으로서 '판단의 자질', 그로 인해 가능한 '소통의 자질'이다.
27) 하트와 네그리가 '커뮤니케이션을 생산(communication as production)'으로 보는 이유가 바로 여기에 있다. 다중이 특이성을 기본 자질로 하면서 소통과 협력을 통해 '공통된 것'을 찾아가는 과정은 "개인이 공동체의 통합을 위해 용해(dissolve)되는" 것과 전혀 다르다(Hardt & Negri, 2004 : 204).

려 대화와 합의 가능성을 봉쇄한 PD저널리즘의 탓도 빠뜨릴 수 없다. 다중을 거짓으로부터, 두려움으로부터, 조작과 동원의 권력으로부터 해방시키기는커녕 오히려 진리로부터 체계적으로 소외시킨 미디어가 현재 공동으로 체험하는 민주주의 실패의 주범이다. 오만하게 다중을 계도하고자 하는 저널리즘, 가르치려 들고 훈계하는 저널리즘은 통하지 않는다. 저널리즘이 진실발굴과 합리추출의 책임을 포기하면 저널리즘으로서 존재이유가 전혀 없다. 저널리즘의 민주적 재구성과 진화, 황우석 사건과 관련해 심각하게 반성하고 책임져야 할 대목이다.

■ 참고문헌

가라타니 고진, 송태욱 역(2005), 《트랜스크리틱 : 칸트와 맑스 넘어서기》, 서울 : 한길사.

고희일(2005), "조직관성이 소재선택에 미친 영향연구 : PD저널리즘과 기자저널리즘의 비교를 중심으로", 서강대 언론대학원 석사학위 논문.

권명아(2005), 《역사적 파시즘 : 제국의 판타지와 젠더 정치》, 서울 : 책세상.

김대중(2005), 《조선일보》, "보통 사람들에 대한 마녀사냥", 12월 5일.

원용진(2005), "두 방송저널리즘 : PD저널리즘, 기자저널리즘", 한국언론재단 · 한국언론정보학회 주최 〈황우석 신드롬과 PD수첩, 그리고 언론보도의 문제〉 토론회 논문집, 12월 13일.

윤영철(2004), "TV 저널리즘의 변화와 방송의 공정성", 한국언론학회 KBS 공동주최 심포지엄, 《전환기의 한국형 방송저널리즘 발제집》, 9월 23일, p. 93~95.

이치석(2005), 《전쟁과 학교》, 서울 : 삼인.

전규찬(2005), "신화의 폭력, 사유의 구속", 한국방송프로듀서연합회 문화연대 · 민주언론시민연합 · 전국언론노동조합 토론회, 〈국익과 진실보도 : 언론의 바람직한 방향은 무엇인가?〉, 12월 1일.

전용길(2006), "MBC는 지금 무엇을 하고 있는가?", 《노컷뉴스》, 1월 19일.

조희연(2006), "신자유주의시대 · 포스트-민주화시대의 한국 민주주의 새로운 과제들 : 글로벌(지구촌) 민주주의 서론", 성공회대학교 민주주의와 사회운동연구소 주최 세미나, 〈민주주의, 여전히 희망의 언어인가?〉, 1월 12일.

최장집(2006), "한국 민주주의의 변형과 헤게모니", 성공회대학교 민주주의와 사회운동연구소 주최 세미나, 〈민주주의, 여전히 희망의 언어인가?〉, 1월 12일.

《중앙일보》(2005), "연구는 계속되어야 한다", 11월 24일.

Arendt, H., 김선욱 역(2002), 《칸트 정치철학 강의》, 서울 : 푸른숲, pp. 89~90.

_____(2003), *Responsibility and Judgement*, New York : Schocken Books, p. 189.

_____, 서유경 역(2005), 《과거와 미래 사이 : 정치사상에 관한 여덟 가지 철학연습》, 서울 : 푸른숲.

Foucault, F. (2001), *Fearless Speech*, Los Angeles : Semiotext(e).

Gasset, Ortega y, 황보영조 역(2005), 《대중의 반역》, 서울 : 역사비평사, p. 106.

Hardt, M. & Negri, A. (2004), *Multitude : War and Democracy in the Age of Empire*, New York : Penguin Books.

Laclau, E. (2005), *On Populist Reason*, London & New York : Verso, p. 5.

Mouffe, C. (2005), *The Return of the Political*, London & New York : Verso, pp. 152~153.

Negri, A., 이기웅 역(2005), 《전복적 스피노자》, 서울 : 그린비, pp. 33~34.

_____, 윤수종 역(2006), 《귀환 : 네그리가 말하는 네그리, 안느 뒤푸르망텔과의 대화》, 서울 : 이학사.

Reich, W., 황선길 역(2006), 《파시즘의 대중심리》, 그린비.

Virilio, P. (2002), *Ground Zero*, London & New York : Verso.

전 태 진 (법무법인 정세 변호사)

1. 서론

전규찬 교수가 황우석 사태에서 드러난 한국 언론의 문제를 지적하고 진정한 저널리즘이 나아갈 길을 제시한 것에 전적으로 동의한다. 특히 황우석 사태를 한국 민주주의의 시대적·역사적 단계와 연결해 해석하고, 저널리즘의 문제를 민주주의 사회의 공적 커뮤니케이션의 문제로 파악하는 데 깊이 감명받았다.

나는 나름대로 황우석 사태와 관련하여 한국 언론·미디어의 문제에 관하여 몇 가지 생각을 덧붙이고, 특히 언론에 대한 법적·제도적 규제와 포털을 비롯한 인터넷 커뮤니케이션에 관하여 논하고자 한다. 다만 이것은 어디까지나 개인적 견해이지, 내가 속한 법인이나 내가 대리하는 언론사와 관계하는 단체의 공식입장은 아니라는 점을 우선 밝히고 싶다.

2. 황우석 사태에서 나타난 언론의 행태

이번 황우석 사태에서 우리 언론은 정말 추악한 자화상을 드러냈다. 그동안 언론의 행태는 크게 MBC 〈PD수첩〉의 문제제기가 있기 전까지와 문제제기 이후로 나눌 수 있다.

먼저 〈PD수첩〉의 문제제기가 있기 전까지 언론이 황우석 교수와 그 연구를 영웅화·신화화한 것은 사실이다. 어떤 언론사도 이로부터 자유롭지 않을 것이다. 그러나 황우석 신화를 만든 언론을 지금 무조건 탓할 수는 없다고 본다. 물론 언론이 황우석팀의 홍보를 냉철한 검증 없이 그대로 전달하거나 확대하고 일부 언론인이 황우석 교수의 로비에 얽히기도 했지만, 언론이 뉴스거리를 찾고 이를 좀더 극적으로 포장하여 전달하는 것은 자연스러운 행태다. 특히 국가적으로 어렵고, 사건사고와 부정적 뉴스가 범람하는 상황에서 황우석 교수와 그 연구에 관한 뉴스는 국민의 가슴을 모처럼 뿌듯하고 훈훈하게 만드는 긍정적 뉴스였고, 언론사 입장에서도 단연 최고의 뉴스거리였다.

언론의 본의 아닌 오류는 MBC 〈PD수첩〉의 문제제기가 시작되었을 때 늦었지만 충분히 시정가능한 기회가 있었다. 〈PD수첩〉이 먼저 제기한 난자채취 문제는 윤리적 차원의 문제로서 국민이나 언론사 사이에서 그나마 논란의 여지가 있을 수 있지만, 논문조작 문제는 연구의 진실성 문제로서 그 어떤 문제보다도 우선하는 결정적 문제이다. 그리고 〈PD수첩〉의 문제제기는 단순한 의혹이 아니라, 연구의 핵심 멤버들로부터의 구체적 제보와 이를 뒷받침하는 여러 가지 객관적 사실자료로 뒷받침되었다. 최초의 제보를 받았을 때 〈PD수첩〉 팀은 '상식의 저항'을 느꼈다고 한다. 즉, 수년 동안 전 국민과 세계의 찬사를 받은, 세계에서 가장 권위 있는 학술지에 연이어 논문이 게재된 황우석팀의 연구가 조작이라니, 도저히 믿어지지 않았다는 것이다.

그러나 나는 〈PD수첩〉이 취재한 내용을 보고, 그리고 황우석 교수의 태도와 주장이 계속 뒤바뀌는 것을 보고 '상식의 저항'을, '황우석 교수의 연구가 진실이라면 저럴 수는 없다'는 '상식의 저항'을 느꼈다. 기자와 언론사라고 하면 날카로운 통찰력과 최소한의 식견이 있다고 생각했는데, 언론사들의 태도는 정말 어이가 없을 정도로 일방적이었다. 다수의 언론사가 단순히 일방적인 것을 넘어서 〈PD수첩〉의 보도를 대중을 선동하고 자사의 정치적·이념적 목적에 이용했다. 물론 언론을 싸잡아 매도해서는 안 된다. 최초 문제제기를 하고 진실을 파헤친 〈PD수첩〉도 언론이고, 물론 100% 완벽하지는 않지만, 객관적 저널리즘의 자세를 유지하려 한 언론도 있다.

그런데 언론사 중 흔히 '조중동'이라고 부르는 《조선일보》, 《동아일보》, 《중앙일보》의 편파성이 제일 심했고, 기타 보수적 신문들, 그리고 KBS, SBS도 경쟁사인 MBC가 당하는 것을 은근히 즐기면서 동조한 측면이 있다. 그리고 YTN은 황우석팀의 언론플레이에 오히려 적극적으로 협력한 것이 나중에 드러나기도 했다.

　내가 논하려는 것은 특정 언론이 잘했다는 것이 아니라 왜 다수 보수언론이, 특히 조중동이 황우석에 집착하고, 여론을 호도하며 〈PD수첩〉을 공격했나 하는 것이다. 그 원인으로 보수언론의 근본 이데올로기나 성향이 박정희식 개발주의, 국가주의, 남성주의, 목적주의, 전문가주의, 영웅주의, 일등주의, 서열주의, 포퓰리즘, 선정적 상업주의 등에 사로잡혀 있다는 점을 지적할 수 있지만, 정치적 목적, 특히 MBC에 대한 반감도 적지 않게, 아니 최소한 즉자적인 심리적 동기에는 결정적 요소가 되지 않았나 생각한다.

　다수 보수언론의 행태를 국민의 대다수가 황우석 교수를 지지했기 때문이라는 대중추수주의, 대중주의 저널리즘에서 나온 것으로 해석하기에는 부족함이 있다. 탄핵사태 때도 국민 대다수가 탄핵에 반대했지만 보수언론들은 개의치 않았다. 그것보다는 오히려 언론사들이 자신의 정치적·이념적 목적에 따라 적극적으로 기사를 '창출'하고 여론을 만들었다.

　보수언론들의 일련의 보도태도를 보면 MBC나 KBS를 '적'으로 생각하는 것 같다. 보수언론은 DJ 정부 이래 정권이 교체되면서 개혁적(보수언론 표현으로는 '친정부적') 인물들이 사장이 되고, 언론자유, 언론개혁을 외친 노조와 일선기자들의 목소리가 커지고, 언론사 세무조사, 2002년 대선, 대통령탄핵 등을 거치면서 MBC, KBS 등 공영방송과 대립각을 세웠다. 만약 SBS가 의혹을 제기했다면, YTN이 의혹을 제기했다면 어떻게 되었을까 생각해 본다.

　보수언론들은 황우석 사태를 MBC를 공격하는 데 마음껏 활용했다. 《조선일보》가 〈PD수첩〉을 넘어 MBC 전체를 공격한 기사나 사설의 제목을 보면 "MBC 앞 오늘 촛불시위", "흉기가 된 〈PD수첩〉, 원인은 방송사 내부에 있다", "스타PD와 노조위원장 출신 CP의 과욕" 등 선정적이고 직접적인 표현으로 MBC를 공격했음을 알 수 있다. 그리고 황우석 교수의 논문조작 사실이 드러난 뒤에는 정부책임론을 들고 나오면서 노무현 정부를 공격하는 수단으로 활용했다. 이는 전형적 선동주의이자 포퓰리즘적 행태다.

　이처럼 일부 언론사의 행태는 분명히 정치적·이념적 목적에 의한 것이다. 이는 언론사 사주, 그리고 그와 일체가 된 데스크의 정치적·이념적 의도 때문이다. 황우석 사태가 일어나기 몇 달 전 불거진 '이상호 X파일' 사건 때 《중앙일보》의 보도태도도 그런 측면이 적나라하게 드러난 사례이다. 따라서 이번 사태는 내부로부터의 언론자유, 사주와 데스크로부터의 독립 필요성을 다시 한 번 부각시킨 것으로 볼 수 있다.

다른 한편으로 언론의 현 기사생산 방식에 문제점이 있다. 언론사가 기사를 취재원의 홍보나 보도자료, 일방적 진술에 의존해 수동적으로 너무 쉽게 쓴다는 것이다. 그리고 기사를 추적취재로 발굴하기보다는 사건이 터지면 사후에 '벌떼처럼 몰려들어' 중계방송식 보도를 쏟아내고, 자기 입맛에 맞는 여론을 대중추수적으로 따라간다.

또한 기사생산의 양태를 보더라도 어떤 사건이 터지면 그에 관하여 '모든 것'을 그리고 다른 언론사가 보도하지 않은 '새로운 것'을 보도해야 한다는 일종의 '강박관념'을 가지고 있는 것 같다. 그런 '강박관념'은 심층적 분석기사보다는 시시콜콜하고 잡기적인 기사와 갈수록 자극적이고 말초적으로 변하는 기사, 속보전쟁 등으로 나타난다. 이는 나중에 살펴볼 인터넷 포털을 통한 뉴스 소비와 결합하면서 더욱 악화된다.

그러나 언론사들의, 특히 종이신문의 이와 같은 경향은 스스로의 입지를 좁히고 무덤을 파는 것이다. 말초적인 기사와 속보를 다른 언론사보다 몇 분 먼저 포털에 띄웠다고 구독부수가 올라가고 광고가 느는 것은 아니다. 종이신문은 질과 깊이로 승부해야 한다.

과거 우리나라에 언론의 자유가 존재하지 않아, 언론의 자유를 지키기 위해서 수많은 기자가 희생되기도 했다. 그러나 현재는 막강한 언론의 자유와 영향력을 누리고 있다. 오히려 자유와 권력은 가지되, 통제되지 않고, 책임지지 않는 언론의 횡포를 걱정할 정도에 이르렀다. 아직도 언론의 자유를 외치는 언론사가 있기는 하지만 과거 독재권력과 야합하여 기득권을 유지한 언론사의 목소리라서 설득력이 떨어진다.

3. 언론에 대한 규제와 책임의 확보

위와 같이 많은 문제점을 지닌 우리 언론에 대하여 민주적 통제와 책임의 확보를 제도적으로 보장하고자 지난해 '신문 등의 자유와 기능보장에 관한 법률'(약칭 신문법)과 '언론중재 및 피해구제 등에 관한 법률'(약칭 언론중재법) 등이 제정되었다.

신문법에는 언론의 사회적 책임, 편집의 자유와 독립, 독자의 권익보호 등을 규정했지만, 선언적이고 임의적인 규정이 대부분이어서 실효성이 의문이다. 또한 재벌의 신문사소유 제한, 방송 등 겸업금지, 독과점 신문의 시장지배적 사업자 지정, 신문발전위원회의 설치, 신문유통원의 설립

등의 제도를 도입하였지만, 사주일가의 소유지분 제한, 편집위원회의 의무적 설치 등이 무산되었고, 그나마 다른 규정도 일부 신문사들이 강력하게 반발하며 현재 헌법소원까지 제기해 제대로 실시될 수 있을지 불명확하다.

한편 언론중재법은 언론보도로 인한 피해자의 반론권과 오보에 대한 정정보도청구권의 요건을 완화하고, 가처분절차에 의한 신속한 구제를 도모하도록 했다. 예전에는 정정보도에서 고의·과실 등 위법성을 요하지 아니하게 한 것, 즉 종래에는 법원의 판단에 따라 최종적으로 보도내용이 허위로 밝혀졌더라도 그것을 언론사가 진실이라고 믿을 상당한 이유가 있는 경우에는 손해배상은 물론 오보를 바로잡는 정정보도조차 허용하지 않았다. 그러나 이제 그러한 경우 손해배상은 아니되더라도 정정보도는 하게 한 점, 그리고 언론사가 법원에 제소될 경우 3개월 이내에 판결을 내리도록 한 점 등은 매우 획기적인 변화이다.

그러나 최근 《조선일보》가 피소당한 사건에서 위 규정들에 대하여 위헌법률심판제청 신청을 하였는데, 이를 서울지방법원의 언론전담 재판부에서 위 규정들을 사실상 위헌이라고 판단하여 헌법재판소에 위헌법률심판제청을 하면서 현재 언론중재법에 근거하여 제기된 사건들의 진행이 상당부분 지장을 받는 상황이다. 언론피해의 심각성, 광범성에 비추어 신속하고 적극적인 구제가 필요함에도, 언론사들은 이에 너무 무감각하거나 개선 법률에 대하여 헌법소원을 제기하는 등 무책임한 태도를 보인다. 이는 언론의 사회적 의무와 책임에 대한 인식수준을 드러내는 것이다.

또 하나의 문제가 현재 언론구제 법제가 보도로 인한 피해자 개념을 전제로 하고 있어서 황우석 사건처럼 국민 전체가 피해자이거나 피해자가 불분명한 경우, 정부정책에 관한 오보 등은 중대하고 명백한 오보라 할지라도 이를 바로잡지 못하는 문제가 발생한다는 것이다. 따라서 이를 시정하기 위해서 국가나 국민에게 중대한 영향을 끼칠 수 있는 보도에 대해서는 시민단체나 일부 국민, 또는 관련 공공기관이 대표하여 정정보도를 청구할 수 있는 일종의 민중소송제도의 도입을 신중히 검토할 필요가 있다.

법제뿐만 아니라 법조 실무의 경향 역시 대단히 중요하다. 그 동안 법원은 언론피해에서 언론사의 입장에 경도되는 경향을 보였고, 손해배상액 등 책임의 인정범위에서도 소극적 태도를 보였다. 언론의 책임을 강화하는 개혁입법에 대하여 위헌법률심판제청을 하는 점도 마찬가지다. 헌법재판소의 심판결과도 장담할 수 없는 상황이다. 물론 사법부의 기능이 본질

186

상 소극적이고 보수적일 수밖에 없고, 언론의 자유를 보장하는 것도 중요하지만 민주화된 현재에는 언론의 사회적 책임이 더 중요한 의미를 가진다는 점에 대한 공감이 필요하다. 따라서 이번 황우석 사태를 언론에 대한 민주적 규제와 책임을 제도적으로 확대·강화하는 공론의 계기로 삼아야 한다.

4. 인터넷 커뮤니케이션의 문제

이번에는 인터넷 커뮤니케이션의 문제를 말하고자 한다. 전통적 언론과 미디어의 방식을 뛰어넘는 뉴미디어가 속속 등장하고 있지만, 그 중 가장 폭발적이면서도 막강한 영향력을 가진 것이 인터넷 커뮤니케이션이다. 인터넷으로 소통하는 문화는 1990년대 후반부터 본격적으로 등장하여 2002년 월드컵과 '효순이·미선이 추모 촛불시위', 대통령선거, 대통령탄핵 등을 거치면서 기존의 소통방식을 뛰어넘는 영향력과 파급력을 갖게 되었다. 서비스업에 종사하는 사람과 공직자들이 제일 무서워하는 것이 "인터넷에 올린다"라는 말이라고 할 정도다.

인터넷 커뮤니케이션의 특징은 동시성, 즉시성, 양방향성, 광범성, 평등성, 익명성 등이다. 인터넷 커뮤니케이션은 이메일, 채팅, 홈페이지, 동호회, 블로그 등을 통해서 이루어지지만, 최근 압도적으로 부각된 것이 포털사이트다. 초기의 포털은 온라인 접속서비스를 제공하는 데 그쳤지만, 점차 광범위한 검색기능을 갖춘 검색포털의 등장으로 모든 사이트를 방문하는 관문이 되었고, 나아가 최근에는 포털 자체의 다양한 콘텐츠와 뉴스정보를 향유하는 마당이 되었다. 특히 최근 포털의 뉴스서비스는 종래 종이신문은 물론 온라인신문까지 제치고, 뉴스소비자가 뉴스를 접하는 제1의 통로가 되었다.

그리고 포털의 뉴스서비스에 빼놓을 수 없는 것이 댓글문화다. 황우석 사태에서도 인터넷 커뮤니케이션은 막강한 영향력을 발휘했다. 황우석 교수와 그 지지자(아이러브황우석)들이 결집한 것도 인터넷이요, 대중의 유사 파시즘적 행태를 부추긴 것도 인터넷이며, 결국 황우석 교수의 연구조작을 밝혀낸 것도 인터넷(브릭)이다.

현재 인터넷 커뮤니케이션은 발전일로에 있지만 폐해 역시 증대하는 실정이다. 특히 포털 뉴스서비스로 인한 저널리즘의 실종, 악성 댓글의 폐해 등은 심각한 상태다. 현재 포털 뉴스서비스는 기존 언론매체를 단순한

1차 뉴스생산자로 전락시키고, 뉴스소비자에 대한 매개와 공급을 사실상 독점했지만(그것도 네이버라는 단일업체가 70% 이상을 점유하는), 이에 대한 사회적 책임부여와 법적 규제가 이루어지지 않았다.

포털업체에게 뉴스선별과 게재의 1차적 목표는 더 많은 페이지뷰와 더 오랫동안 자신의 사이트에 머무르게 하는 것이다. 따라서 당연히 저널리즘에 부합하는 기사보다는 호기심을 불러일으키는 자극적이고 선정적인 기사를 우선 뽑으며 언론사 사이의 속보전쟁을 유발한다.

5. 인터넷포털에 대한 규제와 책임의 확보

지난해 신문법의 제정으로 인터넷신문이 법적 지원과 규제를 받게 되었다. 그러나 포털은 막강한 영향력에도 불구하고 독자적으로 기사를 생산하지 않는다는 이유로 신문법의 적용에서 배제되었다. 그러나 뉴스의 생산뿐만 아니라 매개, 선정, 공급 역시 언론으로서 중요한 기능을 담당하고, 오히려 사실상 영향력이 더 결정적일 수 있다는 점에서 당연히 언론의 개념에 포함시켜 규제해야 한다. 참고로 지난해 공선법은 기사의 '매개'라는 개념으로 포털을 적용대상에 포함한 바 있다. 이제 포털 스스로도 언론으로서의 지위를 자각하고 저널리즘의 실현을 고민하며, 일반 언론사에 준하는 전문인력을 육성하고 편집의 객관적 규준을 마련해야 한다.

끝으로 인터넷 댓글에 대한 적절한 규제가 필요하다. 댓글은 언론 · 미디어에 소비자의 참여와 평가를 활성화하고, 사회적 소통을 확대하는 등 긍정적 역할을 했다. 그러나 익명의 방패 뒤에 무책임한 인신공격과 허위정보 남발이라는 폐해가 생기기도 했다.

최근 검찰이 특정인에 대한 악성 댓글자를 적발하여 기소한 사례를 보면 적발된 사람이 흔히 생각하듯 분별없는 청소년이나 무지한 사람이 아니라 의사, 대학교수, 회사원 등 번듯한 사회적 지위와 직장을 가진 40~50대가 상당수여서 놀랍다. 공공적 주제가 아닌 개인에 대한 악의적 인신공격 등 구체적 사안에서 형사적 처벌과 인터넷사이트 운영자나 업체의 자율적 규제가 필요하다고 하겠다. 제한적으로 인터넷 실명제의 도입도 신중히 검토할 필요가 있다고 본다.

종합 토론

사 회

최갑수 (서울대 서양사학과 교수, 서울대 민교협 회장)

토 론

최무영 (서울대 물리학과 교수)
우희종 (서울대 수의학과 교수)
이준호 (서울대 생명과학부 교수)
이현숙 (서울대 생명과학부 교수)
최영찬 (서울대 농업생명과학대학 교수)

사회 : 황우석 사태는 큰 파장을 불러일으켰다. 서울대를 보더라도 엄청난 시련과 실업문제를 야기했다. 당장 본부의 조사위원회와 수의과 기관심사 위원회의 심사문제, 의과대학병원의 허브문제 등 서울대로서는 이 사태를 통해 배울 수 있는 부분이 없는가를 점검해 보고자 종합토론의 자리를 마련했다.

최무영 : 나는 물리학자지만 생물물리 분야도 연구하기 때문에 생명과학 과도 관계가 있다. 과학자의 입장에서 몇 가지만 짚고 넘어가겠다. 황우 석 사태는 유전공학이 지닌 장밋빛환상과 유전자조작의 문제를 보여주었 다. 유전자가 생명의 모든 것을 결정하는 것도 아니고, 환경도 많은 영향 을 끼친다. 예를 들어 쌍둥이는 유전자는 완전히 같지만 서로 분신은 아 니다. 다시 말해서 성격, 능력 등이 꼭 같지는 않다. 실제 사람의 유전자 수는 24,000개 정도인데 이는 작은 벌레의 그것과 큰 차이가 없다. 이러 한 사실이 말하는 것은 유전자가 주어졌다고 해서 생명이 결정되는 것은 아니라는 점이다. 인식론적 관점에서 환원주의가 적용될 수 없다는 사실 은 명백하다. 특히 생명이란 복잡계의 전형으로서 원리적으로 제어할 수 없을 가능성이 크다. 황우석 교수가 정말로 줄기세포를 만들었는지는 당 사자가 아니라 모르겠지만, 설사 만들었다 하더라도 그것을 가지고 치료 할 수는 없다. 복잡계의 관점에서 볼 때, 원리적으로 조절이 불가능하다 면 이를 이용해서 치료할 수 없을 것이다.
　과학이 의미를 지니려면 합리성과 객관성이 담지되어야 한다. 많은 사 람이 과학에 수긍하는 것은 그것의 인식적 가치 때문이다. 비인식적 가치 의 개입은 억제해야 한다. 이를 위한 장치가 비판적 합리성이다. 그것은 과학의 핵심이다. 이러한 사실에 비추어 보면 이번 사태는 기본부터 문제 가 있음이 명백하며, 본질적으로 비과학적인 사건이다. 덧붙여, 과학기술 이라는 용어를 많이 쓰는데, 영어로 과학적 기술(*scientific technology*)이라 는 뜻이라면 표현이 이상하다. 영어로는 과학과 기술(*science and tech-nology*)이지, 과학기술이라는 것은 없다. 과학적 연구의 물질적 활용이 기

술이고, 이는 물질문명과 관련된다. 반면 과학이란 자연의 해석이 중심적인 것으로써 정신문화의 성격이 강하기 때문에 기술과는 본질적으로 차이가 있다. 과학의 본래 목적은 전체 우주를 이해하고 해석함으로써 삶의 의미를 추구하는 것이다. 따라서 과학 본연의 의미가 활용에 있는 것은 아니다.

현대사회는 과학과 기술이 밀접한 관계를 형성한다. 그러나 과학과 기술을 동일하게 보면 도구주의, 극단적 실용주의, 물질주의에 빠지게 된다. 흔히 과학이 우리를 부자로 만든다는 말까지 나오는데, 이는 과학주의보다는 기술만능주의로 보는 것이 더 적절하다. 그것은 과학 자체의 임무보다는 반공공성이 강하고 자본의 이해에 충실한 것이다. 과학의 본원에 비추어 봤을 때 비과학적인 것이다. 진정한 의미의 합리성을 어떻게 얻을 수 있는가? 우리가 아직 완전히 이해하지 못한 현상에 대해서는 잠재적 위험성을 인지해야 한다. 광우병이 대표적이다. 소에게 죽은 양을 먹인 것이 광우병의 원인이었다. 그때는 소에게 광우병이 발병해서 사람에게 전염될 것이라고는 아무도 상상하지 못했다. 광우병의 원인은 프리온이라는 단백질인데, 이것이 바이러스처럼 사람에게 전염된 것이다.

기술만능주의로 가면 반과학적 귀결을 낳는다. 이번 사태는 전문가도 잘못 인식하는 경우가 많다는 것을 보여준다. 전문지식에 매몰되면, 어디로 가고 있는지 몰라 결국 심각한 문제가 발생할 수 있다. 이를 피하기 위해서는 한 차원 위에서 파악해야 한다. 그것을 위해서는 과학이 열려 있어야 한다. 소통이 중요하다. 이러한 소통의 문제는 일반 사회에서뿐 아니라 과학자 사회 내부에서도 중요하다는 점을 시사한다.

우희종 :

1. 황우석 교수 사건이 아닌 사태의 문제

우선 토론회 초반부터 황우석 교수 지지자들의 항의표시로 토론회가 예정대로 진행되지 못하다 한인섭 교수의 적절한 조절로 서로 이야기를 나눈 것은 다행이다. 이러한 소란 속에서 황우석 교수 지지자들의 이야기도 듣고, 학술토론회의 예정된 발표자들의 내용을 들으면서 내가 느낀 것은 두 집단 사이에 의사소통이 전혀 이루어지지 않는다는 점이다. 마치 한 공간에 있지만 서로 다른 외국어를 사용하는 것만큼이나 거리가 있다는 느낌이 든다. 화성에서 온 지지자들과 금성에서 온 반대자라고나 할까.

사실 황 교수는 논문조작을 스스로 인정했기에 학자로서, 교수로서의 황 교수 '사건'은 끝났다. 그럼에도 불구하고 지금 중요한 것은 논문조작 사건이 사건으로 끝나지 않고 사태로 발전한 것에 있다. 생각해 보면 과학역사상 세계적 논문조작 사건도 많았다. 《사이언스》나 《네이처》의 논문 수 편이 취소되는 큰 사건도 있었으나 모두 사태로 커지지 않고 끝났다. 반면, 황 교수 지지자들에 의한 분신과 폭행 등이 일어나는 우리나라의 상황은 누가 보아도 '사태'이다.

지지자들은 음모론과 국익을 이야기하면서 황 교수의 기술을 강조한다. 물론 그들이 커다랗게 의미를 부여하는 기술의 존재 여부는 서울대 조사위에서 부정되었고, 전모에 대해서는 아직 검찰조사가 진행중이다. 결국 그러한 주장의 바닥에는 우리가 지켜야 할 기술에 대한 믿음이 있다고 생각한다.

한편, 이번 토론회의 발표자들은 교수로서, 학자로서의 황 교수가 일으킨 논문조작 사건을 이야기하고, 그러한 배경과 문제점 해결에 더 관심이 있는 것으로 보인다. 그렇다면 이번 학술토론회의 제목은 황우석 사태를 다룬다고 하지만 실제로는 황우석 사건에 대하여 말하는 것이고, 단지 일부 발표자만 사태에 대해 언급하는 상황 속에서 각자 다른 이야기를 하는 셈이니, 어떻게 서로의 간격이 좁아지며 이해하는 상황이 될 것인지 의심스럽다.

물론 사유와 성찰이 중요한 학문과, 과정이 어떠하건 결과물이 중요한 기술은 서로 관계가 있으면서도 학자와 기술자가 다르듯 분명 다르다. 학문으로서의 과학은 단순한 기술이나 믿음, 신화의 이야기가 아니기 때문에 학문적으로 보면 지지자들이 주장하는 바는 기본적으로 조작된 논문으로 신뢰나 권위가 부여된 매우 근거가 약한 추론과 일방적 믿음에 불과하다. 그러나 지금의 상황이 지지자들의 이야기가 옳고 그림이 중요한 '사건'이 아니라, 혼란스러운 '사태'임을 받아들인다면, 어느 쪽이 옳다, 그르다를 따지고 논의하기 전에 현재의 사태를 만든 각 집단의 의사소통을 통해 사태를 진정시킨 후 사건을 사건으로서 마무리하는 것이 옳다.

그런 면에서 과연 지금의 '사태' 속에서 황 교수의 잘못과 문제점을 말하는 학술토론회의 교수들은 저렇게 열정적으로 지지하는 사람들의 이야기를 듣고자 하는 마음이 있는가 하는 생각이 든다. 그저 사건의 주인공인 황 교수 건에 대하여 목소리를 높이지만, 사태의 주인공인 지지자들에 대해서는 너무 무관심하고 무시하는 태도를 보인다. 이것은 어쩌면 오늘 나 자신을 포함한 발표자들의 의사소통에 대한 무관심이자 이러한 우리의 모습이 오늘 우리 사회에 황 교수 사건이 있게 한 원인 중 하나일 수 있다는 생각이 든다.

이제 이러한 소모적 사태를 빨리 종식하기 위해서는 두 집단간 대화와 소통이 있어야 한다. 사건에서는 옳고 그름이 중요하지만 사태에서는 옳고 그름 이전에 모두 각자의 위치로 돌아가 해야 할 일을 충실히 하는 것이 더욱 중요하기 때문이다. 지금 지지자들은 옳고 그름의 논의가 필요 없는 확실한 믿음으로 이루어진 사태 속에서 분신과 폭행사건이 나타날 정도로 무엇인가를 말하고 싶은 것이다. 그렇기에 황우석 지지자들이 근거 없이 편향된 추론과 믿음만으로 이야기한다고 해서 그들을 옳고 그름만으로 판단하며, 그들의 한(恨)을 무시하거나 어루만지지 않는 어리석음은 버려야 할 것이다.

따라서 오늘 황우석 교수 사태에 대한 토론을 통해 왜 같은 사건에 대하여 서로 다른 측면에서 바라볼 수밖에 없는지, 그것이 어떠한 의미를 지니고 있는지 등에 대한 성찰이 이루어져야 한다. 이를 통해 상대방을 이해하도록 노력할 때 비로소 양측 모두는 자신의 모습을 되돌아보며 차분하게 진정할 수 있고, 본래의 문제점으로 돌아가 이번 사태가 장기적으로 이 사회의 발전적 거름이 되도록 할 것이다. 분신까지 나타나는 사태와 한 연구자의 연구부정 사건은 분명 다르다.

이러한 점을 생각할 때 우리 사회에는 같은 사건을 서로 다르게 보는 일종의 혼란이 존재한다. 어떻게 보면 우리 사회 속에 오래 전부터 시작된 이러한 혼란이 황 교수 사태를 불러일으킨 것일 수도 있다. 또한 이번 상황의 바닥에 깔린 대학의 정체성 문제도 영향을 미친 것으로 보인다. 황우석 교수 사태를 이야기한다는 것은 어쩌면 우리 안에 자리잡고 이미 구조화된 혼란의 뿌리와 현재 우리의 모습을 되돌아보는 것에 있지 않을까 한다.

2. 국가정책과 대학의 정체성 혼란

앞서 발표한 발제자들이 이미 황 교수 사태의 발생에 언론과 정부가 연관된 총체적 비리로서의 측면을 많이 이야기하였고 — 다만 이번 토론회에서 황 교수 신화가 만들어지던 초기 과정에서의 언론문제를 지적한 부분은 미약해서 아쉬움이 남는다 — 이번 사태의 직접적 행위자로서의 황 교수의 책임문제는 너무도 명백하기에 굳이 반복할 필요는 없다고 본다. 따라서 나는 왜 이러한 사건이 학문적 신뢰와 양심을 지켜야 할 대학에서 일이날 수밖에 없었는지 하는 측면에서 생각해 보고자 한다.

먼저 이번 사태는 학문과 교육의 장소인 대학연구실에서 시작되었다. 그 중심에 있는 주인공도 결코 처음부터 학자적 양심을 버리고 논문을 조작하려고 마음먹지는 않았을 것이다. 그렇다면 사회 어느 집단보다도 양심과 정의를 바탕으로 하는 대학에 속한 교수가 이토록 커다란 사회문제를 일으킨 것에는 연구자 본인의 개인적 자질 이전에 그를 그렇게 만든 무엇이 있지 않을까 한다. 역시 같은 대학에 있는 입장에서 먼저 눈에 띄는 것은 현재 우리 사회에서의 대학의 모습과 정체성 혼란이다.

1990년대 말, 국민의 정부가 들어서면서 그동안 학문적 내용의 산업화와 실용화를 통해 국가경쟁력에 기여하던 대전 대덕단지의 수많은 정부산하 연구소를 효율적으로 운용한다는 이유로 통폐합했다. 이러한 과정에서 정부는 통폐합되는 정부산하 연구소의 기능을 기본적으로 교육기관인 대학으로 이전하고, 이때 많은 교수가 반대했던 BK21이라는 대학산업화 정책을 실행했다. 그후 참여정부로 이어지며 줄기차게 추진된 것 중 하나가 논문이라는 가시적 결과로 학문주체자인 교수를 평가하고, 이와 더불어 경제적으로 대학원생을 대폭 지원하겠다는 입장이었다.

이러한 국가정책으로 교육과 학문의 기관인 대학에서조차 회사나 정부산하 연구소처럼 경쟁력 향상이란 미명 아래 교수의 평가기준을 논문숫자로 정해 봉급에도 차이를 두었다. 이에 따라 대학연구실은 논문 수를 늘리기 위하여 대학원생에게 실험기술이나 가르쳐 빨리 결과를 얻어 논문을 발표하는 것이 전부가 되었다. 대학연구실에서 있어야 할 학문으로서의 과학적 사유는 더는 존재하지 않게 된 것이다.

학문을 해야 할 대학원과정이 마치 효율을 위해 공장에서 일하는 기술자 양성소처럼 되었고, 이제 교수와 대학원생은 논문숫자라는 효율과 생산성에 허덕이며 빨리 그리고 많이 논문을 만들기 위해 대부분 스스로 별볼일 없는 논문이나 생산하는 기술자 집단으로 변했다. 그래서 심지어 어떤 이들은 이번 사태에서도 있었듯이 비슷한 내용이나 이미 다른 논문에 사용했던 실험데이터로 여러 편의 논문을 만드는 낯부끄러운 짓도 한다. 물론 이와 같은 상황은 BK21이란 정책이 당시 이해찬 교육부장관에 의해 추진되었을 때 예견된 것이기도 하다.

이렇게 많은 학자들이 막대한 연구비가 지원되는 BK21이라는 달콤한 산업화기술 장려정책을 환영하면서 학문을 버리고 돈을 쫓아간 결과, 이제는 논문을 많이 써서 연구비를 많이 얻고 대학원생이 많으면 유능한 교수가 된다. 그렇다면 이른바 유능한 교수와 지도학생이 일주일에 얼굴 한 번 보기 어려운 상황 속에서 학문의 교육과 훈련을 위한 스승과 제자 간 개별적 교류가 가능할까? 대학에서 추구해야 할 가치가 무엇이기에 대학 원에 입학해 학문의 입구에 선 학생과 학자로서의 교수가 학문이란 무엇 인가를 나누고, 어떻게 연구해야 하며, 실험을 통해 무엇을 생각해야 하 는가를 함께 고민하지 못하고, 빨리 많은 논문을 쓰기 위해 실험결과나 챙기는 것에 급급하게 된 것은 어째서일까. 학문의 균형적 발전보다는 경 쟁을 위해 선택과 집중투자라는 정책에 따라 교수가 자신을 선전하기 위 해 대부분의 시간을 외부에 할애하는 모습은 이번 사태에서 너무도 잘 나 타난다. 이것은 대학에서의 본연의 기능을 말하고자 함이지 결코 학문의 엘리트주의를 말하는 것은 아니다. 또한 바로 이러한 상황을 만드는 데 우리 모두 동참했다는 점에서 지금 학계에 있는 모두가 이번 황 교수 사 태의 공범일 수밖에 없다.

학문을 하는 사유의 느긋함과 성찰의 여유가 사라지고 논문숫자를 늘려 야만 하는 지금의 대학에서 우리가 상실한 것은 학문으로서의 과학이요, 얻은 것은 기술인지도 모른다. 이번에 학자이자 교수인 황 교수가 대중 앞에서 기술만 있으면 되지 무엇이 문제냐고 말했듯이 대학의 과학문화는 기술문화로 변질되었다. 황 교수 스스로 성과에 눈이 멀었다고 말한 것은 이러한 면을 잘 보여준다.

물론 학문의 실용화는 소중하다. 그러나 학문에서 사유하는 과정을 가 시적 결과가 없다는 것만으로 무능으로 치부하며, 실용화만을 염두에 둔 단편적 기술만으로 대학과 학자를 평가하겠다는 우리 사회의 편중된 정책 과 잣대, 그리고 그러한 흐름에 대학이 연구비라는 당근정책에 편승함으 로써 황 교수와 같은 연구자가 등장하는 터전이 마련된 것이다. 불행히도 황 교수의 신화가 만들어진 시기와 김대중 정권 이후 BK21이란 정책의 실시시기가 너무 똑같이 겹쳐진 것은 이를 잘 말해 준다. 이는 이해찬과 김대중 전 대통령의 인터뷰에서도 잘 나타난다.

> 황 교수가 DJ 정부에서 두각을 나타낸 데에는 이해찬 국무총리의 공이 컸 다. 이 총리는 2004년 8월 12일 YTN과의 인터뷰에서 "황 교수의 배아줄 기세포, 그게 바로 (교육부장관 시절 추진한) BK21 프로젝트에서 나온 것" 이라고 자랑했고, DJ도 이듬해 8월 8일 같은 매체와의 인터뷰에서 "황 교 수는 내가 BK21에 도움을 줬다고 하는데, 사실 그건 이해찬 당시 장관의

공이 더 크다"고 말한 바 있다(《오마이뉴스》, 2006년 1월 13일).

　학문이 있어야 기술이 존재할 수 있다는 점을 인정한다면 국가정책에서는 학자를 믿고, 느려도 꾸준히 평생 추구해야 할 학문으로서의 사유와 성찰과정을 존중해야 한다. 그리고 그 결과로서 실용화하는 기술, 양쪽 모두를 장려하는 배려가 필요하다. 정부산하 기술연구소와는 달리 교육기관으로서의 대학에서 학문을 가르치지 않고 기술만 가르친다면 대학이 기술전문학교와 무엇이 다르단 말인가. 지금 과학입국을 말하며 과학정책을 입안하는 이들은 국익론에 기초해 종종 삼성을 예로 들면서 비교우위에 있는 분야의 선택과 집중투자를 말한다. 그러나 그것은 기술에서는 맞는 말이지만 학문에서는 맞지 않다. 기술과는 달리 학문에는 왕도가 없다는 것을 알아야 한다.

　이제 다시 학문에 대한 배려 없이 대학사회의 산업화를 더욱 강력하게 추진하는 2차 BK21이라는 한쪽만의 정책이 금년부터 앞으로 7년간, 2조 원 이상의 규모로 실시되려는 시점에서, 그 동안 박탈당한 학문하는 즐거움을 생각하면서 우리 모두를 황 교수 사태의 공범으로 만든 씁쓸한 과학문화를 되새긴다. 이것은 결코 황 교수 사태 속에서 지금 이야기되듯 단순히 과학계의 연구과정과 결과에 대한 검증체계만을 재검토한다고 해서 되는 일이 아니다. 학계와 대학에 있는 우리 모두 지금의 과학문화를 깊이 반성하고 더불어 학문과 학문이수 장소로서의 대학정체성을 성찰해야 한다.

　이번 황우석 사태의 내부적 요인으로 결국 생산성과 효율이라는 근대성 속에 함몰된 '대학의 정체성 혼란' 있다. 또한 그러한 흐름을 조장하는 근시안적 국가정책 속에서 학문의 지혜보다는 기술지식의 추구에 전념하며 학생을 기술산업 종사자로 만든 '교수의 정체성 위기'가 있다고 생각한다.

　그렇다면 황우석 교수 사건으로 명백히 드러난 우리의 현재 모습에서 무엇을 배우고 개선해야 하는가? 우선 대학의 기본기능인 학문과 교육에 대한 배려가 선행되어야 한다. 그리고 단순히 논문 수가 많은 교수에게 성과급을 더 주고 대학원생에게 인건비를 준다는 식의 돈으로 해결하는 방식이 아니라 대학구성원에 대한 신뢰가 필요하다. 대학에서 엄격한 기준으로 채용한 교수를 대학이 신뢰하지 못한다는 자기모순에서 벗어야 하며, 경쟁논리 속에 무조건 빨리, 많이 논문숫자를 채우라고 할 것이 아니다. 그러한 모습은 기술전문대학이나 정부산하 연구소에서 충분하다. 학

198

문의 장소로서의 대학에서는 1년 안에 마무리할 수 있는 식의 연구가 아니라 분야에 따라, 혹은 학제적이고 통합적인 연구에 대해서는 2~3년에 논문이 하나만 나오더라도 인정하는 다양한 기준이 필요하다.

교수를 더 놀게 해서 학생들과 교류할 수 있는 시간도 주고, 오히려 일정수 이상의 논문을 발표하는 교수가 있다면 대학윤리위원회에서 그가 학자나 대학의 교수로서 충분한 자질이 있으며 역할을 제대로 하는지 검토해야 한다면 너무 지나친 말일까. 그런 검토가 필요한 이유는 이번 황우석 교수 사태에서 극명하게 나타난 것과 같이 기술개발 외에는 학문과 교육, 어느 면에도 충실하기 어려울지도 모르기 때문이다. '안 되면 되게 하라'는 식의 결과위주의 사고방식을 바탕에 두고 생산성과 효율성만을 추구한 결과 이른바 첨단과학기술이라는 이름으로 포장된 파편화된 전문지식 속에서 새로운 학문의 발달에 필수적인 학문간 대화, 학자간 의사소통을 무시한 점을 되돌아보아야 한다.

이러한 나의 결론은 국익을 창출하고 경쟁에서 이겨야 한다는 근대성에 젖은 이들에게는 매우 안이하게 들릴지도 모른다. 하지만 기본적으로 학자로서 학문하는 즐거움은 사유에 있으며, 대학이라는 교육기관에서 자신의 성찰을 동료교수 및 제자들과 더불어 소통하며 나누는 것이야말로 우리의 본모습이 아닐까 한다. 과학을 하는 사람으로서 과학이 가장 싫어질 때는 과학이 종교나 단순한 기술로 전락할 때다. 그러나 지금 우리나라의 과학문화 속에서 이것도 아니고 저것도 아닌 어정쩡한 자신을 되돌아보면서 진정 마음으로부터 느낀다, 학문을 하고 싶다고. 나는 잘 나가는 능력 있는 과학자가 되기 이전에 제자들과 학문을 논하고 이를 통해 삶에 대하여 나누는, 학문의 길을 선택하는 행복한 과학자이고 싶다. 우리 대학문화를 되돌아보면서 그 동안 잃어버려야 했던 학문하는 즐거움을 생각하면서 이번 황우석 교수의 사건과 사태를 통해 다시 한 번 말하고 싶은 것은 기본과 과정을 버리고 좋은 결과만을 기대하지 말자는 것이다.

이준호 : 생명과학 전공자로서 배웠으면 하는 점을 이야기하고자 한다. 황우석이 말해서 유명해진 "과학에는 국경이 없지만, 과학자에게는 조국이 있다"라는 표현에는 일정부분 진리가 담겨 있다. 과학에 국경이 없다는 것, 과학을 하는 것에 국경이 없다는 것은 지켜야 할 규범을 국제적 해석에 맞춰야 한다는 것이다. 즉, 연구규범이 진실 위에 근거해야 한다는 것이 국제적 규범이다. 과학자는 실수를 했다가 다시 돌아올 수 있는 정치

가와는 다르다. 다시 말해 과학자가 연구부정을 저지르면 그 멍에를 평생 짊어져야 하는 것이 과학자사회의 규범이다. 조국이 있다는 것은 이런 의미에서 진실에 기초하지 않은 과학을 할 경우, 그것이 조국에 대한 배신행위라고 할 수 있다는 뜻이다. 현재 진행형인 사태를 세계가 주목하고 있을 텐데, 한국과학 전체의 기반이 흔들리지 않았으면 좋겠다.

직접적으로 이 사태를 통해 배웠으면 하는 점을 이야기하겠다. 첫째, 사태의 출발이 연구윤리를 검증할 수 있는 계기가 되었는데, 연구부정이 있고 난 후 연구진실성위원회가 더 발전하는 것 같다. 이런 일이 일어나기 전에 미리 연구윤리에 신경 썼으면 좋았을 테지만 지금이라도 연구부정이 일어날 수 없도록 예방하고, 엄정하게 처리할 시스템을 만들어야 한다는 것이 교훈이다. 따라서 연구윤리 교육을 강화할 필요가 있다. 한 학기에 한 학점씩 수업을 듣게 하거나, 그것이 너무 무리라고 생각되면, 방사성 동위원소를 다룰 때 2~3일 교육을 받고 수업에 들어가도록 허용하는 것을 예로 들 수 있다. 비슷하게, 연구윤리 관련수업 때 사전교육을 하는 것이 필요하다.

둘째, 연구실 연구문화의 민주성 회복이 필요하다. 연구윤리에 비춰봐서 옳지 않은 경우, 위계에 관계없이 크로스체크를 가능하게 하자. 모든 연구에는 민주적 운영이 기반이 되어야 한다. 모든 연구실에서 돌아보고 반성할 필요가 있다. 이런 일이 있기 전까지는 신경을 쓰지 않았던 부분이 많다. 연구규범과 관련해서 많은 시사점이 있다. 앞으로는 잘 해야겠다는 생각이 든다. 예를 들어 실험노트도 많은 연구소가 글로벌 스탠더드에 미달되는 수준이다. 이러한 교훈은 이번 사태를 통해 어렵게 배우는 것이지만, 비약적 발전을 담보할 수 있는 좋은 기회를 제공할 것이다.

이현숙 : 황우석 교수의 연구윤리 부정사건에서 과학자로서 느끼는 것은 이것이 한국과학계가 진일보할 수 있는 계기가 될 것이라는 점이다. 이는 한국의 과학계는 물론이고 국제적으로 논의되는 지점이다. 과학자의 연구성과를 부풀리는 것은 외국에서도 있다. 최근에 노벨상 수상자가 다음과 같은 이야기를 했다. 연구조작을 하려거든 아무도 관심이 없는 것을 가지고 하라고. 과학자가 조작을 하거나 사기를 치는 것은 그가 영광을 좇기 때문이다. 조작의 유혹을 느꼈을 때는 배후에 영광이 있기 때문이다. 과학은 다른 사람의 연구에 관심을 보이고, 누군가의 연구를 다른 연구자가 다시 실험하는 과정을 거치는 정직성에 기반을 두기 때문에, 과학연구에

서는 무엇보다도 다른 이의 검증이 필요하다. 황우석이 세계적 과학자로 성장하는 동안 다른 과학자들은 무엇을 했는가? 덧붙여 정계, 관계, 언론계 역시 황우석에 대한 비판적 발언을 시기심으로 매도하는 분위기였기 때문에 이에 대한 책임을 질 필요가 있다.

그간 황우석 연구의 리뷰연구가 별로 없었다. 즉, 황우석 연구는 리뷰에서 면제된 것이다. 다른 전공자들이 지적할 수 없었던 것은 과학자가 사회의 오피니언 리더가 아니고, 정치권력자에 봉사하는 순진한 사람이기 때문이다. 과학자는 그간 사회에서 두각을 나타내는 사람이 아니어서 연구비를 타기가 힘들었다. 그런데 황우석은 다른 과학자들과는 달리 연구비를 많이 받아서 과학계 내부에 반기는 분위기를 조성했던 것도 반성의 지점이다. 서울대의 과학자들은 황우석 연구의 검토를 요구하고 사진조작 등의 혐의가 있음을 지적했다. 조사를 주장했던 것은 과학계의 글로벌 스탠더드를 맞추기 위한 것이었다. 조사의뢰 역시 마찬가지다. 현재 조사를 할 수 있는 것은 연구비 수여기구와 연구수행자이다. 연구수행자 자체가 이를 제대로 할 수 없기 때문에 연구비 수여기관인 서울대에 조사를 의뢰하고 건의문도 제출했다. 연구의 정직성을 강화하기 위해 연구진실성위원회 건설이 필요함을 지적하기도 했다. 핵심 중 하나는 내부고발자를 보호하고, 조사기관은 그에 대한 조사의무가 있다는 것이다. 다른 하나는 저작권에 대한 것이다. 황우석 교수는 저작권을 나눠준다고 했는데 이는 글로벌 스탠더드와 맞지 않다. 이에 대한 규정을 만들고 경각심을 불러일으킬 필요가 있다.

그런데 황우석 연구실의 권위주의적 분위기가 심했다. 이공계 연구원의 낮은 급여는 상황의 열악함을 보여주었다. 그러나 학생도 부정한 연구나 부당한 요구 등을 발견할 경우, 이를 보고할 의무가 있음을 확실하게 인지할 필요가 있다. 이러한 상황은 국내에만 국한되는 것은 아니다. 해외 과학계도 연구사기에 관심을 많이 기울인다.

전 세계가 우리가 이 사태를 어떻게 해결할지 주목하고 있다. 이 사건으로 배워야 할 점이 많다. 아울러 서울대에 문제제기가 있을 경우, 그것을 조사할 의무가 있다. 늦은 감이 있지만 조사사업을 서울대가 적절히 수행해 다행이다. 서울대 조사위원회는 사회적으로 적절한 시점에, 적절한 역할을 수행했는데 이는 타기관에 모범이 된다고 생각한다.

최영찬 : 토론회의 주제가 '무엇을 배울 것인가'인데 문제점이 많이 지적되

었다. 그리고 많은 분들이 이번 사태에서 많은 것을 배울 수 있다고 지적했는데, 그렇다면 다시 이런 과학적 부정행위로 인한 사회혼란이 벌어지지 않을까? 결론부터 말한다면 다시 일어날 가능성이 크다. 과거 국민의 정부 시절에도 노벨상에 근접했다고 언론에 많이 알려졌던 과학자의 연구가 있었다. 경북대의 김성곤 박사의 슈퍼옥수수 연구였는데, 아프리카의 기아문제를 해결하고 북한의 기아해결에 활용될 것이라며 언론에서 많은 주목을 받았다. 이는 당시 국민의 정부의 대북사업에 활용되었다. 그 이후, 북한주민이 슈퍼옥수수로 기아문제를 해결했다는 이야기는 듣지 못했다. 북한에서 시범적으로 재배한 옥수수의 종자가 농촌진흥청에서 1970년대에 개발한 품종이라는 것이 밝혀져 국회에서 논란이 되기도 했다. 김성곤 교수의 슈퍼옥수수를 경북대 시험포장에서 다 따먹어서 노벨상연구가 타격을 받게 되었다는 언론보도에서, 늙은 시골농부가 길옆에 있어서 따먹어도 되는 것인 줄 알았다고 말하며 울먹이던 애처로운 모습이 지금도 눈에 선하다. 이처럼 과학적 부정행위는 처음이 아니고, 외국에서도 많이 있었다. 앞의 발표자가 이번의 황우석 사태가 영웅 만들기에 다름 아니라고 지적했는데, 바로 본 것이다.

연구에서 민족주의와 민주주의의 논의만으로 이러한 부도덕한 행위의 재발을 막을 수는 없다. 연구에서의 실천적 민주주의가 필요하다는 주제발표에 전적으로 공감한다. 대학에만 국한에서 말하면, 현재 연구평가시스템이 제대로 작동하지 않는다. 아는 사람 밀어주기도 공공연하고, 연구비 운영관리도 제대로 못한다. 연구비에서 오버헤드를 적립해서 관리에 사용하도록 하지만, 연구관리의 실질적 책임과 권한을 연구자 개인에게 맡긴 것이 현실이다. 연구원도 제대로 대접하지 못하고, 민주적 절차로 연구활동이나 연구자의 권한과 책임을 정할 수 있는 것이 제대로 확인되지 않았다. 연구윤리규정과 IRB(*Institutional Review Board*: 기관윤리심의회) 등의 제도는 있지만, 제대로 운영되지 못하고 오히려 과학적 부정행위를 은폐하는 도구로 사용되었다. 절차나 제도, 검증시스템이 제대로 작동되지 않는다는 것이다. 시스템 자체가 제대로 작동하기 위해서는 이미 일어난 일을 검토해야 한다.

발제자들은 정부와 언론의 책임이 크다고 했는데 전적으로 동감한다. 하지만 황우석 신화 만들기에 나섰던 정부와 언론이 황 교수의 과학적 부정행위로 인한 사회적 혼란에 직면해 사과하는 것을 본 적이 없다. 황금박쥐 멤버 중 어느 누구도 국민에게 제대로 사과하지 않았으며, 박기영

보좌관은 순천대학에 교수로 복귀했다. 황우석 만들기에 가담한 주류언론
들은 이제는 황우석 죽이기에 나서고 있지만 제대로 성찰하는 것을 보지
못하였다. 대학의 행정도 마찬가지다. 서울대학교는 황우석 효과를 극대
화하기 위하여 대학과 동문이 모두 나서서 과학적 검증시스템이나 연구규
범을 제대로 부과하지도 못하였다. 소장 생명과학자들이 나서서 논문의
부정행위와 사태의 심각성을 깨우치려 했지만 대학의 어떠한 시스템에서
도 이들의 의견을 걸러줄 방법이나 자세가 되어 있지 못했다. 오히려 원
로 과학자들 몇몇이 나서서 문제를 덮으려고 한 점은 우리 대학의 행정시
스템이 제대로 작동하지 못한다는 것을 극명하게 보여준 것이다.

오늘 토론회에서 지지자와 발제자 사이에 소란이 있었지만 실제 책임질
사람은 없는 상황에서 진행되었다. 앞에서 토론하신 분들이 이번 사태는
여전히 현재진행형이라고 했는데, 학문적으로는 현재진행형이 아니다.
2005년 《사이언스》 논문의 줄기세포가 없다는 점은 황우석 교수 본인도
시인해서 과학적 부정과 조작으로 결론이 났다. 2004년의 논문 또한 문제
가 많다는 것이 이미 밝혀졌다. 물론 법적으로는 문제의 책임규명이 남아
있지만 학교에 있는 과학자의 관심은 사법적 처리와는 별개다. 학문적으
로 황 교수와 《사이언스》 논문의 관련자 모두가 유죄다. 무엇보다도 중요
한 것은 이러한 학문적 유죄평결에도 불구하고 황우석 본인은 물론 대학,
정치권, 언론 등 책임 있는 사람들과 기관에서 충분한 반성과 사과가 없
다는 것이다. 제도적 장치의 마련도 현재로서는 불투명하다. 황우석 신화
만들기에 나섰던 이들 기관과 인사들이 다음에 또 다른 과학적 부정을 용
인하지 않는다고 장담할 수 없다. 황 교수 사태의 여파가 지나가고 시간
이 흘러 잊을 만하면 또 다시 이러한 과학적 부정행위가 나타날 것이 분
명하다는 게 나의 생각이다. 김순권 교수의 슈퍼옥수수가 기억 속에서 사
라진 것처럼 황우석 교수의 체세포 줄기세포도 언젠가는 우리의 기억에서
자취를 감출 것이다. 다시 이런 일이 벌어지지 않기를 바라는 마음이 간
절하지만 이번 사태로 진정 무엇을 배울지 그리고 무엇을 준비해야 하는
지 심각하게 고민해야 한다. 그렇지 않다면 또 다른 황우석을 만날 준비
를 해야 할 것이다.

【 청중 질문과 답변 】

질문자 1: 발제자들이 대체로 비슷한 이야기를 했다. 서울대 조사위원회는 줄기세포 연구가 조작된 것이라고 했는데 스너피나 영롱이와 같은 실제 성과는 제대로 반영하지 않았다. 부하연구원의 제보는 인정하면서 황우석 본인의 주장은 수용하지 않는 것도 이상하다. 과학연구 논문에 대한 비판이 구체적이지 못하고 감상적인 평에 머물렀다. 서울대 조사위원회가 제대로 일을 했다고 보기 어렵다.

사회 : 서울대 민교협은 서울대 조사위원회에 대해 대답할 지위가 아니다. 발표와 관련된 질문만 하라.

질문자 1 : 서울대 교수의 업적을 심사한다면 잘못한 점은 처벌받아야 하는 것은 당연하지만, 업적심사가 과거의 것 전부를 포함해야 하지 않은가?

질문자 2 : 나는 황우석 지지자다. 〈PD수첩〉 보도자들의 용기는 인정한다. 하지만 동전의 양면을 못 본 것 같다. 왜 황우석 죽이기에 몰두하는가? 발제자들은 이번 사태가 현재진행형이라고 했는데, 이번 토론회 발제자의 구성이 조사위원회와 비슷하다. 한쪽에 치우쳤다. 전○○ 교수, 스스로 파놓은 구덩이에서 헤매고 있다고 하는데, 언론이 파놓은 구덩이에서 교수들이 허덕이고 있지는 않은가? 이는 신종 파시즘이 아닌가? 동전의 양면을 봐야 한다. 줄기세포에 대한 연구가 황우석 1인 독재권력 아래, 프런티어 아래 진행된 것이 아니라는 것을 다 알고 있다. 실질적 책임자는 서울대 의대 문신용 교수다. 황우석은 그 연구의 일부인 핵치환기술을 담당했고, 노성일이 담당한 부분이 따로 있었다. 그럼에도 불구하고 논문조작이라는 사태에 대해 황우석 1인을 성토한다. 연구진실성위원회 발족필요성은 MBC 토론에 나왔던 것을 다시 반복한 것에 불과하다. 문신용, 노성일 사이의 데이터조작에 대한 언급은 왜 없는가? 문신용 의대 교수와 노성일 사이에 형성된 카르텔의 규모가 그렇게 거대한 것인가? 이에 대한 자료를 원한다면 제공하겠다. 문신용 교수와 미즈메디 사이의 데이터 공유에 대한 것, 조작에 대한 자료를 제공한다면 황우석 성토를 계속할 수 있겠는가?

질문자 3 : 기업경영컨설팅 일을 하고 있는 김○○이다. 황우석 지지모임인 인터넷 카페인 '아이러브 황우석'에서 활동하고, 아이디는 마○○다. 문제는 서울대 조사위원회의 인원구성이다. 전에는 10명이었다가 12월 28일 이후로 2명이 나갔다고 들었다. 유○○ 교수와 또 한 명이었는데, 들리는 소문에 의하면, 황우석 줄기세포의 DNA가 일치한다는 소리를 두 교수가 언론에 흘렸다는 이유로 잘렸다고 들었다. 사실인가? 인원구성에 피부과 전문의, 치과의사 등이 들어갔는데, 그 사람들이 과연 황우석 박사의 연구를 정확하게 검증할 능력이 있는지 궁금하다. 마지막으로 검찰 발표에서 분명히 박을순 연구원이 2004년도 연구에서 핵치환을 자기가 했다고 했는데, 서울대 조사위원회에서는 이유진 간호사가 불안정한 난자를 가지고 장난하다가 한 것이라고 한다. 어느 것이 진실인가? 처녀생식은 기독교 신자가 보기에 있을 수 없는 일이다.

질문자 4 : 부시가 상하원을 설득해서 배아줄기세포 관련법을 통과시켰다. 황우석 교수가 성과를 내니까 미국이 그렇게 한 것이다. 기독교 국가에서 그 정신을 훼손하면서까지 왜 그 법을 통과시켰겠는가?

질문자 5 : 개인사업을 하는 사람이다. 황우석 연구내용이 협제연구인 것으로 알고 있다. 배반포 배양을 황우석팀이 하고, 그 다음 줄기세포 배양을 미즈메디가 맡았다. 진행형이라고 하는 이유는 논문조작의 실체에 전혀 증거가 없기 때문이다. 그런 상황에서 어떻게 일방적 비판이 가능한가? 아직 기다려봐야 하는 것 아닌가? 논문조작의 사유가 표절이라든지 인위적으로 조작한 것이라는 증거가 밝혀지지 않았다. 연구윤리 중 하나는 재현의 기회를 주는 것이다. 재현의 기회를 줌으로써 같은 학교에서 같이 연구한 사람들이 과연 연구조작에 관여했는지를 실질적으로 검증할 기회를 주는 것이 필요하다.

답변 1(황상익) : 문신용, 노성일 연구논문 사진조작과 관련, 지금 서울대 징계위원회에서 문신용 교수의 징계문제를 다루고 있다. 질문한 내용이 징계에 얼마나 반영될지는 모르지만, 징계위원회가 파악하고 있을 것이다. 징계위원회에 그 사실을 제보하기 바란다. 노성일 이사장의 경우는 서울대 조사위원회가 관여할 사항은 아니다. 그 다음, 부시 정부의 배아줄기세포 연구사업 관련 입법의 경우, 2001년 8월에 부시 대통령이 배아줄기세포에 대한 연구중단을 발표했고 새로운 줄기세포를 만들지 못하도록 했다. 작년에 수정란 줄기세포 연구를 허용했고, 그것은 상·하원에서 통과됐다. 부시가 거부권을 행사한 것은 체세포가 아니라 수정란 체세포다. 특허문제와는 다르다. 체세포핵이식과 관련된 문제가 아니다.

답변 2(최영찬) : 조사위 구성에 대해서는 말할 지위가 아니다. 나도 잘 모른다. 원래 조사위원회는 알려져서는 안 된다. 알려지는 것 자체가 독립성을 침해하는 것이기 때문이다. 황우석 지지자들의 조사위원 공개로 알려진 위원 중 내가 알고 있는 한두 사람의 경우, 평소 객관적이고 합리적인 학자들이다. 어느 한쪽에 치우쳐서 주장하는 사람들은 아니라고 생각한다. 단성생식이나 노성일 이사장의 경우, 이 모임에서는 법적 문제를 논하는 자리가 아니고, 서울대 조사위원회도 그런 문제를 논하는 기관이 아니다. 사법적 증거와 관련해서는 관련 사법기관에 당사자들이 제보하기를 권고한다.

답변 3(우희종) : 스너피는 사실이다. 다만 영롱이는 검토하지 못했다. 그 당시 수의과대학 내에서도 검토해야 한다는 이야기가 있었다. 제3기관에서 최종검증을 받을 필요가 있다는 주장이었다. 그러나 공감을 얻지 못하고 곧장 진위연구로 넘어갔다. 과학적 입장에서는 정말 복제된 것인지 아닌지를 아직 모른다는 것이 옳다.

최종평가(한인섭) : 황우석의 연구가 조작된 것이 아니기를 바랐다. 진리의 탐구는 집단적 패거리현상이 아니라 고독한 환경 속에서 이루어지는 것이다. 토론회가 시작되기 전 염려했지만 이성적으로 토론에 임할 것을 믿었다. 격정과 흥분을 잠시 가라앉히고 마음속 이성의 빛에 주목하면 개인의 다양한 견해가 만드는 갈등적 상황은 잘 조절할 수 있을 것이다. 민주주의의 원동력은 갈등을 조절할 수 있는 힘이다.

전 체
녹 취 록

일 시
3월 10일 (금) 오후 14 : 00 ～ 16 : 00

장 소
서울대학교 법과대학 100주년 기념관

주 최
민주화를위한전국교수협의회
서울대 민교협

시작 초기부터 한 스님과 여성의 난동으로 토론회 진행이 불가능한 상태에 이르렀다. 스님은 홍성태 발표자의 논문부제인 '사기'라는 문구에 격분했고, 여성은 자신들을 광신도로 불렀다는 것에 화가 난다며 앞으로 나와 '민교협 성토문'을 반복해서 낭독했다. 급기야 학생들과 사람들이 스님을 힘으로 몰아내려 하고, 관객석에 있던 한 남자가 강단으로 올라와 홍성태 발표자와 '사기'라는 어휘에 격분해 토론을 벌였다. 김세균 교수(전국민교협 의장)는 토론회 진행이 불가능할 것이라 판단하고 잠시 휴정을 한 후 개최단과 진행을 논의했다. 논의결과 황우석 지지자와 논쟁시간을 먼저 갖기로 결정했다.

최갑수(1부 사회자) : 자리를 좀 정돈하겠습니다. 발표는 3~4분으로 한정합니다. 1시간 30분 정도 서로의 핵심논지를 파악하는 시간을 갖겠습니다. 진짜 토론회가 되었습니다. 이후 발표자 분들도 앞으로 나와주십시오.

황우석 지지자 1 : 사기라고 전제하는 발상 자체가 잘못이야. 제목을 바꾸던가 잘못을 시인하라고! 대한민국은 법치국가인데, 검찰수사 진행중인데 이걸 사기로 못 박고, 학술행사를 하는 건 부당하지. 발상 자체가 문제란 말이야. 우선 사과하고 진행해!

객석 : 존댓말을 씁시다.

황우석 지지자 1 : 사기라고 단정한 것부터 사과하십시오.

홍성태(발제자) : 걱정을 했습니다만, 이런 사태가 벌어질 것은 예상 못했습니다. 우선 사기라는 표현에 대해 말씀하시지만 … 《배신의 과학자들》이라는 책에서 '사기'와 '기만'이라는 개념을 중요하게 사용합니다. 이 책은 보편화된 현상으로 사기와 기만을 이야기하고, 과학의 보편성과 객관성에 대한 근원적 의심을 제기했습니다. 그 예로 1980년대 초까지 서구의 과학적 사기사건을 소개했습니다. 저는 이 책의 사기와 기만 개념을 이번 황우석 사태에 적용한 것입니다. 그래서 이것을 감정적인 개념으로 받아들이지 말고 현대과학의 특수성을 보여주는 학술적 개념으로 받아들일 것을 부탁드립니다. 검찰의 결론은 판결을 내리는 과정입니다. 그 이전에 이 사건에 대해 어떤 발언조차 할 수 없다는 것은 잘못된 것입니다. 누구나 자기 의견을 말할 수 있습니다. 설령 그것이 잘못된 것일지라도. 그 과정을 통해 진리에 좀더 다가설 수 있는 것이지요. 자신의 마음에 들지 않는 표현이라고 해서 그 발언 자체를 막는 것은 잘못입니다.

황우석 지지자 2 : 강원도 화천에서 온 농부입니다. 새벽같이 올라오면서 차 속에서 이런 생각을 했습니다. 내가 황우석 사태에 대해 잘 모르니 대한민국 최고 대학의 법과대학에 가서 고명한 분들의 말씀을 듣고 내 마음을 정리해야지. 그런데 자료집을 보니 이거야 원, 동대문시장의 장사꾼도 이런 식으로 악평하지는 않습니다. 이웃 농가가 제초제를 마구 뿌려도 그렇게 악담하지 않습니다. 나도 아까 홍 교수님 발언 때 일어나는 문제를 가지고 싸웠습니다. 저는 제안합니다. 나는 줄기세포 등에 대해 아무것도 모릅니다. 황 교수가 잘못한 부분이 있으면, 그분이 대한민국 국민이기에 그분을 어떻게든 격려하여 다시 줄기세포를 만들게 하는 것이 동료교수들이 해야 할 일이 아니겠습니까? 싸가지 없는 교수 나와서 답변을 하시오.

홍성태 : 더 얘기할 것은 없을 것 같습니다. 줄기세포 관련 부분은 다른 발표자께서 말씀하실 것입니다.

청중 1 : 저는 충북대 사학과 교수입니다. 저는 청중권을 존중할 것을 말씀드리려 합니다. 앞서 강원도 농사짓는 분이 배우기 위해 여기 왔다고 하셨는데 저 또한 그렇습니다. 그런데 지금 갑자기 제가 발언을 요청한 이유는 발표를 듣고 판단하기 위해서 온 제 목적을 위해서입니다. 미리 발표가 틀렸다고 단정하지 말고, 발표준비를 하신 분들의 성의 있는 발표를 듣고, 입장을 제기하여 들어보고자 온 사람들을 위해, 다른 분들은 청취권을 존중해 주십시오. 학술토론회를 열 수 있게 해야 합니다.

황우석 지지자 1 : 사기라는 말을 취소하라니까?

한인섭(법대 교수) : 룰을 지켜서 이야기합시다.

김세균(전국민교협 의장) : 스님의 의견을 강요하려 하면 토론회가 무산될 것입니다. 사기가 아니라는 토론을 하시면 되지 않습니까?

청중 2 : 금년 71세로 고양시에서 왔습니다. 직전의 충북대 교수님과 맥락이 같은데요. 여기 계신 청중이 많고, 발표자와 토론자들이 엄청난 준비를 하고 왔는데 들어보지도 않고 듣고자 하는 청중의 청취권을 빼앗는 분들은 이 시간 이후로 나가주셨으면 합니다. 이 시간 이후로 방해가 없어야 한다고 생각하고, 최갑수 교수님은 사회권을 가지고 엄정하게 진행해야 한다고 생각합니다.

황우석 지지자 3 : 본의 아니게 격정적인 분위기를 만들었으나, 토론회의 일정을 바꿔서 기회를 주신 것에 감사드립니다. 많은 분들이 준비하신 토론회가 무산된 것과 청취권을 말씀하시는데 이런 부분에 대한 인적 구성 등의 신중함이 문제인 것 같습니다. 프로그램 주제 자체에 명예훼손에 해당되는 문구들이 있습니다. 물론 학술토론에서 그런 부분을 따질 수는 없지만, 영향을 생각하면 다소 우려가 됩니다. 발표자와 토론자의 인적 구성을 더 고민하여 더욱 발전적 토론이 되었으면 하는 바입니다. 두 번째는 주제의 방향성이나 내용을 보면 이 토론회는 충분히 우려할 만한 것입니다. 이런 기회가 다시 있다면 인적 구성에 신중을 기하는 것이 필요합니다.

최갑수 : 토론회는 민교협이 2개월 전에 기획한 것입니다. 그 당시에는 대충 이 정도 시기가 되면 황 교수 사태에 대한 제반조사가 마무리되어 법적 매듭이 지어질 것이라 생각했습니다. 그러나 법적 문제뿐만 아니라 황우석 사태와 관련된 제반 분야에 대한 종합적 점검을 위한 자리로 마련한 것입니다. 아까 편향성을 지적하셨는데 지지하시는 분들의 개별 토론회를 권장합니다. 여기에서도 다양한 스펙트럼의 의견이 존재하니, 다양한 뉘앙스를 고려해서 들으셔야 합니다. 마지막으로 3시까지는 이런 형태로 진행하고, 이후는 발표를 듣고, 종합토론에서 충분한 반론의 기회를 드리겠습니다. 이 자리에 다양한 견해를 가지고 발표를 듣고자 온 분들이 있습니다.

황우석 지지자 4 : 서울시립대에서 근무하는 김○○입니다. 메일에서 황우석 열성자와 국제사기극이라는 표현을 보고 민교협 회원으로서 정체성을 고민했습니다. 민교협이 과연 이런 부분에 대해서 단체의 공동의사를 수렴한 적이 있는가를 고민하고 공동의장님께 연기를 요청하였으나 강행이 결정되었습니다. 그래서 저는 이런 사태가 있으리라 우려했습니다. 이 부분에 대해 "우리는 비판적 입장에서 세미나를 개최한다"라고 하시는데, 그렇다면 민교협 입장에서 하지 않거나, 사과를 하시던가 하는 것이 필요하지 않나 생각합니다.

김세균 : 황우석 사태에 대해 민교협이 가진 태도는 여기서 다 설명할 수 없습니다. 부록에 보면 그동안 민교협이 다른 단체와 연대하거나 단독으로 발표한 성명서들이 있습니다. 작년 12월 발표성명에서 이미 황우석 연구성과에 대해 부정적이고 비판적인 성명을 했습니다. 민교협 회원께서 이처럼 뒤늦게 반론을 제기하시는 것은 그동안 민교협 활동에 대한 무관심을 반증합니다. 아울러 황우석 지지자들께서는 그런 주제의 토론회를 따로 개최하는 것이 필요하다고 생각하고, 비판자와 지지자가 함께 만나는 토론회를 하는 것도 좋겠습니다. 더욱 좋은 것은 황우석 교수가 동료 과학자들과 함께 토론하는 것입니다. 앞으로 그런 것도 제의하고자 합니다.

청중 3 : 25세 되는 사람입니다. 먼저 여기 있는 황 교수 지지자들에게 말씀드리겠습니다. 제가 여기 나온 이유는 그동안 황 교수 지지자들이 보여준 행태가 너무 지나치다고 생각해서입니다. 스님과 여자분의 행패로 발표가 무산된 것, 노정혜 교수 폭행 등을 비롯한 각종 퍼포먼스를 보면 황 교수 지지자들은 반성하고 사과해야 합니다. 그리고 여기 대학본부에서 세미나를 주최한 분들에게 한 말씀하겠습니다. 이미 이 토론회가 2~3주 전에 인터넷을 통해 알려진 것으로 알고 있는데, 충분히 참석자 제한을 했어야 한다고 생각합니다. 너무 안일했던 사고방식을 반성하고 행사진행에 신중을 기하길 바랍니다.

황우석 지지자 5 : 저희도 평범한 시민입니다. 우리가 이곳에서 시위하는 이유는 학생들의 무관심 때문입니다. 아무리 황 교수가 잘못을 저질렀다하더라도 아무도 그의 연구재개 등을 생각하는 사람이 없습니다. 연구재개를 하고 난 뒤 욕을 해도 늦지 않을 것입니다. 서울대에 처음 왔는데,

지금은 서울대 안 간 것을 천만다행으로 생각합니다. 저도 배울 만큼 배웠습니다. 우리도 좋아서 시위하는 것이 아닙니다. 저희는 공정한 장소에서 공정하게 토론할 기회를 주지 않은 것에 광분합니다. 황 교수를 죽이기 위한 토론, 우리를 광신도로 몬 것에 대해 법적 소송을 제기할 것입니다. 바꿔치기 진상이 밝혀질 것입니다.

김동광(발표자) : 제가 늦게 도착했는데, 이제 사태파악이 되어 얘기할수 있을 것 같습니다. 이렇게 열기차고 관심이 집중된 토론은 처음입니다. 감사드립니다. 아까 발언하시고 나간 분이 이 토론회를 죽이기 토론회로 생각하셨는데, 황우석 사태에 대한 견해는 매우 다양합니다. 각각의 주장이 주장으로만 남아 있고 결론이 없기에 그런 부분에 대한 토론을 위한 자리입니다. 다만 토론회 주체가 비판적 견해를 가지고 있기에 주제가 그러한 방향으로 간 것입니다. 그 누구도 자신의 주장을 억지로, 강압적으로 주입할 수는 없습니다. 우리는 이 자리를 통해 배우고자 하는 것입니다. 이 자리에서 얘기하고자 하는 것은 이 사태를 통해 우리 사회에 드러난 여러 문제점을 짚어보는 것입니다. 이 자리에서 다양한 측면이 제기될 수 있을 것이고 보통 토론회보다 훨씬 큰 성과가 있을 것이라 생각합니다. 이제 본 게임에 들어갈 수 있도록 도와주십시오.

황우석 지지자 6 : 인천에서 온 사람입니다. 민교협이 매국노조직으로 변한 것에 가슴이 아픕니다. 비판을 위한 토론회보다는 차라리 규탄대회를하는 것이 낫지 않겠습니까? 지금 유례없는 사태가 벌어지고 있습니다. 여야는 물론이고 민노당마서 미국에 넘어간 상황입니다. 미국의 압력이그만큼 거대한 것입니다. 황 교수의 배반포기술은 줄기세포 없이도 특허를 받을 수 있습니다. 6개월만 기다리면 되는데 한국정부는 안 기다립니다. 저는 군사정권 아래 고민한 사람들이 7년만 지나면 대한민국 전 국토를 살 만한 부가 미국으로 넘어가는 것을 방관하는 모습이 안타깝습니다.

황우석 지지자 7 : 안양에서 온 시민입니다. 일단 토론회 개최에 대해서이의를 제기하지는 않습니다. 주최측은 황우석 지지자를 광신도로 규정하고, 이번 사건을 세계 초유의 사기사건으로 규정하고 발제를 세웠습니다. 현재 조사 진행중인 사건을 두고 이미 주최측은 사기로 정하고 토론회를하고 있습니다. 학술회 개최 이전에 주최측에 규정에 대한 설명을 부탁드립니다. 저는 황우석 지지자로서 광신도로 몰린 것이 불쾌합니다. 지지자들의 광신도 규정에 대한 설명도 해주시기 바랍니다. 그리고 조사 진행중인 사건내용에서 사실로 드러난 부분을 무시한 채 서울대 조사위원회의 발표결과만으로 토론회를 진행하는 것은 마녀사냥식 토론회에 불과합니다.

황우석 지지자 8 : 저는 법과대학 4학년에 재학중입니다. 법과 민주화를 가지고 말씀드리고 싶습니다. 저는 이 대학에서 법은 양방의 분쟁해결을 위한 것이라 배웠고, 분쟁해결을 위해 당사자의 의견교환을 공평하게 가지는 것이 필요하다고 생각합니다. 또 민주화는 국민이 주권을 가지는 것입니다. 이 토론회 장소는 법대이고 주최는 민교협입니다. 따라서 양 당사자의 의견개진이 보장되어야 합니다. 민교협 내부의 의견이 통일되지 않았다는 것에 대해 답답합니다. 누구나 자기 의견을 표명할 수 있지만, 교수는 공인인 만큼 자신의 의견을 표명하는 데 신중해야 합니다. 교수라는 직위를 이용하여 의견을 표명하는 것은 사기라고 생각합니다.

황우석 지지자 9 : 전남대 철학과 87학번입니다. 말씀드리고 싶은 것은 교수님들의 발표자유와 그에 따른 명확한 책임입니다. 발제문을 보니 과연 교수님들이 어휘사용에 얼마나 신중하였는지, 실제적 진실을 궁금해하는 많은 사람들을 생각해 보셨는지 궁금합니다. 학문적 양심과 자유를 가진 교수님들은 얼마나 실제적 진실에 접근하고 있는지 고민하시길 바랍니다. 《행복한 책읽기》라는 책에는 "나는 정의의 하나님을 찾았지만, 그 정의는 절반의 진실일 뿐"이라는 말이 있습니다. 마찬가지로 검찰조사가 진행중인 상황에서 신중하고 책임 있는 토론회를 하시기를 기대합니다.

황우석 지지자 10 : 저는 황우석 교수 연구재개를 촉구하는 승가대학 교수입니다. 이 자리는 황우석 교수 개인을 위한 자리가 아니라, 후손을 위한 자리입니다. 법과 질서를 논하는 교수들의 어휘선택이 신중하지 못한 것이 실망입니다. 역사 대대로 우리가 책임져야 할 발언이기 때문에 이러한 세미나에서 오고가는 내용에 신중함을 기해야 할 것입니다. 그리고 일단 많은 준비를 하셨기에 들어봐야 합니다.

김세균 : 최초의 보도자료에 '황우석 광신도'라는 표현이 있었는데 이것이 흥분을 불러일으킨 것 같습니다. 그러나 여기에 따옴표가 있었기에 이는

일반적 표현을 가져온 것입니다. 이는 황우석 비판자들의 일반적 표현입니다. 아울러 주최측에서 '국제적 사기'라는 표현을 사용한 것은 황우석 교수의 마지막 발언을 다 믿는다고 하더라도 그것은 국제적 사기극이라고 생각했기 때문입니다. 그리고 서울 법대 건물을 사용해서 서울대와 연관 짓는데, 서울대는 단지 장소만 제공했을 뿐 이 토론회와 아무런 관련이 없음을 밝힙니다.

황우석 지지자 1: 사기극이라 전제하지 말고 사과하십시오. 사기극이라는 전제 아래 토론을 하는 것은 잘못입니다. 사기극이 아니라는 전제 아래 토론을 하는 것이 맞습니다. 학문은 진실추구가 첫째인데 사기극이라는 전제 아래 토론하는 것은 잘못된 것입니다. 검찰이 수사중인데 이러는 것은 부당합니다.

김세균: 사기라는 입장은 민교협의 판단입니다. 황우석 교수의 기자회견 발언내용만 고려해도 사기라는 판단이 가능합니다.

한인섭: 절차를 지켜 말씀하십시오. 자신의 주장과 더불어 남의 말을 경청해야 합니다. (성명도 밝히지 않은 남성과 스님이 계속 토론을 방해함) 이제부터 1시간 30분 동안 발표를 듣고 다시 토론을 진행하는 것이 좋겠습니다.

최갑수: 지금까지는 예비토론이었습니다. 이제부터 본토론회를 진행하겠습니다. 시간이 너무 지나서 발표자는 10분, 토론자는 5분을 드리겠습니다.

【 제 1 부 】

사회 : 최갑수 (서울대 서양사학과 교수, 서울대 민교협 회장)

발표 :
 황우석 사태의 형성과 전개 / 홍성태(상지대 문화학과 교수 · 사회학)
 황우석 사태와 생명윤리 / 황상익(서울대 의과대학 교수)
 황우석 사태와 과학기술정책 / 이영희(가톨릭대 사회학과 교수)

토론 :
　한재각(민주노동당 정책연구원) : 홍성태 발제토론
　박상은(샘안양병원장·생명윤리학회 부회장) : 황상익 발제토론
　김동광(국민대 사회과학연구소 연구원) : 이영희 발제토론

최갑수 : 상지대 홍성태 교수님 발표해 주십시오.

홍성태 : 예정에서 두 시간 가까이 지나면서 저도 배운 바가 있습니다. 많은 분들이 이야기하신 것처럼 말을 좀더 신중히 해야겠다고 생각합니다. 그러나 용어 자체를 받아들이기 전에 그것을 사용하는 맥락을 고려해 주셨으면 합니다. 저는 상충하는 의견의 대립을 피하기 위한 대화의 과정을 존중해야 한다고 생각합니다. 저는 분명히 황우석 교수가 과학적 사기를 저질렀다고 생각하고, 이를 부정하는 것은 맹신적 태도라고 생각합니다. 물론 이와 달리 생각하는 사람들도 있습니다. 저는 그런 입장에 귀 기울이고 받아들일 것입니다. 이 자리는 여러 면에서 황우석 사태를 검토하고 가능한 현재의 상태에서 이 문제를 종합적으로 보고자 하는 것입니다. 저의 의견은 검찰수사나 판결과 무관할 것이고, 우리 의견이 잘못되었다고 생각하시는 분들이 자리를 열고 초청하면 갈 것입니다. 문제의 출발점은 서로에게 귀를 기울이고 고칠 것을 찾아나가는 것입니다.
　저는 과학에서 사기가 상당히 보편적인 문제로 과학사회학에서 받아들여진다는 것을 말씀드립니다. 이런 연구는 그 자체로 객관주의 과학관에 길들여진 우리에게 반성적 사고를 할 수 있게 하기에 중요하다고 생각합니다. 제가 얘기하고자 하는 것은 행위의 개별주체에 대한 비난이나 모욕이 아닙니다. 객관성을 신뢰받는 과학이 그 자체로 보편타당하지 않음을 이야기한다면 아주 큰 문제일 것이고, 사기라는 용어는 과학과 관련하여 아주 중요한 문제입니다. 과학이 가져온 성과에 대해 올바른 검증과정을 거치지 않은 채, 또 그 결과가 가져올 성과를 성찰 없이 받아들이는 것은 문제적 태도입니다. 황 교수의 2004년, 2005년 논문이 거짓이었다는 것이 황우석 사태의 객관적 핵심이었음을 말씀드립니다. 황우석 사태에서 두 가지 핵심이 있는데, 하나는 논문의 과학사기 문제이고, 두 번째는 황우석 지지자들을 중심으로 한 일련의 현상입니다.
　저는 유감스럽지만, 지지자들의 행태에서 세 가지 문제가 드러난다고

생각합니다. 첫째 반민주적 태도, 토론을 거부합니다. 둘째, 반과학적 태도로 객관적 사실에 대한 논의를 거부합니다. 논문의 사실은 거부하고 황우석 교수의 원천기술 문제만 고수합니다. 과학을 과학자에게 맡기라는 입장 또한 반과학적입니다. 셋째, 반여성적 행태의 문제가 존재한다고 생각합니다. 줄기세포는 여성의 난자를 원료로 합니다. 이것을 만드는 과정은 여성의 난자채취에서 시작됩니다. 그것은 여성의 권리에 대한 인식에서 시작해야 할 것이지만, 그렇게 하지 못했습니다. 그래서 이와 관련하여 지속된 황 교수의 거짓말도 상당히 중요한 문제라고 생각합니다.

끝으로 이 문제와 관련하여 여러 사람들의 책임소지가 있습니다. 1차적으로 황우석 교수 자신입니다. 법적 책임은 시간을 두고 밝혀나갈 일이나, 논문 관련 1차적 책임을 져야 합니다. 두 번째로 문신용 교수와 노성일 교수 또한 '드림팀'의 역할과 책임을 규명해야 합니다.

저는 여기서 황우석 지지자들의 책임 또한 말씀드리겠습니다. 저는 일방적으로 그들이 당한 것이 아니라, 1990년대 이후 과학적 팬덤현상의 일종이라 생각합니다. 황우석 지지자들은 스스로 의미를 생산하고 활동을 조직합니다. 여기서 주목해야 할 부분은 이것이 큰 사회적 논란으로 비화되는 마당에 황 교수는 침묵한다는 사실입니다. 이제는 입장을 밝히고, 좀더 심도 있고 안정된 논의를 해야 합니다. 가장 큰 책임은 사회와 구조의 책임일 것입니다. 이 점도 여러 형태로 드러났지만, 실제로 정·언·학 유착망의 역할을 생각해야 합니다. 구체적으로 중요한 부분은 과학과 관련된 제도의 문제, 제도를 악용하는 구조의 문제가 공론의 대상이 되어야 합니다.

최갑수 : 다음은 황상익 교수님의 말씀을 듣겠습니다.

황상익 : 이번 사태가 시작된 직접적 발단은 작년 11월 12일 미국 섀튼 교수가 황 교수에게 결별선언을 한 것입니다. 논점은 연구윤리, 난자사용 문제였습니다. 다음에 논문진위 문제로 확대되면서 생명윤리 문제가 묻혔으나, 저는 이 문제가 중요하다고 생각합니다. 황우석이 기자회견에서 윤리에 대한 입장을 밝혔으나, 문제가 터져 나온 초기에 사실을 규명했더라면 사태가 이렇게까지 되지는 않았을 것입니다. 진실에 직면해서 용기 있게 대응하지 못한 것이 안타깝습니다.

체세포복제를 통한 줄기세포 배양을 비판하는 얘기를 하면 성체줄기세포 복제를 지지하는 것처럼 생각하는데 성체줄기세포 복제도 여러 윤리적 문제를 가집니다. 성체줄기세포 복제에 대한 더 많은 논의와 가이드라인이 생겨야 할 것입니다. 또 한 가지, 성체든 배아든 줄기세포 연구는 아직 초기 단계로 적용 가능성이 충분하지 않습니다. 배아줄기는 더욱 그렇습니다. 1998년 미국에서 수정란 줄기세포를 만들었지만 후속연구가 이루어지지 못했습니다. 연구의 어려움뿐만 아니라, 암으로 전환되는 등의 부작용이 일어나 임상연구를 막고 있습니다. 지난 몇 달 전만 하더라도 체세포 줄기세포를 한국이 만들었다고 하지만, 지금은 사실이 아닌 것으로 밝혀졌습니다. 줄기세포는 아직까지 만들어지지 않았고, 갈 길이 먼데 출발점에도 서 있지 않은 상태입니다. 그 동안 난치병환자를 줄기세포로 치료할 것이라 얘기했지만, 줄기세포를 만든다 해도 임상적용은 몇 년이 걸릴지 장담할 수 없습니다. 그로 인한 경제적 이익도 지금으로서는 말할 단계가 아닙니다. 이 사실을 정확히 알고 지지와 반대를 선택해야 합니다.

핵이식을 통한 체세포 줄기세포의 네 가지 문제를 말씀드리겠습니다. 우선, 핵이식 방법이 인간의 수많은 난자를 사용하고, 배아를 파괴하는 과정을 거치는데 그것을 과연 정당화할 수 있는가? 사실 법이 만들어지기 전에 정부에서 위임한 생명윤리자문위원회에서 이에 대한 초안을 만들었습니다. 당시 서정욱 과기부 장관을 통해 위원회에 전권을 위임했고, 열 명의 의학자와 과학자들, 시민단체, 종교계의 위원 열 명 등, 그 외 여러 참가자들이 1년을 고심하고 시안을 만들어 수정란 줄기세포는 허용하되, 체세포 줄기세포는 적어도 당분간은 연구를 허용하지 않겠다고 결론내렸습니다. 그러나 전권을 위임하겠다던 정부는 약속을 깨고 체세포핵이식을 통한 배아줄기세포 연구를 인정하여 충격을 주었습니다.

그렇다면 왜 체세포핵이식을 통한 연구는 안 되는가? 이 연구는 배아를 인위적으로 파괴하는 것입니다. 생명을 파괴하는 것이므로 거의 모든 나라에서 이를 금지하고 있습니다. 미국에서는 우리나라에서 이미 허용한 수정란 줄기세포 연구허용을 두고 갈등하고 있습니다. 체세포핵이식을 통한 줄기세포 연구는 정부가 약속을 어기고 허용했지만, 엄청난 수의 여성으로부터 얻은 난자를 이용해서 연구를 했고, 아직 하나도 성공하지 못했습니다. 확인된 줄기세포조차 없는데 허브를 만들었다는 것은 정말 책임져야 할 일입니다. 저는 의과대학에 몸담고 있고, 동료들이 이 작업에 참가하고 있기에 유감입니다. 어떻게 이런 허브가 생겼는지 충분한 해명과 책임이 필요합니다. 그리고 이러한 사태가 발생하지 않도록 제어할 장치가 있음에도 불구하고, 이러한 생명윤리와 논문조작 문제가 불거져 나온 것에는 공동연구자와 많은 사람에게 책임이 있습니다.

최갑수 : 다음으로 가톨릭대 사회학과 이영희 교수님의 말씀을 듣겠습니다.

이영희 : 이 토론회의 의도는 황우석 사태가 일어난 배경과 원인을 분석하고, 그 교훈을 따지는 것이라고 생각합니다. 황 교수의 원천기술 유무 문제는 제가 판단할 수 있는 문제가 아닙니다. 저는 이 비극을 낳은 원인을 따져보고 싶었습니다. 황우석 사태의 원인을 개인에 맞추면 구조적 배경을 간과하고 교훈을 찾을 수 없습니다. 저는 황우석 사태의 원인을 지난 40년간의 성장지상주의적이고 권위주의적인 과학기술 정책레짐에서 따져 보고자 합니다.

먼저 과학기술의 정책레짐을 살펴보겠습니다. 개별정책을 만들 수 있는 지속적 틀이 정책레짐입니다. 한국 과학기술 정책레짐의 핵심은 성장지상주의와 권위주의입니다. 박정희 이후 추진되었던 조국근대화, 기술개발 정책 등은 과학기술을 경제성장의 하위분야로만 한정해 과학기술이 가질 수 있었던 제반 측면을 놓치고, 편협하게 생각하게 하며 성과주의를 과학인 개개인에게 각인했습니다. 그리고 권위주의는 두 가지 측면으로 목표나 지향점이 추구되는 방식에서 나타납니다. 과학자 사이의 내부 권위주의, 이른바 실험실 권위주의, 다른 하나는 외부에 대한 권위주의로 과학기술은 과학자만 논의하고 토의할 수 있다는, 시민사회에 대한 과학자들의 권위주의가 그것입니다.

1990년대 후반부터 복제양 돌리의 탄생 이후 영롱이와 진이를 만든 황우석 교수는 스타과학자로 등장합니다. 실질적으로 노무현 정권 이후에 스타과학자로서 위상을 확고하게 차지한 황우석 교수는 엄청난 연구비 등을 불투명한 방식으로 지원받았고, 국가최고과학자 지원이라는 명분으로 젊은 과학자들에게 돌아갈 연구비를 받았습니다. 최근 한나라당 박재완 의원의 연구자료를 통해 알게 된 것인데, 시장잠재력을 근거 없는 자료로 평가한 과학기술부의 행동이 문제에 일조했습니다.

그렇다면 정부는 왜 황우석을 지지했을까요? 우선, 정부의 정치적 정당성 제고효과에 대한 기대가 있었습니다. 황우석은 노무현 정부의 2만 달러 시대의 비전을 나타내는 아이콘으로 적합했던 것입니다. 다른 한편으로는 성장지상주의적 과학정책레짐이 원인입니다. 지난 시기 성장의 주충돌이었던 IT를 대체한 BT 연구의 흐름에 맞췄을 것입니다. 이러한 상황에서 연구자 개인에게 주어지는 암묵적 압력은 성과주의와 결합하여 황우석 교수의 연구성과로 이어진 것입니다.

황우석 사태는 기본적으로 우리 사회의 과학연구 시스템의 취약성을 보여줍니다. 이 사태를 계기로 국가연구 시스템이 근본적으로 성장지상주의와 권위주의를 타파해야 할 것입니다. 조금 늦게 가더라도 국제 수준에 맞춰야 합니다. 둘째, 과학자 내부의 비민주적 권위주의를 타파해야 합니다. 우리나라 과학기술정책은 실험실문제를 줄곧 외면했습니다. 젊은 과학자, 예비 과학자들의 목소리를 외면하고 스타과학자 만들기에 주력한 정부는 반성해야 합니다. 마지막으로 과학자사회가 시민사회에 갖는 외적 권위주의를 타파하고, 과학기술 밀실행정을 끊어야 합니다. 과학기술정책 결정과정 자체도 시민사회에 투명하게 공개해야 합니다.

최갑수 : 이어서 토론으로 들어가겠습니다.

* 한재각(민주노동당 정책위원), 박상은(생명윤리학회 부회장), 김동광(국민대 사회과학연구소 연구원) 토론내용은 토론문을 참조할 것.

【 제 2 부 】

사회 : 손호철(서강대 정치외교학과 교수, 전국민교협 전임 공동의장)

발표 :
 황우석 사태와 정치 / 김환석(국민대 사회학과 교수 · 시민과학센터 소장)
 황우석 사태와 여성 / 박진희(국민대 사회과학연구소 연구위원 · 과학기술사학)
 황우석 사태와 언론 / 전규찬(한국예술종합학교 방송영상학과 교수 · 언론학)

토론 :
 정병기(서울대 기초교육원 교수 · 정치학) : 김환석 발제토론
 박소영(여성문화이론연구소 연구원) : 박진희 발제토론
 전태진(법문법인 정세 변호사) : 전규찬 발제토론

손호철 : (발제자와 토론자 소개) 성과주의와 윤리가 사장된 정부의 졸속 과

학행정과 신자유주의 정책들, 국민의 집단최면, 〈PD수첩〉의 취재관련 사태, 주류언론의 기회주의 등 우리 사회의 모든 면이 이 사태에서 드러난다고 생각합니다. 김환석 발제자의 발제부터 듣겠습니다.

김환석 : 황우석 사태에는 우리나라의 여러 문제가 응축되어 있습니다. 그런 의미에서 황우석 사태 이전과 사태 이후는 불가피하게 달라질 것이라 생각합니다. 어떤 식으로든 사태는 종결되겠지만, 종결과정에 따라 우리 미래는 달라질 것입니다. 모두가 바람직한 방향으로 종결에 관여해야 합니다. 이미 4개월이 지나 지치고 지겹지만, 그렇다고 해서 잊으려는 태도도 굉장히 위험합니다. 2005년 10월 20일자 신문이 황우석 사태의 핵심을 드러낸다고 생각합니다. "줄기세포 세계 종주국으로 한 발 가까이"라는 헤드라인으로 시작되는 신문기사에는 정치권과 과학자, 언론의 행태가 응축되어 있습니다. 이것은 황우석 사태의 모든 것을 보여줍니다. 개인의 부정과 논문조작이 발단이 되었지만, 사실 과학의 부정과 사기는 흔한 일입니다. 황우석 사태는 단지 그것에만 머무는 것이 아니라 우리나라의 정치·경제적 제반 측면과 연관되어 일이 커진 것입니다.

외국에도 과학적 부정행위가 많은데 우리나라에서 이렇게 번진 것에는 우리나라 정부와 언론의 '황우석 영웅 만들기'가 주요하다고 생각합니다. 본인이 그러한 약속과 희망을 던져줬지만, 정부와 언론의 부풀리기가 없었다면 이러한 후폭풍은 없었을 것입니다. 이런 점에서 정치권에 1차적 책임이 있습니다. 정치권은 황우석 부풀리기를 했습니다. 이러한 영웅 만들기는 갑자기 생긴 것이 아닙니다. 이러한 것이 나타난 배경은 첫째, 역사적으로 박정희 시대 이래 과학이 국가발전과 성장의 도구가 된 애국주의 이데올로기입니다. 박정희 시대 이래로 다른 부분에서는 민주화의 장치가 마련되었으나, 유독 과학기술정책만은 여기에서 예외로 남았습니다. 이러한 역사적 요인이 황우석 영웅 만들기를 뒷받침했다고 생각합니다. 황우석은 박정희 시대 이래의 과학-애국주의 이데올로기를 잘 체화한 사람입니다.

두 번째 요인은 노무현 정부 이후 신자유주의적 성장주의로 치닫는 정책동맹입니다. 신자유주의 성장을 위한 핵심산업이 요구되었던바, 김대중 정부는 IT를, 노무현 정부는 BT를 선택했습니다. 이에 노무현 정부의 신자유주의 성장정책은 황우석을 선택했습니다. 이것이 바로 생명공학자들을 파워엘리트의 하위 파트너가 아닌, 신자유주의 성장동맹의 핵심으로 올라서게 한 구조적 요인입니다. 아울러 미시적으로는 황우석 자신의 인맥 만들기와 언론플레이가 작용했을 것입니다.

마지막으로 과거 과학기술은 국가의 성장을 위한 핵심부문이 아니었으나, 오늘날은 국가의 성장동력이 되었으며, 과학입국 이데올로기가 이제는 정치권과 진보진영에도 뿌리깊게 내렸습니다. 그러나 황우석 사태는 이러한 것이 더는 안 된다는 것을 분명히 보여주는 것이라고 생각합니다. 향후 과학기술정책을 끌어가는 방법에는 민족주의적 방법과 민주주의적 과학정책이 있습니다. 이는 황우석 사태를 통해서 표면화된 것으로 앞으로 둘 중 어느 하나를 선택해야 합니다.

손호철 : 이어서 박진희 선생님의 발제를 듣겠습니다.

박진희 : 현대과학을 바라보는 새로운 시각들은 앞서 많이 말씀하셨습니다. 덧붙여 여성의 시각에서 현대 과학이 어떻게 발현될 수 있는가, 누구를 위한 현대과학인가를 잘 보여주는 있는 것이 이번 배아줄기세포 연구라고 생각합니다. 이에 여성의 입장에서 어떻게 과학에 개입하고, 어떤 것이 중심의제가 되어야 할 것인지 준비했습니다.

실제 핵치환을 통한 배아이식 연구는 난자의 상업화와 과배란증후군 부작용 등을 통해 한쪽 성에 어떠한 영향을 미치는가를 보여줍니다. 그런데 이런 부분에 대한 조명이 제대로 이루어지지 못했고, 그 부분에서 향후 배아줄기세포 연구에 대한 논의도 없습니다. 실제 한국에서 황우석 연구와 관련된 피해가 잘 표명되지 못하는 데 비해, 외국에서는 여성의 피해와 관련된 연구진행의 논의가 많이 이루어집니다. 여성의 건강권이라는 점에서 배아줄기세포 연구에 접근하려면, 난자채취 과정에서 시작해야 합니다. 난자채취에 사용되는 약품의 안전성을 생각해 봅시다. 이 호르몬제는 아직 안전성도 검토되지 않았습니다. 앞으로 생길 수 있는 효과를 위해 과배란자극 등의 문제를 감수하는 것은 여성 건강권에 대한 심각한 침해에 해당합니다. 여성단체는 국가와 산업단체 네트워크를 깨는 부분까지 나아가야 합니다.

또 한 가지 연구실 민주화를 고민하여 도제식 시스템에서 고통받는 여성연구원의 권리를 찾아야 합니다. 그리고 국익논의 등에 묻힌 여성의 문제, 과학연구에 여성의 개입가능성을 제기해야 합니다. 앞으로 과학이 지닌 성적 불평등에 대한 정리가 필요합니다.

손호철 : 이어서 전규찬 교수님의 발제가 있겠습니다.

전규찬 : 3월 1일 방송 3사가 월드컵 평가전을 앞다투어 보도했습니다. 저는 그것을 광기로 규정합니다. 그러한 열광의 가운데 더욱 중요한 문제에 대해 왜 방송사들이 침묵했는지 알 수 없습니다. 농민과 노동자들의 FTA 반대 등은 반국익으로 치부하고 무시했습니다. 한편에서는 월드컵을 띄우고, 다른 한편으로는 한미 FTA 반대투쟁을 무시하는 것이야말로 언론의 무책임한 행동입니다.

　문제는 대중에게 정확한 정보와 지식을 제공하는 것입니다. 지금 언론의 모습은 스튜어트 홀이 말하는 '조작하는 언론'과 같습니다. 이번 보도에서 나타나는 것은 우리와 그들을 구분하는 이분법입니다. 우리는 절대다수이고, 국민이라는 이름을 통해 비국민을 구획하고 스파이를 만들고 왕따시키며, 윤리적 규탄을 자행합니다. 저는 민주주의는 우리라는 이름으로 타자를 밀어내는 공간에 있는 것이 아니라, 서로 공통된 이해관계의 인식의 지평을 찾아가는 데 있다고 생각합니다. 전체주의는 유니폼의 사회이고, 민주주의는 다양한 목소리가 다양한 채널을 통해 터져 나오는 사회입니다. 미셸 푸코는 '파르헤시아'라는 표현을 통해 자신이 진실이라 믿는 바를 두려움 없이 공론화하는 지적 책무를 말합니다. 방송사를 드나들며 진실을 침묵하는 기자와 언론인을 보면서 본질의 심각한 균열에 대한 책임을 묻게 됩니다. 저널리즘, 미디어, 언론인의 실패를 통해 민주주의의 실패를 발견합니다.

손호철: 이제 지정토론자의 토론을 듣겠습니다.

＊ 정병기(서울대 기초교육원, 정치학), 박소영(여성문화이론연구소 연구원), 전태진(법무법인 정세, 변호사)의 토론내용은 토론문을 참조할 것.

1. 황우석 교수는 과학적 검증에 응해야 한다

2. 서울대 조사위는 철저히 진상을 밝히고
   연구의 정상화를 추구해야 한다

3. 서울대 조사위 발표와
   정운찬 총장의 사과에 관한 민교협 성명

황우석 교수는 과학적 검증에 응해야 한다

1.

오늘날 한국사회에서 황우석 교수는 정치적 지역적 입장을 달리하는 다양한 민들로부터 지지를 받는 특별한 인물이 되었다. 그가 이처럼 특별한 인물이 된 까닭은 '과학의 힘'이라고 할 수 있다. 현대 과학기술은 벌써 40여 년 전에 '달나라'를 정복했고, 이제는 마침내 생명복제의 문을 여는 단계에까지 이르렀다. 황우석 교수는 이 초유의 단계를 주도하는 과학자로서 엄청난 국민적 기대와 지지를 받고 있는 것이다.

황우석 교수의 연구가 여러 불치병과 난치병의 치료와 직간접적으로 연관되어 있다는 점에서 그에 대한 엄청난 국민적 기대와 지지는 충분히 이해할 수 있는 현상이다. 그러나 이런 기대와 지지 때문에 황우석 교수의 잘못을 그대로 덮어두는 것은 그 자체로 대단히 잘못된 것이면서 위험한 것이기도 하다. 황우석 교수가 정말로 큰 성과를 거둘 수 있도록 하기 위해서는 그의 잘못을 바로잡기 위해 함께 애써야 한다. 오늘날과 같은 지구화시대에 '모로 가도 서울만 가면 된다'는 개발독재의 논리는 더 이상 통용될 수 없다.

황우석을 사랑한다는 사람들은 황우석 교수에 관해 과학적 의혹을 제기한 언론과 학자들에 대해 엄청난 공격을 퍼붓고 있다. 그리고 금을 모으듯이 난자를 모으고 참으로 보기 드문 방식의 난자기증식을 열었다. 그러나 이런 식으로 황우석 교수에 관한 과학적 의혹이 해소될 수는 없다. 이 의혹은 과학적으로는 대단히 쉽게 해소될 수 있다. 황우석 교수는 과학의 발전을 위해, '국익'을 위해, 난치병과 불치병 환자들의 희망을 위해 진실을 밝혀야 한다.

2.

최근의 논란을 통해 잘 알려졌듯이 황우석 교수는 '연구윤리'와 관련해서 여러 잘못을 저질렀다.

첫째, 그는 배아줄기세포 실험을 위한 난자의 확보과정에서 잘못을 저질렀다. 세계적으로 난자의 매매는 엄격히 금지되어 있다. 그러나 황우석 교수의 실험에서는 돈을 주고 사들인 다량의 난자가 사용되었다. 황우석 교수는 이에 대해 몰랐다고 하더라도 연구책임자로서 책임을 피할 수는 없다. 그는 실험용 난자의 확보과정에 대해 큰 주의를 기울이고 철저히 감독했어야 했다.

둘째, 그는 연구원의 난자를 채취해서 실험에 이용했다. 연구원은 실험실에서 약자의 위치에 놓이기 때문에 어떤 경우에도 연구원의 난자를 이용하는 것은 금지되어 있다. 비록 연구원이 자발적으로 난자를 제공했다고 하더라도 연구원이 어떤 유무형의 압력을 받았거나 보상을 약속받았을 가능성이 있다. 따라서 연구원의 난자를 이용하는 것은 난자의 매매만큼이나 심각한 윤리적 잘못을 저지르는 것이다.

셋째, 이러한 난자의 매매나 연구원의 난자에 관한 의혹에 대해 황우석 교수는 그동안 정면으로 부정해왔다. 그러나 문화방송 〈PD수첩〉의 취재에 의해 황우석 교수가 그동안 지속적으로 거짓말을 해왔다는 사실이 명확하게 드러났다. 황우석 교수의 놀라운 연구성과는 연구윤리를 희생하고 이루어졌던 것이다. 이미 오래 전에 황우석 교수는 이런 사실을 밝혔어야 했으나 그는 진실을 밝히는 대신에 거짓말을 하는 것으로 의혹을 회피하고자 했다. 안타깝게도 하나의 잘못이 또 다른 잘못으로 이어졌던 것이다.

3.

황우석 교수가 연구윤리를 어긴 잘못을 올바로 밝히지 않은 까닭은 아마도 연구윤리의 중요성을 잘 알았기 때문일 것이다. 오늘날 세계적으로 강제되는 연구윤리는 1, 2차 세계대전에서 인류가 겪은 끔찍한 생체실험에 대한 반성 위에서 성립했다. 따라서 이것을 어기는 것은 이러한 반성을 부정하는 것으로 여겨져서 세계적인 제재를 받을 수 있게 된다. 황우석 교수가 이런 사실을 몰랐다면, 그것은 명백히 직무상 태만에 해당할 것이다.

박기영 청와대 과학기술보좌관은 식물생리학을 전공한 사람으로서 황우석 교수의 연구와는 거의 관련이 없는 사람이다. 그러나 그녀는 황우석 교수에게 연구윤리를 조언했고 그 때문에 공동연구자로 기록되었다고 주장했다. 과연 진실은 어떤 것인가? 박기영 보좌관이 조언한 연구윤리는 어떤 것인가? 황우석 교수는 연구윤리를 위반했을 뿐만 아니라 헬싱키선언에 대해서도 몰랐다고 밝혔다. 이로써 박기영 보좌관이 연구윤리에 관해 조언한 것이 없거나 완전히 잘못 조언했다는 사실이 밝혀졌다. 그녀는 청와대 과학기술보좌관직에서 사퇴해야 할 뿐만 아니라 황우석 교수의 연구와 관련해서 조사받아야 할 것이다.

오늘날 연구윤리는 모든 연구자가 반드시 지켜야 할 연구규범이다. 일부에서는 자발적 매매나 자발적 기증을 문제 삼는 것은 잘못이라고 주장한다. 그러나 자발적

매매는 가난한 여성들의 난자매매를 부추길 것이며, 자발적 기증은 은밀한 압력의 문제를 결코 해결할 수 없다. 이러한 사실을 무시하고 연구윤리를 상대화하고자 하는 것은 세계적으로 확립된 연구규범을 무시하고자 하는 것으로서 강력한 불신과 제재를 초래할 수밖에 없다.

따라서 이른바 '국익'의 이름으로 황우석 교수의 잘못을 덮어두려는 것은 더 큰 잘못을 저지르는 것이다. 우리가 그렇게 하고자 해도 세계가 그렇게 하지 않기 때문이다. 우리가 문제를 바로잡지 않으면, 세계가 우리를 불신하고 제재하게 될 것이다. 황우석 교수를 사랑한다는 사람들이 참으로 '국익'을 위한다면, 오히려 잘못을 바로잡기 위해 최선을 다해야 한다. 이런 점에서 황우석 교수를 비판하는 사람들을 격리해야 한다는 손학규 경기도지사의 발언은 대단히 부적절한 것이면서 극히 위험한 것이다.

4.

황우석 교수의 연구윤리에 대한 논란이 그의 연구결과에 대한 의혹으로 번진 것은 유감스러운 일이지만 사실 당연한 것이기도 하다. 연구윤리에 대한 의혹과 마찬가지로 연구결과에 대한 의혹의 경우에도 황우석 교수는 단순히 부정하는 것으로 일관했다. 손쉽게 증명할 수 있는 과학적 방법이 있는데도 불구하고 '자존심'과 같은 비과학적 이유를 들어 의혹을 부정하는 것은 결코 과학적 태도가 아닐 것이다. 황우석 교수가 강조하는 과학자의 견지에서 보았을 때, 가장 명확한 과학적 대응은 즉각 DNA 검증을 하는 것이다.

황우석 교수를 사랑한다는 사람들은 황우석 교수의 연구성과에 대한 의혹을 제기하는 것 자체를 불치병과 난치병 환자들의 희망을 짓밟는 것으로 몰아붙이는 비과학적 태도를 보이고 있다. 그러나 황우석 교수의 연구성과를 과학적으로 검증하는 것은 황우석 교수의 연구성과를 한층 튼튼한 과학적 기반 위에 세우는 것이며 가장 과학적 방식으로 '국익'을 한층 강력하게 지키는 것이다. '국익'을 내세우며 반드시 필요한 과학적 검증을 막고자 하는 것이야말로 과학과 '국익'에 대한 가장 커다란 위협이며, 불치병과 난치병 환자들의 희망대로 새로운 치료법을 개발하고자 하는 과학적 노력에 대한 심각한 위협이다.

과학은 과학적 비판과 과학적 답변을 통해 발전한다. 황우석 교수에 대한 맹목적 지지는 과학적 옹호라기보다는 종교적 열광에 가까운 것이다. 역사가 증명하듯이 종교적 열광은 과학의 발전을 억압한다. 이 점에서 황우석 교수를 사랑한다는 사람들의 태도는 극히 우려스럽다. 더 나아가 그들은 황우석 교수에 대한 모든 과

230

학적 의문 자체를 막고자 한다. 이를 위해 그들은 문화방송 〈PD수첩〉은 물론이고 황우석 교수에 대한 과학적 의문을 제기한 학자들에 대해서도 엄청난 공격을 퍼붓고 있다. 비과학적 태도가 반민주적 공격으로 이어진 것이다. 그러나 이런 공격은 과학의 발전을 저해하는 것으로서 결국 과학자인 황우석 교수에게도 큰 해가 되는 행위일 뿐이다.

5.

문화방송 〈PD수첩〉이 취재윤리를 어긴 것은 사실이다. 그러나 황우석을 사랑한다는 사람들은 문화방송 〈PD수첩〉은 물론이고 문화방송 자체에 대해 과도한 공격을 퍼붓고 있다. 이런 공격으로 말미암아 급기야 문화방송 〈PD수첩〉이 폐지에 이른 것은 언론의 자유와 민주주의의 면에서 극히 우려할 만한 결과이다. 문화방송 〈PD수첩〉이 취재윤리를 어긴 것에 대해서는 마땅히 적절한 조치가 있어야 한다. 그러나 황우석을 사랑한다는 사람들의 과도한 공격 때문에 문화방송 〈PD수첩〉을 폐지하는 것은 잘못이다.

일부에서는 언론이 과학을 검증할 수는 없다고 주장한다. 그렇다. 언론은 과학을 검증할 수 없다. 그러나 언론은 과학에 관한 의혹을 보도할 수 있으며, 또한 그 의혹에 관한 검증을 보도할 수 있다. 세계 언론이 지켜보고 있다. 과학의 문제는 언젠가는 밝혀지게 마련이다. 이런 점에서 문화방송 〈PD수첩〉의 보도는 '황우석 죽이기'가 아니라 오히려 '황우석 지키기'이며, '국익'을 저버린 것이 아니라 오히려 '국익'을 지키고자 하는 노력의 일환이라 할 수 있다. 오늘날과 같은 지구화시대에 민주주의를 부정하고 과학의 발전을 이룰 수는 없다. 종교적 열광은 결코 희망의 불씨가 될 수 없다.

황우석 교수도 이러한 사실을 잘 알고 있을 것이다. 그는 이미 연구윤리를 어긴 잘못에 대해 사과했다. 이제 그는 과학적 의혹에 대해 과학적 답변을 제출해야 한다. 그것은 시급히 DNA 검증을 실시하는 것이다. 이와 함께 그는 자신을 옹호하는 사람들의 비과학적 태도에 대해서도 자제할 것을 요청해야 한다. 황우석 교수는 자칫 위대한 과학자에서 종교적 열광의 대상으로 전락할 위기에 놓였다. 과학의 발전을 위해 황우석 교수가 제3의 기관에 의한 DNA 검증을 받아들이고 옹호자들의 비과학적 태도를 과학적으로 교정할 것을 희망한다.

2005년 12월 12일
민주화를위한전국교수협의회 · 전국교수노동조합 · 학술단체협의회

서울대 조사위는 철저히 진상을 밝히고
연구의 정상화를 추구해야 한다

황우석 교수에 대한 여러 의혹이 사실로 밝혀지고 있다. 그가 연구윤리를 어긴 것은 물론이고 그의 연구성과에 대해서도 국내외적으로 치밀한 조사가 이루어지고 있다. 이런 가운데 서울대학교에서도 조사위원회를 꾸려서 지난 12월 18일부터 조사를 시작했다. 이 위원회는 황우석 파동의 진상을 밝혀야 하는 중대한 책임을 지니고 있다.

사실 서울대학교는 좀더 일찍 조사위원회를 꾸렸어야 했다. 황우석 교수에 대한 세간의 논란은 단순히 '의혹' 차원을 넘어서는 것이었기 때문이다. 그러나 다소 늦기는 했어도 서울대에서 조사위원회를 꾸려서 조사를 시작한 것은 다행스러운 일이다. 우리는 서울대 조사위원회가 모든 의혹을 철저히 밝혀서 황우석 파동의 진상을 밝히고 연구의 정상화를 확립하는 길을 열기를 간절히 바란다.

여기서 잠시 지난 한 달 동안 하루가 다르게 진행된 상황을 잠시 돌이켜보고, 서울대 조사위원회의 과제에 대해 생각해 보도록 하자. 다음의 경과표에서 볼 수 있듯이, 가장 큰 책임을 지고 있는 기관인 서울대가 사실상 방관하고 있는 동안 소장 과학자들이 애써서 겨우 진리와 진실의 불을 밝힐 수 있었다.

- 11월 22일 〈PD수첩〉 방영.
- 11월 24일 황우석 교수 대국민 사과. '백의종군' 발표.
- 12월 5일 BRIC에 《사이언스》 2005년 논문의 줄기세포 사진이 중복된 사실을 밝히는 글이 올라옴.
- 12월 6일 검찰, 〈PD수첩〉 고발사건에 대한 법률 검토에 착수. 《네이처》 인터넷판, 황우석 교수의 연구성과에 대한 검증을 촉구.
- 12월 7일 황우석 교수 입원. 〈PD수첩〉 폐지 결정. 피츠버그대 과학진실성위원회 조사 시작.
- 12월 8일 김형태 변호사, 황우석 교수가 환자맞춤형 배아줄기세포의 특허에 필요한 세포주를 기탁기관에 맡기지 않았다는 사실을 확인. BRIC에 환자의

체세포와 줄기세포 DNA 지문분석 결과에 관한 '조작' 가능성을 제기하는 소장 과학자의 글이 올라옴. 서울대 의대와 치대, 생명과학대 등의 소장파 교수들, 정운찬 총장에게 황우석 교수의 논문에 대한 서울대의 자체 검증을 건의.

· 12월 11일 황우석 교수, 서울대에 자체 조사를 요청. 서울대, 자체 조사를 벌이기로 결정.

· 12월 12일 황우석 교수 18일 만에 연구실 복귀.

· 12월 16일 황우석 교수, 노성일 이사장 기자회견.

· 12월 20일 서울대 의대 및 서울대병원 교수들, '환자맞춤형 배아줄기세포'의 의학적 응용 가능성이 과장됐다는 성명을 발표.

· 12월 22일 1차 조사결과 발표 예정.

황우석 파동은 단순히 황우석 교수 자신의 개인적인 윤리의 문제가 결코 아니다. 이미 잘 드러났듯이 박기영 정보과학기술보좌관이나 오명 과학기술부 장관은 자기의 책임을 다하지 못했다. 또한 민주노동당을 제외한 사실상 모든 정치인과 〈PD수첩〉 등의 몇몇 언론을 제외한 거의 모든 언론이 '황우석 영웅 만들기'를 강행했다. '황우석교'라고까지 불리는 황우석 교수에 대한 종교적 열광은 그 당연한 결과였다.

그런데 과학과 과학자가 종교적 열광의 대상으로 타락하는 이런 위험한 상황에서 서울대는 무엇을 했는가? 황우석 교수의 연구과정을 감독했어야 하는 서울대 수의대 윤리위원회는 어떤 일을 했는가? 서울대 조사위원회는 황우석 교수의 연구과정과 연구성과에 대해 전반적이고 철저한 조사를 해야 한다. 그것은 단순히 의혹을 해명하는 차원을 넘어서 연구의 정상화를 확립하기 위한 노력으로 나아가야 한다.

전국의 모든 과학자와 전문가가 지켜보고 있다. 서울대 조사위원회는 제기된 모든 의혹을 낱낱이 밝히기 위해 DNA 검증을 중심으로 철저히 조사하고, 나아가 윤리위원회 등이 제대로 작동하지 못한 이유 등도 철저히 조사해야 할 것이다. 국민과 세계가 지켜보고 있다. 서울대 조사위원회는 서울대의 반성과 개혁을 촉진할 뿐더러 과학기술정책 전반의 개혁을 촉진하는 귀중한 성과를 거둘 수 있도록 최선을 다해야 할 것이다.

2005년 12월 21일
민주화를위한전국교수협의회

서울대 조사위 발표와
정운찬 총장의 사과에 관한 민교협 성명

2006년 1월 10일, 서울대 조사위는 26일에 걸친 '황우석의 연구'에 관한 조사결과를 발표했다. 그 내용은 한마디로 충격적이었다. 황우석은 줄기세포를 하나도 만들지 못했으며, 《사이언스》에 실린 두 논문은 모두 조작된 것이었다. 서울대 조사위는 '황우석의 연구'가 사실상 '황우석 사기극'임을 과학적으로 입증함으로써 맡은 임무를 훌륭히 수행했다. 이로써 '황우석의 연구'에 관한 논란은 명확히 사법적 수사와 처벌로 이어지게 되었다.

그러나 서울대 조사위의 조사는 '황우석 사기극'에 관한 과학적 입증에만 초점을 맞추었다는 점에 유의해야 한다. '황우석 사기극'은 학계, 정계, 언론계 등의 광범위한 영역의 연관을 통해 이루어졌다. 따라서 '황우석 사기극'에 관한 조사는 이 광범위한 연관을 파헤치고 책임을 밝히는 쪽으로 나아가야 한다. 요컨대 서울대 조사위의 조사는 '황우석 사기극'이 이루어질 수 있었던 부패와 부실의 문제를 밝히기 위한 출발점일 뿐이다.

서울대의 조사가 발표된 다음 날인 1월 11일, 정운찬 서울대 총장은 '국민 여러분께 드리는 말씀'이라는 제목으로 대국민 사과문을 발표했다. 이 사과문에서 그는 연구를 제대로 관리·감독하지 못한 책임을 통감한다고 밝혔다. 그러나 그의 사과는 결코 충분한 것이라고 할 수 없다. '황우석 사기극'에 대한 1차적 책임은 당연히 서울대에 있다. '황우석 사기극'에 관한 우려는 결코 새삼스러운 것이 아니었다. 그러나 서울대는 지난 몇 년 동안 '황우석 사기극'을 막기 위한 어떤 일도 하지 않았다. 오히려 '황우석 사기극'에 편승해서 더 많은 연구비를 확보하고자 했을 뿐이다. 정운찬 총장은 '우리의 책임'을 운운하는 것이 아니라 서울대와 자신의 책임을 통감하고 구체적으로 무엇을 잘못했는가를 밝혀야 하고 필요한 제반조치를 취해야 한다.

정운찬 총장이 대국민 사과문을 발표한 바로 뒤에 변양균 기획예산처 장관은 정운찬 총장의 '우리의 책임' 운운을 비판하며 논문조작의 1차적 책임은 서울대에 있다고 주장했다. 이 주장을 보며 우리는 '뭐 묻은 개' 이야기를 떠올리지 않을 수 없다. '황우석 사기극'에 대해 과연 정부는 '2차적 책임'만을 가지고 있는가? 서울대가 연구감독의 책임을 다하고 있는가를 감독할 책임을 방기한 것은 물론이거니와 '황우석 사기극'을 공공연히 부추기고 은폐하려고 한 가장 강력한 주체가 바로 노무현 대통령과 정부가 아닌가! 정부는 과학적 검증도 하지 않고 황우석의 주장을 그대로 믿고 엄청난 지원을 아끼지 않았다. '복제소 열광'으로 시작된 '황우석 사기극'은 처음부터 서울대의 차원을 넘어서 국가적 차원에서 이루어졌던 것이다.

'황우석 사기극'에는 실로 많은 사람들이 연관되어 있다. 그들은 과학예외주의나 국익론은 물론이고 심지어 색깔론까지 들먹이며 황우석을 옹호했다. 이제 이 사람들이 어떻게 연관되었는가를 철저히 조사하고 정리해야 하는 과제가 우리 앞에 놓여 있다. 이 과제를 해결하는 과정은 당연히 과학의 발전을 이루는 차원을 넘어서야 한다. 그것은 개발독재를 통해, 그리고 신자유주의적 성과지상주의에 의해 성장주의와 과학주의, 세계적 경쟁력 확보 등의 포로가 되어버린 이 사회를 근원적으로 성찰하고 개혁하는 과정이어야 한다.

'황우석 사기극'은 결국 진실이 이긴다는 역사의 진리를 다시금 확인해 주었다. 진실을 모든 사람의 눈에서 언제까지나 감추는 것은 불가능하다. 서울대와 정부는 터무니없는 책임 공방을 할 것이 아니라 진리의 힘으로 이 사회의 발전이 이루어질 수 있도록 지금부터라도 최선을 다해야 할 것이다.

2006년 1월 12일
민주화를위한전국교수협의회

한재각 (민주노동당 정책연구원)
황우석은 무상의료와 양립 가능한가?

강신익 (인제대 의과대학 교수)
생명공학과 줄기세포 연구의 담론구조

* 다음의 두 논문은 민교협 토론회와는 별도로 발표된,
  황우석 사태 관련 글입니다. 저자의 허락을 받아 전재합니다.

황우석은 무상의료와 양립 가능한가?

한 재 각 (민주노동당 정책연구원)

1. 황우석 교수, 광양만 하늘을 날다

2004년 8월 어느날 황우석 교수는 광양만의 하늘을 날고 있었다. 하늘을 나는 헬기 안에는 황우석 교수 이외에도, '황우석교수후원회' 회장인 김재철 무역협회장과 유상부 포스코 고문 등 경제인, 그리고 정찬용 청와대 인사수석과 정태인 대통령직속 동북아시아위원회 기획조정실장 등의 정부 핵심관계자도 있었다. 헬기까지 동원된 이날 답사는 광양시 지역 3개 면에 걸쳐 분포된 서울대 연습림 부지가 황우석 교수의 연구와 치료를 진행할 연구센터 부지로 적합한지를 살펴보기 위해서였다. 황 교수의 연구에 재계와 정계가 얼마나 관심을 가지고 있는지를 다시 한 번 확인할 수 있는 장면이다.

이날 정찬용 인사수석의 발언이 눈길을 끌었다. 그는 "전국에서 몇 군데의 후보지를 물색하고 있으며 이 가운데 광양지역도 유력한 후보지로 꼽힌다. 청와대 차원에서 전남 유치에 적극적인 관심을 갖고 있다"라고 말했다.[1] 지역개발을 내세워 전남지역의 표를 확보하려는 정치적 계산으로 여겨지는데, 여기에 황우석 교수까지 동원된 것으로 보인다. 그러나

---

* 이 글은 《진보평론》 제 26호(2005년 겨울호)에 게재되었으며, 강양구·김병수·한재각(2006), 《침묵과 열광 : 황우석 사태 7년의 기록》(후마니타스)에 수록될 글이다.

1) 《광주일보》(2004), "황우석 연구개발센터 광양 오나", 8월 19일. 한편 황우석 교수는 광양방문 자리에서 자신의 연구와 치료센터에 필요한 부지로 1천만 평이 필요하다고 밝혀 눈길을 끌었다.

황우석 교수가 단순히 이용당한 것이라고만 할 수 있을까? 청와대가 직접 나서서 황우석 교수의 연구를 지원하기 위한 연구센터 부지를 물색한다니, 꼭 그런 것만은 아닌 듯하다.

그러나 정치권과 황우석 교수 사이의 밀착관계보다 더 주의 깊게 살펴 봐야 할 것은 따로 있다. 정부와 재계가 황 교수 연구치료센터의 후보지로 물색중이라며 거론한 지역의 성격이다. 위 소식을 보도한《광주일보》에 의하면, 황우석 교수 연구팀과 정부는 연구치료센터의 부지선정을 위해서 광양 외에도 인천과 제주를 함께 검토중이라고 한다. 그런데 이들 3개 지역에는 공통점이 있다. 바로 얼마 있지 않아 모두 영리목적의 병원 설립이 허용될 운명에 놓인 곳이라는 점이다.

인천과 광양은 2003년 말에 '경제자유구역의 지정 및 운영에 관한 법률'(이후 경제자유구역법)이 통과되면서 경제자유구역으로 지정되었다. 특히 인천은 보건의료단체들의 격렬한 반대 속에서 2004년 말 경제자유구역법 재개정으로 영리 목적의 외국병원[2] 설립이 이미 허용된 곳이다. 광양도 조만간 그 뒤를 따를 것으로 예상한다. 또한 제주도 역시 머지않아 영리 목적의 병원이 허용될 가능성이 대단히 높다. 정부는 2005년 중반부터 제주도를 자치입법, 조직 및 인사, 재정 등에 폭넓은 자치권이 허용·강화되는 특별자치도로 만들면서 제주도에 한해 병원의 영리법인화를 허용하는 법안을 입법예고했기 때문이다.[3]

그런데 황우석 교수의 줄기세포 연구 및 치료센터의 부지로 검토된 지역들이 모두 병원의 영리법인화가 허용되었거나 추진중인 곳이라는 점은 우연의 일치일까? 결코 그렇지 않다. 오히려 이 점은 황우석 교수의 줄기세포 연구가 나아가는 길이 무엇인지를 보여주는 하나의 단서일 뿐이다. 그 단서를 쫓아서 좀더 나가보자.

---

2) 개정된 법률은 외국자본의 투자가 10% 이상이면 외국병원으로 간주한다. 나머지 지분은 모두 국내자본이 가질 수 있기 때문에 사실상 국내자본에 의한 병원투자를 허용하는 것이다.

3) 〈제주특별자치도 의료분야 설명 및 토론회〉, 국회 김종인·현애자 의원 주최, 국회의사당 3층 귀빈식당, 2005년 10월 24일.

2. 병원 영리법인화의 돌파구, '황우석 의료도시' 구상

2004년 말 국회 안팎에서는 '기업도시법안'을 두고 진통을 겪었다. 정부와 재계는 경제를 살리고 무엇보다도 낙후한 지역을 개발하기 위해 이 법이 필요하다고 주장했다. 반면 노동 · 교육 · 보건 · 환경단체 등과 민주노동당은 '재벌특혜법'이라며 격렬하게 반대했다. 이런 반대에 직면해 결국 정부여당은 한발 물러났다. 기업도시 추진계획의 큰 틀은 그대로 두되 반발이 거센 몇 가지 사항은 철회하겠다는 것이다.

법안이 수정되면서 기업도시 내 병원의 영리법인화를 허용하는 조항이 삭제되었다. 병원의 영리법인화 조항은 보건의료를 시장에 내던져 의료의 공공성을 무너뜨릴 것이라며 보건의료 · 노동 · 시민단체의 거센 반발을 샀기 때문이다. 뿐만 아니라 여당 내부에서도 지나친 조항이라고 비판받았다. 그러나 애초에 이 법안을 대표 발의한 열린우리당 이강래 의원은 수정된 법안에서 병원 영리법인화 조항이 빠진 것에 대단한 아쉬움을 표시했다. 일부 시민단체들의 반발 때문에 황우석 교수 연구를 위해 꼭 필요한 병원 영리법인화 조항이 빠지게 되었다는 것이다. 그는 기업도시의 모든 병원을 영리법인화 하는 것이 불가능하다면, '황우석 교수의 줄기세포 연구를 이용한 특수병원'만이라도 영리법인화 하자고 제안했다. [4]

이른바 '황우석 의료도시' 구상이다. 구상의 구체적 내용도 언론을 통해 흘러나왔다. 법안수정안이 나온 당일 《국민일보》는 "현재 첨단의료기술 발달에 필요하다고 인정되고 전체 의료수입 중 비보험 의료행위에서 얻어지는 수익의 일정비율 이상이 해당도시의 발전에 기여할 경우 복지부 장관이 예외적으로 특수전문병원 설립과 수익금 전출을 허용하자"라는 안을 보도했던 것이다. [5] 즉, 황우석 교수 줄기세포연구의 첨단의료기술을 이용하여 벌어들인 막대한 수익을 도시 기반시설에 투자할 수 있도록 병원 영리법인화를 제한적으로 허용하자는 것이다.

황우석 교수의 연구가 언제 실용화될지 장담할 수 없는 상황에서 나온 탁상공론식 구상에 가까운 것이기는 하지만, 정부여당 일각에서는 꽤나 진지하게 생각했던 것으로 보인다. 그러나 그해 말 통과된 기업도시특별

---

4) 이강래 의원의 구상에 의하면, '황우석 줄기세포 특수병원'에서 얻은 이익을 도시의 개발과 지원에 투자할 수 있도록 하자는 것이다.

5) 《국민일보》, 2004년 11월 9일.

240

법에는 이강래 의원의 제안이 결국 받아들여지지 않았다. 그렇다고 '황우석 의료도시'의 구상이 완전히 사라진 것은 아니다. 박기영 청와대 보좌관은 산업연구원을 통해서 의료클러스터 추진에 대한 정책연구를 진행하여 공론화하고 있으며,[6] 인천경제자유구역청은 '인천 바이오메디컬 허브'를 구축해서 황우석 교수의 '재생의학연구센터'를 설치할 계획을 밝혔다.[7]

3. '우리 회장님 말씀'과 노무현 정부의 의료산업화 정책

노무현 대통령은 취임 2주년을 맞아 2005년 2월 국정연설에서 "의료산업을 전략사업으로 육성해 해외로부터 의료산업에 돈이 들어오게 해야 한다"라고 천명했다. 이후 몇 달간의 준비 끝에 2005년 10월 대통령 직속으로 '의료산업선진화위원회'가 구성되었다. 보건복지부는 위원회를 출범하면서 보도자료를 통해 "의료산업을 획기적으로 육성하고 수준 높은 의료서비스를 제공"할 것이라고 설명했다.[8]

이 위원회가 다룰 의제는 그 동안 의료산업화 정책을 위해서 산발적이고 파편적으로 검토·추진되었던 내용을 총정리한 것이었다. 재계와 일부 병원·의료인들이 추진하던 병원 영리법인화와 민간의료보험 도입뿐만 아니라, 앞서 이강래 의원 등이 제안한 첨단의료복합도시를 조성하는 문제도 포함되었다. '황우석 의료도시'의 구상은 '의료복합도시' 의제로 되살아났을 뿐만 아니라, 정부가 핵심적으로 추진중인 의료산업화 정책의 일환으로 구조화되어 나타난 것이다.

황우석 교수는 학계대표로 이 위원회의 일원으로 참여하고 있다. 뿐만 아니라 황우석 사단의 일원으로 복제배아 줄기세포 연구를 적극적으로 진행하고 있는 노성일 미즈메디병원장도 의료계의 대표 자격으로 민간위원

---

6) 산업연구원(2004), "의료산업 육성방안 연구 : 중간보고(요약)" ; 박기영(2005), "의료산업의 전망과 발전전략", 국회 싸이엔텍포럼, 2월 17일.
7) 인천경제자유구역청(2005), "인천 바이오메디컬 허브 구축계획(안)".
8) 보건복지부(2005), "범정부적 의료산업 발전 및 의료제도 개선방안 마련을 위한 대통령소속 의료산업선진화위원회 출범", 10월 6일. 정부의 의료산업화 추진정책의 현황과 이에 대한 비판에 대해서는 다음의 글을 볼 것. 이진석(2005), "의료산업화 추진현황과 쟁점", 민주노동당 의료산업화정책 세미나, 10월; 이진석(2005), "영리법인 도입이 한국 보건의료체계에 주는 정책적 함의", 건강형평성학회 발표문, 10월 14일.

으로 참여중인데, 그는 병원 영리법인화의 주창자로 널리 알려졌다. 9) 또한 황우석 교수의 든든한 후원자 중 한 명으로 알려진 조중명 크리스탈지노믹스 사장10) 역시 약계대표로 참여했다. 여기에 황우석 교수와 청와대 및 정부 관계자들의 비공식적 이너서클인 '황금박쥐'11)를 이루는 박기영 청와대 정보과학기술 보좌관은 위원회의 세 공동간사 중 한 명으로 위원회 산하에 설치된 의료산업발전기획단에서 공동단장을 맡고 있다.

그런데 노무현 정부의 의료산업화 정책은 어디에서 유래한 것일까? 진보적 성향의 의사와 약사로 구성된 보건의료단체연합은 "노무현 정부의 의료산업화정책은 삼성의료공화국 만들기 정책일 뿐"이라는 파격적 견해를 제시했다. 이들은 2005년 9월 기자회견을 통해 삼성생명 내부 전략보고서를 폭로하면서, 의료산업화정책은 삼성병원과 삼성생명을 중심으로 구성된 '삼성의료체계'로 공공의료체계를 대체하고 시장화해서 보건의료 영역을 이윤추구의 장으로 변질하려는 의도가 반영된 것이라고 단언했다. 12)

---

9) 노성일 원장에 대해서는 특별한 언급이 필요하다. 노성일 원장은 황우석 교수에게 조심스럽게 제기되고 있는 불법 난자매매를 통한 복제배아 연구 의혹의 정중앙에 서 있기 때문이다. 경찰은 2005년 11월 7일 불법 난자매매 의혹을 수사하기 시작했는데, 거기에 노성일 원장의 미즈메디병원이 거론되었다. 이어서 노성일 원장이 불법 난자매매 사실을 인지한 상태에서 불임시술을 했음을 시인했다는 언론보도와 노 원장의 발언번복이 이어졌다. 급기야는 다른 언론이 한 제보자가 노성일 원장이 직접 불법 난자매매에 관여했으며 이렇게 구한 난자를 줄기세포 연구를 위해서 사용했음을 증언했다고 보도하기에 이르렀다. 글을 쓰는 현재까지 그 사실 여부는 확인되지 않았지만, 만약 사실이라면 그 파장은 예측하기 어려울 정도로 클 것으로 보인다. http://edue. breaknews. com/sub_read. html?uid=1118&section=sectio n41 기사 참고.

10) 황우석 교수와 조중명 사장의 관계에 대해서는 다음의 책을 볼 수 있다. 매일경제 과학기술부(2005), 《세상을 바꾸는 과학자, 황우석》, 매일경제신문사, p. 74.

11) '황금박쥐'란 황우석 교수, 김병준 청와대 정책실장, 박기영 청와대 정보과학기술보좌관, 진대제 정보통신부 장관이 매월 정기적으로 모여서 한국경제와 산업의 미래에 대해서 토의한다는 사실이 알려지면서 기자들이 명명한 것이다. 황우석의 '황', 김병준의 '금', 박기영의 '박', 그리고 진대제의 '쥐' 4글자를 합성한 것이다. 이에 대해서는 위의 책 190~196쪽을 볼 것. 특히 박기영 보좌관과 황우석 교수의 '인연'에 대해서 자세히 기술되어 있다.

12) 건강권실현을위한보건의료단체연합 등(2005), 《삼성의, 삼성에 의한, 삼성을 위한 노무현 정부 의료산업화 반대 기자회견 자료집》, 9월 13일.

　이런 주장을 뒷받침하기 위해서 제시된 근거는 사뭇 흥미로울 뿐만 아니라 충격적이다. 보건의료단체연합은 삼성측 발언과 정책보고서, 그리고 정부측 인사의 발언과 발표한 정책들을 정밀하게 비교했다. 그 결과 삼성이 제안한 의료산업화 정책이 거의 그대로 정부정책으로 수용되었다고 주장했다. 특히 의료산업화 정책을 추진하는 핵심인사들이 필요성과 근거로 제시하는 내용은 삼성에서 제시한 그것과 토씨 하나 다르지 않고 똑같더라는 것이다.

　사례를 하나 살펴보자. 2004년 6월 삼성서울병원의 이종철 원장이 《중앙일보》 시론에서 "의료가 산업화라는 과정을 통해 발전해야 한다"[13] 라고 강조하고, 7월에는 정구현 삼성경제연구소 소장이 《한국경제》의 칼럼에서 "똑똑한 학생들이 의대에 가지만, 동아시아에서 가장 탁월한 의료서비스를 제공하도록 키우지는 못한다"[14] 라고 개탄했다. 이어 2005년 2월 노무현 대통령은 취임 2주년 국정연설에서 "우수한 인재가 의대로 몰린다고 한탄할 것이 아니라 의료산업을 전략산업으로 육성"하자고 화답했다. 또한 박기영 청와대 보좌관도 2005년 3월에 있었던 한국제약협회 CEO 조찬강연에서 "우리나라 의료서비스 산업인 의과대학은 우수인력이 많기 때문에 잘 활용할 경우 강점이 많다"라며 거들었다.

　여기에 의료산업화 반대운동에 적극적으로 참여한 우석균 보건의료단체연합 정책국장은 씁쓸한 경험을 보탰다. 그는 지난 5월 병원의 영리법인화 문제 등으로 시민사회단체 대표들과 함께 청와대 김병준 정책실장을 만났다. 이 자리에서 김병준 정책실장이 의료산업이 핵심 국가산업이 되어야 한다는 확신을 피력하면서, "우리 이 회장님 말씀처럼 … 10년 후에 우리는 무엇을 먹고 살 것인가? 의료산업화는 바로 이를 위한 것입니다"라고 말했다는 것이다.

　김병준 실장이 말한 '우리 이 회장님'이란 말할 것도 없이 삼성 이건희 회장을 지칭하는 것이고, 그 '말씀'이란 이건희 회장이 2002년 5월에 삼성 금융계열사 사장단 회의에서 했다는 발언, "10년 후 우리는 무엇을 먹고 살 것인가?" 라는 말을 의미한다는 것이다. 우석균 정책실장은 "청와대 핵심 정책입안자라는 사람이 '우리 이 회장님의 말씀' 운운하는 것을 보고 기가 막혔다. 노무현 정부의 의료산업화 정책이 얼마나 삼성의 입김과 영

---

13) 이종철(2004), 《중앙일보》 시론, 6월 4일.
14) 《한국경제》, 2004년 7월 9일.

향력 아래 있는지를 결정적으로 보여주는 것이 아니냐"라며 씁쓸하게 웃었다. 15)

4. 황우석 교수, 시장주의 노선을 선택하다

황우석 교수는 2005년 초《조선일보》가 주최하는 간담회에 황창규 삼성전자 반도체총괄 사장과 임상규 과학기술부 기술혁신본부장이 자리를 함께했다. 《조선일보》가 "어젠다, 이것만은 풀자"라는 기획 아래 간담회를 연속적으로 마련했고, 이날의 주제는 '첨단과학기술 육성'이었다. "투황(Two Hwang)이 한국을 먹여 살린다"라는 말이 회자되는 시점에서, IT의 대표적 인물인 황창규 사장과 BT의 대표주자인 황우석 교수가 마주 앉은 것만으로도 눈길을 끌었다.

간담회 자리에서는 당연히 우리나라에서 앞서고 있는 IT에 BT가 결합해야 한다는 진단과 처방도 나왔고, 첨단과학기술 산업을 육성하기 위한 정부와 기업의 역할 분담론도 제기되었다. 또한 몰락하는 중소기업의 지원도 다시 언급되었고, 수도권에 기업연구센터를 허용해달라는 업계의 숙원사항도 은근슬쩍 제시되었다. 16)

이 와중에 황우석 교수의 입에서 좀 난데없는 발언이 나왔다. "'영리목적의 의료법인을 금지'하는 현행 제도와 법으로는 보건의료산업이 발전할 수 없다. 평등주의처럼 재검토해야 한다. 누구에게도 도움이 안 되는 제도라면 아픔을 겪더라도 껍데기를 깨야 한다"라고 주장한 것이다. 물론 《조선일보》의 기획 자체가 '규제를 풀자'라는 것을 감안하고, 이어서 임상규 본부장이 "의료·교육시장 개방은 국회·여론이 뒷받침해 줘야" 하며 "용기 있는 지도자들이 많이 나와 컨센서스를 확산해야 한다"라고 주장하는 것을 보면, 황우석 교수의 발언이 맥락 없이 이루어진 것은 아니었다.

오히려 그는 '병원의 영리법인화를 금지하는 제도'가 "누구에게도 도움이 되지 않는" 것이라고 확신을 가지고 이야기했다. 그리고 그것은 일회적인 것도 아닌 듯하다. 황우석 교수는 병원의 영리법인화 등을 주요 의

---

15) 우석균, 인터뷰(서울 혜화동), 2005년 10월 13일.
16) 《조선일보》(2005), "보건의료산업에 BT 있다… 인프라구축 서둘러야", 1월 14일.

제로 삼는 의료산업선진화위원회에 기꺼이 참가했기 때문이다. 병원 영리법인화가 의료의 양극화를 불러오고 공공성을 파괴할 것이라며 격렬히 논쟁하는 마당에, 이처럼 확신에 차서 이야기하는 배포가 놀라울 뿐이다. 게다가 그는 보건의료 영역에서는 문외한이라고 해야 할 상황이 아닌가?

최은희 민주노동당 정책국장은 황우석 교수를 "보건의료·BT산업이라는 도박판의 판돈을 올리는 조커" 같은 존재라고 말한다. 의료를 산업화·시장화하려는 정부나 재계에서 황우석 교수는 더 바랄 것 없는 훌륭한 명분이 되기 때문이라는 것이다. 틀리지 않은 말이다. 박인출 보건산업벤처협회장은 신문칼럼에서 의료산업의 경쟁력을 높이기 위해서 병원의 영리법인화가 필요하다고 주장하면서 황 교수를 끌어들였다. "황우석 교수 같은 BT 분야의 세계적 연구자들의 업적이 더욱 빛을 보려면 경쟁력 있는 병원과 상호연계를 통해 구체적 성과를 보여야 하며, 이렇게 될 때 BT산업의 발전이 더욱 가속화될 것"이라는 주장이다. 17)

황우석 교수가 병원의 영리법인화를 주장하고 나선 것을 이해할 수 있는 실마리가 있다. 다른 신약도 마찬가지겠지만, 줄기세포 치료제는 환자에게 사용되기까지 장기간의 임상시험과 자금이 필요하다. 게다가 아직 줄기세포를 원하는 세포나 조직으로 안전하게 분화시키고 통제할 수 있는 기술이 없기 때문에 기초연구에도 상당한 시간과 자금이 필요하다. 황우석 교수는 여기에 필요한 자금의 확보를 의료산업화 정책, 특히 병원 영리법인화 방안에서 찾은 것이다.

기업의 입장에서는 황우석 교수의 줄기세포 치료제는 아직은 실현가능한 주요 상품항목에 들어 있지 않은 것 같다. 일반적 신약개발에도 어려움을 겪는 상황에서 조심스럽게 접근하는 듯하다. 18) 그러나 의약품산업, 의료서비스산업에 자본을 투자했을 때 더 빠른 자본회수와 좀더 많은 이윤창출을 위해서 보건의료의 최종 소비공간이라 할 수 있는 병원을 영리적 공간으로 만드는 것에 큰 관심을 가지고 있다. 정부의 의료산업화 정책은 이런 관심사를 적극적으로 반영한 것이다.

이 점에서 황우석 교수와 재계, 정부의 이해관계가 맞아떨어진 것이다. 황우석 교수는 자신의 연구를 지원하고 실용화하는 데 필요한 자금을 지

17) 박인철(2005), "병원 영리법인 허용 옳다", 《문화일보》 시론, 5월 16일.
   박인철 : 메디파트너 대표이사 회장, 보건사업벤처협회 회장.
18) 허호영(2004), "변화하는 바이오산업에서 한국의 전략", 전경련 제1차 Bio Executive Forum, 3월 17일.

원받고 — 거기에 정책적 지원까지 — 재계와 정부는 대국민적 설득력과 정당성을 가진 황우석 교수라는 명분으로 의료산업화 정책을 추진할 수 있기 때문이다. 게다가 줄기세포 연구가 성과를 얻는다면 그 또한 좋은 일이지, 싫어할 일이 아니지 않은가? 이런 계산 아래 황우석 교수는 자신의 연구를 진척하고 실용화하는 데 자신이 선택 가능한 공공적 노선과 시장주의 노선 중에서 시장주의 노선을 택한 것이다.

5. 줄기세포연구 성과를 공평하게 나눌 수 있을까? : 약가격 통제하는 특허권

과학기술이 인간과 환경을 위해서 쓰여야 한다는 신념으로 오랫동안 활동한 국민대학교 김환석 교수는 2005년 8월에 개최한 토론회에서 시민사회단체들에게 생명공학 감시운동의 방향전환을 주문하였다. 그는 "지금껏 생명공학에 대한 시민사회단체들의 활동은 인간배아의 도덕적 지위를 둘러싼 생명윤리에 초점을 맞췄다. 그러나 그것은 이제 종교계 등이 다룰 문제로 남겨두어야 한다. 시민사회단체는 이제 줄기세포 연구의 성과가 사회구성원에게 골고루 돌아갈 수 있는지에 눈길을 돌려야 한다"라고 주장했다.[19] 즉, '부자의 과학, 빈자의 과학' 문제를 살피라는 것이다.[20]

이미 우리 사회는 이와 유사한 문제를 경험했다. 만성골수병 백혈병 치료제로 개발되어 '기적의 신약'으로 불리던 글리벡의 가격을 다국적제약업체인 노바티스가 대부분의 환자가 지불할 수 없을 정도로 높게 책정한 것이다. 때문에 하루에 4~8알씩 매일 먹어야 하는 글리벡의 하루 약값은 10~20만 원으로, 한 달에 환자가 지불해야 할 돈이 300~600만 원이었던 것이다. 이쯤 되자 '기적의 신약'이 아니라, 오히려 약이 있어도 돈이 없어 못 먹고 죽어야 하는 가증스러운 '죽음의 신약'이라 불렸다.

노바티스가 죽음을 앞둔 환자를 대상으로 글리벡에 엄청난 가격을 매겨도 정부가 어찌할 방안이 별로 없었던 것은 특허권과 이를 강제하는 WTO 체제 때문이었다. 글리벡의 생산·공급은 노바티스만 할 수 있기 때문에 노바티스는 환자의 경제적 부담은 아랑곳하지 않고 자신이 투자한

---

19) 생명공학감시연대 주최 〈인간배아 연구, 이대로 좋은가〉 토론회, 2005년 8월 25일.

20) 김환석(2005), "부자의 과학과 빈자의 과학", 《한겨레》 시론, 6월 7일.

자본을 가장 빠른 시일 안에 회수할 수 있고, 가장 많은 이윤을 올릴 수 있는 가격을 제시한 것이다. 이런 터무니없는 가격에 다국적기업과 싸울 생각도 하지 못한 정부는 재정부담을 이유로 건강보험의 혜택을 받을 대상자 수를 제한함으로써 다시 한번 환자들을 분노하게 만들었다.[21]

줄기세포 분야의 기술에도 이미 전 세계적으로 많은 수의 특허가 출원되었다. 과학기술부 산하 생명공학정책연구센터가 '줄기세포'(Stem cell)라는 키워드로 1998년부터 2005년 6월까지 확인한 전 세계의 특허출원 건수만 해도 5천여 건에 달한다. 시야를 좁혀서 우리나라만 보더라도, 해외에 출원된 줄기세포 국제특허는 총 18건이다. 정부나 기업들은 전 세계 줄기세포 특허에서 한국 특허가 차지하는 수가 적다는 점에서 오히려 더 많은 투자와 적극적 연구가 필요하다는 근거를 찾는다. 국내에서 해외에 출원된 특허의 대부분은 개인이나 민간기업의 것이다.[22]

황우석 교수의 특허는 특별히 세간을 관심을 끌었다. 황우석 교수가 특허출원이 너무 비싸서 감당할 수 없기 때문에 특허를 포기할지도 모른다고 호소했기 때문이다. 그리고 2004년 연말, 한 독지가가 6억을 특허경비로 내놓아 화제가 되었다. 2005년 5월에는 한나라당 김희정 의원이 "황우석 교수를 위해 특허지원펀드"를 만들자고 제안하기도 했다.[23] 특허비가 없어서 세계적인 우리 기술을 잃을지도 모르는데 정부는 뭐하냐는 비난이 일자, 정부는 최대 20억 원에 달할 것으로 보이는 특허출원 비용을 지원할 방안을 강구하기에 이르렀다.

황우석 교수가 2005년 9월까지 국내외에서 획득한 특허는 모두 14건으로 알려졌다. 그 중 국내에서 2005년 6월까지 등록된 특허는 모두 5개로, 주로 체세포핵이식을 통한 복제소 '영롱이'를 만든 기술과 관련된 것이다.[24] 현재 이 특허들은 서울대 안에 별도 법인으로 설립된 산학협력단의 명의로 등록되었다. 그러나 애초부터 황 교수의 연구가 서울대 산학협력단의 명의로 되었던 것은 아니다.

2002년까지의 특허들은 모두 황우석 교수 개인명의로 출원이 이루어졌

21) 글리벡문제 해결을 위한 사회단체공동대책위 준비모임, "노바티스는 환자들이 살 수 있는 가격으로 약을 공급하라!", 2001년 12월 17일.

22) 생명공학정책연구센터(2005), "BT 기술동향 보고서 : 줄기세포", 2월.

23) 《아이뉴스21》, 2005년 5월 29일.

24) 대학민국 특허청, 특허정보검색 사이트(http://www.kipris.or.kr/new_kipris/index.jsp)에서 검색.

다. 이것은 공무원의 발명은 국가로 귀속하도록 된 법규정을 어긴 것으로 '도덕적 해이'라고 지적받을 사안이다.[25] 교육부와 서울대는 2003년 1월, 서울대 산학협력단을 설치하여 대학소속 교수 개인명의의 특허를 명의이전하도록 하였다. 황우석 교수도 2004년도 8월에 특허 4개를 명의이전했다. 그러나 산학협력단이 출범한 2003년도 1월 이후에도 황우석 교수 개인명의로 출원된 특허가 확인되었다.[26] 그런데 사람들은 황우석 교수의 특허가 서울대 산학협력재단 명의로 등록된 것에 안심하는 눈치다. 글리벡의 특허가 다국적기업에 사적으로 소유되는 것과 비교하면서, "황우석 특허가 국립대학소속 재단의 명의로 등록되어 있으니 그나마 다행"이라고 말한다. '국립대학소속 재단이니 사기업처럼 돈을 벌기 위해서 환자들에게 야박하게 특허권을 행사하지는 않겠지' 하는 믿음 때문일 게다.

그러나 황우석 교수의 특허를 비록 서울대 산학협력단이라는 공적기관에서 관리한다 하더라도, 특허 자체의 독점적 권리의 속성은 사라지지 않을 것이다. 황우석 교수의 특허에 대한 사용권자가 이윤을 극대화하려는 시장독점적 방식으로 특허를 사용한다면, 연구성과를 모든 이가 향유할 수 있을지 의문이다. 글리벡처럼 경제적 능력이 없으면 줄기세포 연구성과를 이용하는 데 큰 어려움이 있을 것이라는 점은 명백하다. 정부는 이런 의문을 더욱 강하게 한다. 지난 6월 특허청은 보도자료를 통해 황 교수의 특허가 대학명의로 됐다고 하더라도 기업이 사업화하여 이윤을 창출하는 데 전혀 문제가 없다고 강조했기 때문이다.[27]

6. 줄기세포 연구성과를 공평하게 나눌 수 있을까? : 시장화된 보건의료체계

세계에서 GDP 중 의료비지출이 가장 많은 나라가 미국이라는 사실은 아무도 부정하지 않는다. 그러나 미국민이 세계에서 가장 양호한 건강상태를 유지하는 것은 아니다. 예를 들어 미국은 GDP 대비 의료비지출이 15%로서 가장 높은 나라이지만, 기대수명은 77.1세다. 그러나 영국은 의료비지출 비율이 7.7%임에도 기대수명은 미국보다 높은 78.1세다.[28]

---

25) 최순영(2004), 《2004년 국정감사백서 Ⅱ》. 최순영 : 민주노동당 국회의원.
26) 특허정보검색 사이트 검색.
27) 특허청 산업재산정책과(2006), 보도 및 해명자료 "발명진흥법 개정에 대한 해명", 6월 22일.

미국의 의사도 미국식 의료체계의 실패를 인정한다. 최근에 한국을 방
문한 힘멜스타인 미국 하버드대학 교수는 "미국식의 의료서비스 산업화는
미국에서 개인파산, 평균수명 증가율 축소, 유아사망률 증가 등을 가져왔
다"라고 주장했다. 보건의료단체연합이 주최한 "아시아보건포럼 2005"의
토론회에 참가한 힘멜스타인 교수는 "1,700명의 파산자를 인터뷰한 결과
50% 정도가 의료비 때문에 파산했다"라는 충격적인 사실을 전했다.[29]

보건의료정책 전문가들은 이러한 문제가 미국의 보건의료체계가 철저
히 시장적 방식으로 운영되기 때문에 발생한다고 분석한다. 반면에 영국
은 국가가 보장하는 공공의료체계로 운영하기 때문에 비교적 성공적이라
고 평가받는다. 서울대 보건대학원의 권순만 교수는 각국 의료체계의 성
과를 비교하면서, "미국이 GDP의 15%를 상회하는 의료비를 사용하면서
도 전 국민을 포괄하는 공적 의료보장체계가 부재하다는 점에서 미국 의
료체계의 성과가 낮다"라고 평가한다. 반면에 영국, 프랑스, 호주는 비
교적 낮은 의료비로 전 국민을 포괄하는 의료보장체계를 갖춰서 성과가
높다고 평한다.

한편 미국은 의료비지출이 많은 만큼 의료기술 개발에 대한 투자가 가
장 많다. 미국은 정부의 연구개발예산만 살펴보아도, 보건분야에 전체 연
구개발(R&D) 예산 중 23.7%를 투자해서 주요 국가 중에서 가장 앞선
상태다. 그 결과 최고의 의료기술을 지녔다. 그리고 2003년도의 OECD의
국가간 비교통계를 보면, 영국의 보건의료 분야에 대한 정부 R&D 투자
는 미국의 뒤를 이어 15%를 차지한다. 한편 프랑스는 5.8%를 투자해
우리나라의 9.3%보다 낮은 것으로 기록되었다.[30]

이런 주요 국가간 비교통계치와 유사하게 주요 국가들의 의료산업 경쟁
력도 비슷하게 평가되었다. 권순만 교수는 의료산업 경쟁력의 관점에서
주요 국가를 평가하면서, 미국은 제약산업과 의료기술에서 세계적 혁신을
선도하지만 프랑스는 의료비용 억제에 정책의 우선순위를 두어 의료산업

---

28) 권순만(2005), "의료서비스산업의 발전방안"; 이하 권순만 교수의 견해는 이
글을 참조하였으며, 별도로 인용하지 않을 것임. 권순만 : 서울대 보건대학
원 보건정책관리학과.

29) 《프레시안》(2005), "개인파산 … 평균수명 증가율 축소 … 유아사망률 증가 …
미국은 '한국의 모델' 아니다", 11월 12일.

30) 국가과학기술위원회(2004), "2004년 국가연구개발사업 조사·분석·평가 및
사전조정 결과(안)", 7월.

의 경쟁력은 높지 않다고 지적한다. 반면 권 교수는 영국의 사례에 주목
하라고 주문한다. "영국은 조세로 운영되는 포괄적 국가의료보장체계와
공공의료체계를 가지고 있으면서도, 동시에 제약산업과 바이오산업의 전
략적 지원을 통해 의료산업의 경쟁력도 높다"라는 주장이다.

결국 이런 평가는 의료산업의 경쟁력을 강화하기 위해서 — 이 글의 주
제와 관련해서 이야기하면 첨단의료기술인 황우석 교수의 줄기세포 연구
를 실용화하기 위해서 — 선택해야 하는 보건의료정책이 꼭 시장주의 노선
은 아니라는 점을 보여준다. 충북의대 의료정보학 및 관리학교실의 이진
석 교수는 "첨단 의료기술력과 시장화된 의료체계의 결합이 꼭 필연적이
지 않다. 의료기술 분야에서 앞서 나가면서 공공의료체계를 구축한 영국
이 그 좋은 사례"라고 강조한다. 31) 영국과 같은 공공보건의료체계를
구축하면서 충분히 의료산업의 경쟁력을 높일 수 있다는 것이다. 그럼에
도 황우석 교수는 공공적 방식을 놔두고 줄기세포 연구의 상업화를 위해
서 시장주의 노선을 택한 것이다.

영리법인화된 병원과 경제적 능력에 따라 차별적으로 가입할 수밖에 없
는 민간의료보험으로 대표되는 미국의 보건의료체계가 성공을 거두지 못
했다는 것은 이미 언급했다. 특히 엄청난 고가로 제공되는 첨단의료기술
에 영리법인화된 병원을 통해서 비싼 민간보험료를 지불할 수 있는 능력
을 가진 사람만 접근 가능한 미국의 현실은, 황 교수의 줄기세포 연구의
미래를 보여준다. 돈 없는 환자는 줄기세포 연구의 성과를 결코 누릴 수
없을 것이다. 이미 황우석 교수의 줄기세포 연구는 '부자과학'의 길로 들
어섰기 때문이다.

7. 황우석 교수는 무상의료와 양립할 수 있을까?

민주노동당을 비롯하여 민주노총, 보건의료단체 등은 '무상의료'를 주
장한다. 현재 전 국민을 대상으로 한 건강보험의 보장성을 좀더 강화하여
경제적 능력에 따라 차등으로 결정되는 보험료만을 납부해도 질병에 걸렸
을 경우 국가가 치료에 필요한 비용을 모두 책임져야 한다는 것이다. 그
러나 노무현 정부의 의료산업화 정책은 병원의 영리법인화, 민간의료보험
도입을 추진하면서 무상의료와는 전혀 다른 방향으로 나가고 있다. 이는

---

31) 이진석 교수와의 인터뷰, 2005년 10월 25일.

오히려 사회적 양극화를 의료영역에서도 재생산하면서 의료불평등을 더욱
심화할 것이다.

황우석 교수는 의료산업화를 추진하는 정부, 재계와 적극적으로 연계
중이다. 의료산업화를 추진하는 측에서 황우석 교수의 국민적 지지를 자
신의 목적을 위해서 동원하고 이용하는 측면도 있다. 그러나 황우석 교수
는 단순히 동원되거나 이용되는 피동적 존재가 아니다. 자신의 과학권력
을 유지·발전시키고 연구성과를 실용화하기 위해서, 필요한 재원과 정치
적 지지를 얻기 위해서 이들과 적극적으로 연대한다고 봐야 한다. 그리고
이를 위해 황우석 교수는 보건의료를 시장화하는 노선을 선택한 것이다.
황우석 교수가 선택한 미래는 결코 무상의료와 양립할 수 없다.

생명공학과 줄기세포 연구의 담론구조

강 신 익 (인제대 의과대학 교수)

1. 결정된 생명 : 극미인

연금술사이며 의사였던 파라켈수스(Paracelsus)는 천 년 이상 지속된 고대의학의 권위적 체계를 거부하고 근대적 의미의 경험의학을 세운 16세기 유럽의 풍운아였다. 그는 몸의 건강을 체액의 균형으로 보는 고대의 담론 체계를 전복하고 감각으로 확인할 수 있는 생리적 변화를 중시했으며, 연금술사답게 동·식물뿐 아니라 광물에서도 약의 소재를 구했다. 그는 신비의 영역에 가려졌던 생명을 만들어냈다고 주장하기도 했다. 그의 처방에 따르면, 만들고자 하는 동물의 뼈와 정자, 피부와 모발을 자루에 넣고 말의 분뇨로 둘러싸인 땅 속에 40일간 방치하면 작은 동물이나 인간이 탄생한다고 한다. 그는 이렇게 해서 30센티미터밖에 안 되는 극미인(極微人, *homunculus*)을 만들었다고 주장하기도 했다. 그러나 그가 만든 작은 인간은 결국 주인을 배신하고 도주했다고 한다.

과학혁명의 시대를 거치면서도 이런 종류의 이야기는 사라지지 않았다. 18세기 기센 대학의 데이비드 크리스티아누스(David Christianus)는 다음과 같은 처방을 제시하기도 했다. 검은 암탉이 낳은 계란에 작은 구멍을 뚫고 흰자를 콩 크기만큼 제거한 다음 그 부위를 사람의 정자로 채우고 처녀막으로 밀봉한다. 이것을 음력 3월 1일에 동물의 거름 속에 묻어두면 30일 후에 작은 사람이 생기는데, 이 작은 사람은 그 주인을 보호하고 도와준다는 것이다.

---

* 이 글은 《진보평론》 제 25호(2005년 가을호)에 게재한 것이다.

　이러한 이야기들은 우리에게 전과학시대의 자유롭지만 우스꽝스러운 상상력의 결과로 기억될 뿐이다. 하지만 과학혁명의 시대에도 인간의 발생이란 현상은 설명하기가 무척 곤란했던 것 같다. 17~18세기의 과학자들은 여전히 사람의 정자 속에 극미인이 들어 있고 이것이 여성의 자궁에서 어린아이로 자란다고 생각했다. 이러한 생각을 토대로 인체발생의 신비를 풀기 위한 '과학적' 노력은 계속되어 니콜라스 하르트소커(Nicolaas Hartsoeker)가 인간과 동물의 정자 속에서 작은 동물의 모습을 '발견'했다고 주장하기에 이른다. 발견의 진위를 떠나서 이러한 주장에는 치명적인 논리적 모순이 있다. 정자 속의 극미인이 자라서 정상적인 사람이 된다면, 정자 속의 극미인은 그 속에 또 다른 정자를 갖고 있어야 하고 그 정자 속의 정자는 또 다른 정자를 속에 지녀야 한다는 논리적 무한회귀가 반복되기 때문이다.

2. 과정으로서의 생명

　20세기의 생식의학과 발생학은 생식세포의 감수분열과 정자와 난자의 수정에 의한 배수체의 형성이라는 설명으로 이 문제를 말끔히 해결했다. 이제 더는 정자 속의 극미인을 상정할 필요가 없다. 인간생명의 발생과정은 부모로부터 반씩 물려받은 염색체 속의 유전체(genome)가 만들어내는 한 편의 오케스트라라는 것이다. 하지만 이 오케스트라에는 유전체라는 악보만 있을 뿐 지휘자가 없다. 생명은 악보인 유전체와 그것을 해석하고 실행하는 연주자인 생명단위들(리보좀, 미토콘드리아 등 세포 내 소기관과 그들 사이를 기능적으로 연결하는 RNA, DNA, 단백질 등) 사이의 무한에 가까운 상호작용 속에서 '발생'할 뿐 정해진 계획에 따라 '제작'되지 않는다. 생명은 중세인이 생각했던 것처럼 명확한 경계를 가지는 '실체'가 아니라 무한한 관계 속에 변하는 '과정'이다. 실체로서의 생명에는 크기의 증가라는 양적 변화가 있을 뿐이지만, 과정으로서의 생명현상에서는 무한한 상호작용 속에서 새롭게 나타나는 질적 변환이 핵심이다.

　이러한 발상의 전환이 가능했던 배경에는, 생물종(species)이 고정된 형태로 창조된 것이 아니라 오랜 시간 동안 축적된 돌연변이들이 자연선택된 결과라는 진화론의 사유양식이 자리한다. 생물종의 경계가 고정된 것이 아니라면, 개별 생명체의 발생과정 또한 이와 유사한 전환의 과정일 수 있다는 생각을 하게 된 것이다. 그리하여 20세기 후반에 이르면 진화론과 발생학을 종합한 새로운 생물학(진화-발생 생물학, Evo-Devo)이 출현한다. 이는 수백만 년에 이르는 진화의 시간과 몇 달에 지나지 않는 발생의 시간을 종합하는 기획이다. 이런 연구가 가능하게 된 것은, 다양한 생물체의 유전정보가 모이고 생물체의 발생을 제어하는 유전자를 분자수준에서 분석할 수 있게 되었기 때문이다.

그런데 다양한 생명체를 대상으로 한 연구결과(유전정보)들이 축적됨에 따라 예상치 않았던 사실들이 발견되었다. 생물종 사이의 외형상 차이와 표현형질의 다양성에 비해 유전형의 변이는 그리 크지 않다. 이런 결과는 2000년대 초에 발표된 인간유전체 연구결과와도 일치한다. 애초에 인간의 유전체에는 적어도 10만 개의 유전자가 있을 것으로 예상되었지만 실제로는 그 3분의 1에 불과한 3만 개 정도만 발견되었다. 이러한 결과들은 모든 형질의 변이는 유전형의 변이로 설명되며 하나의 유전자가 하나의 형질을 결정한다는 20세기 유전학의 예상과는 크게 빗나간 것이었다. 새로운 형질이 유전자에서 유래하는 것이 아니라면 그것은 어디에서 오는 것일까? 유전형보다도 훨씬 다양한 표현형질은 어떻게 설명할 것인가? 아직 우리는 이 물음에 완전히 일치된 견해를 가지지는 않았다. 아마도 유전자 사이의 다양한 관계로 표현형질의 다양성을 설명할 수도 있을 것이다. 하지만 우리는 아직 그와 같은 관계의 도식을 충분히 알지 못한다. 어쨌든 하나의 유전자가 하나의 단백질을 만들고 그 단백질이 하나의 형질을 결정한다는 단순도식이 더 이상 통용될 수 없다는 점에는 대체로 의견이 일치하는 것 같다.

3. 반복과 변경이 가능한 생명 : 백 투 더 퓨처 (Back to the Future)

우리 사회의 대체적 흐름은 여전히 유전자가 모든 형질을 결정한다는 단순논리의 틀을 크게 벗어나지 못했다. 최근 발표된 줄기세포 연구와 관련된 언론의 보도나 각계의 반응을 보면 온통 장밋빛 전망으로 넘친다. 그런 전망 속에는 역시 생명현상을 미리 짜여진 하나의 계획으로 보는 사유방식이 전제되었다. 생명의 계획은 모두 유전체에 들어 있고 그것이 좋은 방향으로 전개되기 위해서는 열어야 할 자물쇠가 여럿인데 줄기세포 연구를 통해 그 중 몇 개를 열었다는 식이다. 마치 보물을 찾아 떠나는 인디애나 존스의 모험과도 같은 논리구조다. 그렇다면 보물이나 최종 해결책은 이미 거기에 있는 것이고 우리는 그것을 '발견'하기만 하면 되는 걸까? 생명공학은 보물찾기에 불과한 것인가?

그럴 수도 있겠다. 하지만 그 보물에 이르는 길은 수많은 막다른 골목과 파멸에 이르는 낭떠러지를 함께 가진 아주 위험한 길이라는 점 또한 강조해야 한다. 경우에 따라서는 열지 말아야 할 문을 열어 돌이킬 수 없는 파멸에 이를 수도 있다. 그래도 가야만 한다면 다른 사람이 먼저 그 보물을 차지할까 두려워하지 말고 사전에 충분한 정보를 수집하고 관련자들과 심도 있는 논의를 거쳐야만 한다. 예상되는 각종 위험에 철저하게 대비해야 함은 말할 것도 없다. 바로 이 점이 지금의 줄기세포 연구자들이 가지지 못한 덕성인 듯하다.

그러나 여기서 문제 삼고자 하는 것은 연구와 논의에 참여하는 당사자들의 태도나 덕성이 아니라 그들로 하여금 그런 태도를 취할 수밖에 없도록 하는 담론의 구조와 사유의 양식이다. 나는 체세포핵이식을 통해 만든 배아에서 줄기세포를 추출한 연구자들이 파라켈수스에서 크리스티아누스와 하르트소커에 이르는 연금술사나 과학자들이 창조하거나 발견한 극미인의 이상을 공유한다고 생각한다. 줄기세포는 현대판 극미인(결정된 생명)인 셈이다. 앞의 두 사람은 모두 인간의 정자를 적절한 조건에 두면 극미인이 발생한다고 생각했고, 하르트소커는 그 이유를 설명하기 위해 정자를 관찰하다가 그 속에 극미인이 살고 있다고 단정했다. 물론 파라켈수스의 경우 그 인간이 자신의 주인을 배신한다는 복선을 깔고 있기는 하지만, 극미인은 결국 그것을 만든 사람을 위해 봉사하도록 제작된 것이다. 그리고 극미인은 정자 속에 들어 있으며 달걀이나 동물의 분뇨, 처녀막 등은 정자 속의 작은 인간이 발생하는 데 필요한 '조건'에 불과하다. 중심과 주변, 결정적 요인과 부차적 요인의 구분이 뚜렷하다.

줄기세포 연구에서도 마찬가지다. 뼈와 피부, 달걀의 흰자와 처녀막 등의 조건은 핵을 제거한 인간의 난자로 대체되었고, 동물의 거름이라는 환경은 영양세포를 함유한 페트리 접시로 바뀌었으며, 극미인을 담고 있는 정자는 다 자란 체세포의 핵으로 대체되었지만, 각각에 부여된 역할의 구도는 동일하다. 정자와 체세포의 핵은 인간의 형질을 '결정'하고, 뼈·피부·흰자·처녀막과 핵을 제거한 난자는 발생을 '조장'하며, 동물의 거름과 페트리 접시의 영양세포는 필요한 에너지를 공급한다.

이러한 사유양식에서 줄기세포 배양의 성공이라는 사건은—이제는 그것마저 조작된 것으로 밝혀졌지만—이미 결정된 운명에 이르는 길을 발견한 것이다. 배아의 운명은 이식된 체세포의 핵 속에 이미 기록되었기 때문이다. 우리가 이 연구결과에 환호하는 이유 중 하나는 시간을 되돌려 결정된 운명을 반복할 수 있다고 생각하기 때문이다. 그러나 이렇게 생성된 배아에서 발생시킨 줄기세포의 운명은 인간의 욕망에 따라 변경 가능하다는 것이 전제된다. '반복과 변경이 가능한 운명'이라는 전제가 없었다면 줄기세포 연구는 애당초 시작되지도 않았을 것이다. 운명을 반복할 수 있도록 한 것이 체세포핵이식 기술이라면 그 운명을 변경할 수 있도록 하는 것은 유전자조작 기술이다. 물론 핵이식으로 생산한 줄기세포를 특정장기로 분화시키는 기술이 발전한다면 유전자조작 없이도 특정장기를 재생시키는 것이 가능할 수도 있다. 하지만 이것 역시 줄기세포를 특정장기로 분화시키는 조건(유전자 또는 세포내 단백질)을 찾아내고 그 스위치를 여닫는 조작을 통해서만 가능하다. 따라서 체세포핵이식을 통한 줄기세포 생산은 넓은 의미의 유전자조작을 전제로 한 기술이다. 이는 과거로 달려가 미래에 일어나도록 예정된 사건을 변경하는 공상과학 영화를 연상시킨다. 〈백 투 더 퓨처〉(Back to the Future)!

이미 많은 포유동물의 복제가 성공한 만큼 복제의 중간단계에 있는 세포를 이용하는 이 기술의 성공가능성을 의심하는 것은 지나친 패배주의일지도 모른다. 그러나 이 기술이 성공하려면 반복과 변경이 가능한 운명이라는 모순적 논리구조를 극복하든지 이 기술 자체가 뿌리를 둔 사유의 틀을 해체하고 전면적으로 새로운 틀을 짜야 한다.

'변경 가능한 운명'이라는 구조를 받아들이는 것이 크게 상식에 어긋나는 일은 아닐지 모른다. 우리는 선천적으로 주어진 어떤 악조건이라도 얼마든지 극복할 수 있다는 것을 많은 사례를 통해 알고 있다. 문제는 우리의 운명이 유전자 속에 '들어' 있다고 믿는 것이다. 기존의 주도적 사유틀에서 그러한 포함관계는 기계적 결정론을 의미한다. 세포의 핵 속에 든 유전체의 일정부분인 유전자가 세포의 미래, 나아가 그 유기체의 운명을 '결정'한다고 한다. 그 동안 유전학자들은 그 결정의 메커니즘을 밝히기 위해 끊임없는 노력을 경주하며 상당한 성과를 거두었다. 그 방식은 주로 유기체와 세포의 기능을 환원 가능한 최소단위로 분해하고 분석하는 요소환원주의였다. 세포의 핵심부분인 유전자가 유기체 전체의 운명을 결정한다는 환원적 결정론이 바로 배아줄기세포 연구를 포함한 생명공학의 핵심적 사유틀이었다. 운명은 이미 결정되었고, 결정된 운명은 모두 유전자에 기록되어 있다는 것이다. 그러나 한편 생명공학은 그렇게 결정된 운명을 인위적으로 변경할 수 있다고 한다. 역설적이게도 변경 가능한 운명이란 명제는 그것이 이미 결정되었기 때문에 성립할 수 있다.

물론 지금은 어떤 생명과학자도 이와 같이 단순한 결정론을 믿지 않는다. 유전체에 기록된 30억 쌍에 이르는 염기서열을 모두 밝힌 지금이지만 염기서열이 곧 사람의 운명이라고 믿는 사람은 아무도 없다. 그런데도 연구자들의 연구프로그램은 유전자 사이의 관계나 유전자와 유기체 그리고 환경의 관계와 같은 거시적 주제보다는 주로 유전자 발현의 분자생물학적 과정이라는 미시적 영역에 머무는 경향이 있다.

유전자에 기록된 운명을 사람의 힘으로 바꿀 수 있다면 자연 또한 그것을 바꿀 수 있다고 보는 것이 타당하다. 누구도 자연의 솜씨가 인간만 못하다고 주장할 수는 없기 때문이다. 그런데도 생명공학은 유전체가 자연 속에서 속성을 바꿀 수 있다는 사실을 인정하지 않는다. 자연이 수시로 유전체의 모습을 바꾼다면 인간이 개입할 여지가 없어질 것이기 때문이다. 따라서 생명공학은 유전체는 자연적으로 변하지 않으며 단지 인위적으로만 변경할 수 있다고 전제해야 한다.

4. 기계가 아닌 생명

변경 가능한 운명이라는 모순은 이처럼 인간의 능력을 자연보다 높은 곳에 두기 때문에 발생한다. 따라서 이러한 모순을 극복하려면 유전체는 고정불변이라는 전제를 수정하거나 모든 형질을 유전자가 결정한다는 생각을 버려야만 한다. 기존의 환원적이고 결정론적인 생명과학 속에서 이와 같은 대안적 생각을 건져 올릴 수 있을까?

대답은 '그렇다'이다. 축적된 연구결과들에 대한 새로운 해석에 의하면 유전자는 고정불변인 것도 아니고 일방적으로 운명을 주도하는 것도 아니라고 한다. DNA가 RNA로 전사되고 단백질로 번역되는 과정에는 통상적으로 수많은 오류가 있다고 한다. 이것이 모두 표현형질로 나타난다면 엄청난 기형과 질병이 발생할 것이지만, 실제로 우리 세포와 몸은 그러한 오류들을 수정하는 더 고차적인 장치를 갖추고 있다. 우리는 필요에 따라 유전자를 발현하게도 하고 침묵하게도 한다. 유전자가 우리의 모든 것을 지배하는 주인은 아니라는 뜻이다.

한 개의 유전자가 반드시 하나의 형질을 결정하는 것도 아니고 하나의 형질을 구성하는 유전자가 반드시 하나만 있는 것도 아니다. 하나의 유전자가 여러 형질의 구성에 관여하기도 하고 여러 유전자가 협동하여 하나의 형질을 만들기도 한다는 사실은 이제 상식이다. 유전체를 구성하는 30억 쌍의 염기서열 중 유전자를 구성하는 부분이 기껏해야 5%도 안 되는 이유가 무엇인지도 우리는 아직 잘 알지 못한다. 유전체가 모든 것을 결정한다고 전제하면서도 그 유전체의 95% 이상이 왜 존재하는지조차 알지 못한다면 그 전제는 과연 정당한 것인가? 생물의 유전체가 고정불변이라는 가설 자체가 여러 증거를 통해 도전에 직면했다는 사실도 고려해야 한다. 유전자 결정론의 대안으로 후성설(後成說, *epigenesis*)이 주장되기도 한다. 이 이론의 옳고 그름에 대해서는 훨씬 긴 논의가 필요하다. 그러나 그 진위와 관계없이 고정불변의 유전자가 모든 형질을 결정한다는 환원적 결정론은 바로 그 방법론에 입각해 수집된 과학적 증거들에 의해 근거를 잃고 있다는 점은 충분히 인정된다.

5. 체세포핵이식의 논리구조

그렇다면 체세포핵이식으로 생산된 줄기세포가 이식된 체세포의 핵 속에 기록된 운명을 그대로 다시 풀어낼 것이라는 기대에 근거한 연구는 방향을 잘못 잡은 것이 아닐까? 이 물음에 대해서는 반복 가능한 운명이라는 생각을 분석함으로써 답할 수 있다.

운명이 반복 가능하려면 그 운명이 기록된 것으로 여겨지는 유전체의 구조가 변치 말아야 한다. 그런데 위에서 나는 유전체의 불변고정성이 그리 믿을 만한 전제가 아니라고 주장했으며, 유전체의 구조가 바로 운명을 뜻하는 것도 아니므로 운명의 반복가능성이라는 명제 또한 거부되어야 한다. 물론 공여자의 세포와 핵이식을 통해 생산된 줄기세포에서 공통적으로 나타나는 몇몇 생물학적 특징을 확인할 수는 있다. 이 실험에 성공한 연구자들은 이미 두 세포의 조직적합성항원(MHC)이 일치한다는 결과를 발표했다(이것 역시 지금은 거짓으로 판명되었다). 그러나 똑같은 조직적합성항원을 가지고 있다고 해서 두 세포의 운명이 동일한 것은 아니다. 공여자의 세포는 이미 상당한 시간 동안 유기체 내에서 특정 기능을 수행하면서 적응한 경험을 축적했다. 이 실험의 성공으로 우리는 이식된 핵은 이렇게 축적된 경험과 관계없이 인체의 새로운 발생을 유도할 수 있다는 놀라운 사실을 확인했다(이 역시 지금은 믿을 수 없게 되었지만 그 가능성은 여전히 무척 크다). 그러나 그 결과로 생산된 배아 또는 이를 자궁에 착상시켰을 때 태어날지도 모를 복제인간이 공여자와 동일한 운명을 지녔다고 말할 수는 없다. 그 둘은 서로 다른 시간과 공간 속에서 전혀 다른 삶을 살 것이며, 어떤 경우든 생성된 배아나 줄기세포는 세포의 공여자를 위한 '수단'일 뿐 그 자신의 삶을 살지는 못할 것이다. 생성된 배아와 세포핵의 공여자는 처음부터 수단과 목적으로 구분되었을 뿐 생물학적으로 동일한 운명을 타고났을 수가 없다.

따라서 애초에 미리 결정된 운명이란 있지도 않았다. 그건 그런 것이 있기를 바라는 사람들의 말장난일 뿐이다. 유전체에 기록된 염기서열은 그로부터 생명체의 삶에 다양한 의미를 부여할 다양한 정보의 원천일 뿐 생명의 미래를 '결정'하지는 않는다. 생명체의 미래는 유전체의 염기서열에 '기록'된 것이 아니라 그 서열정보와 주위의 가용자원을 활용하는 세포와 유기체에 의해 '개척'된다. 따라서 체세포핵이식을 통한 배아의 생성을 '복제'라 부르는 것은 문제가 있다. 복제라는 말은 체세포의 공여자와 핵이식을 통해 생산된 배아가 동일한 존재라는 전제가 있어야만 쓸 수 있지만 실제로는 유전체의 DNA 정보를 제외하고는 전혀 그렇지 않기 때문이다. 우리가 그것을 '복제'라 부르고 그렇게 생산된 세포를 조직거부반응 없이 난치병치료에 적용할 수 있다고 믿는 것은 모든 미래가 유전자에 들어 있다는 환원적이고 기계적인 결정론에 경도되었기 때문이다. 따라서 이러한 사유양식을 버리고 대안적 방식을 모색하는 것이 정당하다고 믿는 만큼 체세포핵이식 기술에 대한 기대만을 확대·재생산하는 정부와 언론, 그리고 관련 과학기술자들의 태도는 부당하다.

6. 기술적 문제들

체세포핵이식으로 줄기세포의 추출과 배양에 성공했다는 사실은, 같은 기술을 통해 생산된 배아를 자궁에 착상시켜 개체를 출산케 한 사건(복제양 돌리와 복제소 영롱이)에 비하면 별로 대단치 않은 것일 수도 있다. 전자는 눈에 보이지도 않는 세포를 만든 것이지만, 후자는 생명체 전체를 생산한 것이기 때문이다. 문제는 그 대상이 인간이라는 데 있다.

체세포핵이식 기술은 젊은 여성에게 여러 차례 주사를 놓아 과배란을 유도한 후 난자를 채취하며, 인위적으로 난자의 핵을 제거한 다음 체세포 공여자에게 얻은 핵을 그 속에 넣고 전기자극으로 융합하는 과정으로 구성된다. 아직 치료적 성과는 전혀 없지만, 이 모든 과정은 오로지 체세포를 공여한 주인이 앓고 있는 병을 치료하기 위한 것이다. 그래서 이 기술은 맞춤의학의 대표적 사례로 알려졌다. 하지만 조금만 자세히 들여다보면 맞춤의학이 아직은 희망일 뿐이라는 것을 알 수 있다. 이 연구의 주체를 포함한 유전자 결정론자들의 논리에 따르면, 체세포 공여자(환자)의 핵 속에는 건강한 유전자가 아닌 그 환자가 가진 질병의 유전자를 갖고 있을 것이 분명한데, 병든 세포를 가지고 그 병을 치료한다는 것이 논리적으로 모순이기 때문이다. 물론 그런 연구를 통해 질병의 유전적 발병과정을 알아낼 수 있다고 주장할 수도 있다. 그러나 그런 종류의 연구라면 배아를 만들지 않고서도 얼마든지 가능하다.

척추신경 손상과 같은 후천성장애는 맞춤의학의 개념이 무리 없이 적용될 수 있다(이식된 체세포의 핵은 병들지 않은 정상적인 것이므로). 하지만 만들어진 줄기세포를 신경세포로 분화시키고 그것을 병소부위에 이식하여 신경으로 자라게 할 기술이 아직 없는데 조직거부반응이 없을 것으로 예상되는 줄기세포를 만들어서 어디에 쓸 것인지 궁금하다. 질병치료의 실질적 성과들은 이런 영웅적인 연구가 아닌 더 소박한 세포분화 기술에서 나올 가능성이 크지 않을까? 그렇다면, 얼마 전 서울대팀이 추출과 배양에 성공했다고 주장한 체세포핵이식 줄기세포는 의미가 크게 퇴색될 수밖에 없다. 이 연구는 선천성면역결핍증, 당뇨 등의 만성병과 척추신경 손상 환자를 목적으로 하고, 숭고한 인간애의 발로로 고통과 위험을 무릅쓰고 난자를 제공한 '성스러운' 여성들을 수단으로 한, 잘 기획된 한 편의 드라마다. 물론 자진해서 수단이 된 여성들이 겪은 고통과 위험이 실질적 질병치료로 이어질 가능성은 아무도 장담하지 못한다.

이 기술을 이른바 맞춤의학에 적용하기 위해서는 이것 말고도 넘어야 할 산이 무척 높고도 많다. 그 중 하나가 미토콘드리아에 존재하는 DNA의 문제다. 체세포핵이식으로 만들어진 줄기세포의 핵은 공여자와 똑같은 유전정보를 가지지만 공여자와 줄기세포의 미토콘드리아에 들어 있는 DNA는 전혀 다르다. 세포분화기술이 발달해서 이 기술을 직접 임상에 적용할 수 있더라도 이 문제는 해결되지 않는다. 물론 이것은 이론적인 문제이고 실질적으로 이 문제를 피해갈 수 있는 방법이 고안될 수도 있지만, 아직 우리는 다른 미토콘드리아 DNA가 어떤 문제를 일으킬지조차 알지 못한다. 이 밖에도 줄기세포를 이식했을 때 암발생 가능성이 높아지거나 초급성 조직거부반응을 일으킬 수 있는 등의 문제가 있으며, 이 또한 결코 가볍게 넘길 수 있는 문제가 아니다.

7. 사회·문화적 맥락

그렇다면 이 기술이 이와 같은 과학적·기술적 문제와 더불어 심각한 윤리적 문제를 안고 있음에도 불구하고 그렇게 큰 환호를 받는 이유는 무엇일까? 첫째는 맞춤의학의 가능성이 무척 새롭고 매력적이기 때문일 것이다. 물론 앞절에서 살핀 대로 그 길이 그리 순탄치만은 않겠지만, 생물학적 평균을 중심으로 인간을 바라보는 기성의학에 식상한 현대인에게는 무척이나 매력적인 가능성임에 틀림없다.

둘째, 윤리적으로 첨예한 논쟁을 불러올 가능성 때문에 오히려 더 크게 보도된 측면이 있다. 이 연구가 인위적으로 인간생명을 만들기도 하고, 파괴하기도 하는 것이라는 생각은 오히려 이 연구의 뉴스가치를 높이는 데 기여했던 것 같다. 이따금 TV에 출연하거나 신문에 칼럼을 쓰는 생명윤리학자들은 지나치게 원론적 입장만을 강조하거나 그렇게 편집됨으로써 이 문제가 마치 과학 대 윤리의 대립인 것처럼 몰고 갔고, 결과적으로는 오히려 생명공학자들의 입장을 강화한 꼴이 되었다.

이것은 우리가 과학에 대한 토론 자체를 기피하는 문화 속에 살고 있다는 세 번째 이유와 통한다. 우리나라에는 과학자와 정책담당자의 과학만 있지 그 과학의 잠재적 수혜자이며 소비자인 대중의 과학, 과학에 대한 반성인 메타과학의 전통이 일천하다. 과학문화의 창달을 지원하는 국가기관이 있지만 통상 과학문화는 과학자에 의한 일방적 교육을 뜻한다. 이러한 태도는 공개토론을 제안한 생명윤리학회에 대해 그것을 소모적인 것으로 일축하거나, 필요할 경우 토론이 아닌 '강의'를 해주겠다는 생명공학자들의 의식구조 속에 생생히 살아 있다.

이 연구가 그렇게도 대단한 반향을 일으킨 네 번째 이유는, 이 기술이 가진 경제적 잠재가치다. 앞서 지적한 대로 당장 대단한 치료법으로 발전할 가능성은 없어 보이지만 자본은 속성상 아무리 낮은 가능성만 있어도 대가가 크다면 대규모의 투자를 아끼지 않는다. 이 기술이 어떻게든 실용화만 된다면 엄청난 부를 만들 것이기 때문이다. 우리나라의 경우 이러한 자본의 논리는 엉뚱하게도 애국주의적 정서와 결합되어 있다. 이 연구에 연구비를 지원하는 주체도 기업이 아닌 국가다. 그것도 통상적 절차를 생략한 파격적 지원을 제공한다. 조그마한 절차적 하자만 있어도 크게 부풀려 비리를 말하던 국회는 이상하게도 여야를 막론하고 찬양일색이다. 이것이 대한민국을 먹여 살릴 미래의 성장동력이기 때문이란다.

8. 대안은 없는가?

체세포핵이식을 통한 배아줄기세포의 추출이라는 기술은 과연 난치병 치료의 유일한 돌파구일까? 만약 우리가 유전체의 염기서열이 모든 질병의 결정적 원인이라고 믿는다면 그럴 수도 있겠다. 하지만 생명을 정자 속에 들어 있는 극미인이나 세포핵 속 유전체의 염기서열이 아닌 세포와 유기체와 주변환경이 어우러져 함께 개척하는 과정으로 본다면 이러한 주장은 설득력을 잃는다.

우리는 이미 골수나 조직을 이식했을 때 발생하는 조직거부반응을 피해 갈 수 있는 기술을 개발했고, 성공적으로 임상에 적용하고 있다. 지금 수많은 사람의 생명을 구하고 있는 장기이식수술은 바로 이러한 과학의 발전에 힘입은 것이다. 물론 장기기증 희망자와 수혜자의 조직적합성이 일치하는 경우는 그리 많지 않다. 따라서 장기를 이식받으려면 수많은 기증 희망자와 조직적합성을 따지는 힘든 과정을 거쳐야 한다. 바로 이것이 장기이식이 일반화되지 못하는 원인이며 동시에 체세포핵이식을 통한 줄기세포 연구자들이 윤리적 위험을 무릅쓰고 그 기술을 개발한 이유다. 이 기술이 성공적으로 적용될 경우 면역억제제를 쓰지 않고도 필요한 장기나 조직을 만들어낼 수 있다고 생각하기 때문이다(물론 그것은 아직 이론적 가능성일 뿐이다).

이 두 가지 기술 중 어느 것이 더 가능성이 큰지를 저울질하는 것이 그리 시급한 일은 아닐지 모른다. 하지만 적어도 두 가지 측면에서 두 기술은 엄청난 차이를 가진다. 첫째는 면역억제를 통한 장기이식은 이미 임상에 적용되어 효과가 인정된 기술이지만 체세포핵이식 기술은 이제 겨우 시작일 뿐이라는 사실이다. 앞서 논의한 바대로 가능성이나 안전성이 확인된 기술도 아니다. 둘째, 전자는 '서로 나눔'의 정신이 필수적인 쌍방향의 기술인 반면 후자는 편익의 흐름이 일방적이다. 전자의 경우 대규모의 네트워크를 통해 장기의 제공자와 수혜자의 정보가 집적되어야 가능하다. 그리고 여기에 등록된 사람은 자신의 장기를 남에게 나누어주기를 원하는 사람들이지만 불의의 사고를 당하는 경우 장기이식의 혜택이 바로 그들에게 돌아갈 수도 있다. 반면 체세포핵이식의 경우 그 혜택은 체세포의 주인에게만 돌아간다. 난자기증자에게는 어떤 이익도 돌아가지 않는다. 전자의 경우 그 편익은 그 프로그램에 등록된 모든 사람이 골고루 나누어 가지지만, 후자는 오직 목적으로 선택된 사람에게만 돌아간다. 전자가 어느 정도 공적인 기술이라면 후자는 철저히 사적인 기술이다.

이러한 성격상의 구분은 같은 줄기세포 연구 중에도 있을 수 있다. 현재 다양한 분화가능성을 갖는 줄기세포는 세 가지 경로를 통해 얻어진다. 첫째는 이미 실용화된 성체줄기세포다. 골수에서 채취하여 백혈병치료에 이용되는 성인의 줄기세포, 태어난 아기의 탯줄에서 얻어지는 제대혈 줄기세포, 발거된 치아의 치수에서 얻을 수 있는 줄기세포 등이 여기에 속한다. 둘째는 시험관아기 시술을 위해 사용하고 남은 잉여수정란을 발육시켜 줄기세포를 얻는 방법이다. 셋째는 위에서 논의한 체세포핵이식을 통한 배아에서 얻는 방법이다. 둘째와 셋째는 인공적으로 만들어진 배아에서 얻는다는 점에서는 같지만 전자는 정자와 난자의 결합에 의한 임의의 유전형을 가진 반면 후자는 핵제공자와 똑같은 유전형을 가진다는 점이 다르다.

따라서 성체줄기세포와 잉여수정란에서 발육된 줄기세포는 유전적 특성의 측면에서 임의적인 것이며 체세포핵이식을 통한 줄기세포만이 유전적 특이성을 갖춘 맞춤의학에 적절한 것처럼 보인다. 그러나 백혈병환자에게 이식된 골수의 성체줄기세포가 이미 수많은 생명을 구했다는 것은 누구도 부인하지 못할 사실이다. 유전형이 일치하지 않는다 하더라도 치료에 성공할 수 있음이 확인되었다는 점에서 잉여수정란을 이용한 줄기세포 연구나 성체줄기세포 연구는 체세포핵이식 기술보다는 윤리적 논란의 여지가 훨씬 적으면서도 실질적 효과를 보장할 수 있는 대안일 수 있다. 더구나 장기이식에서와 마찬가지로 은행을 설립해 성체줄기세포를 모으고 유전정보를 관리한다면 더 많은 사람이 혜택을 나눌 수 있을 것이다.

9. 체세포핵이식 기술의 문화적 함의

생명공학 분야의 전문가들과 이야기를 나누다 보면 때로 의아해진다. 그들에게 체세포핵이식 기술과 배아줄기세포 연구의 의의를 물으면 각종 매체의 호들갑과는 달리 그다지 높이 평가하지 않기 때문이다. 그들의 반응을 요약하면 대략 다음과 같다. 이 연구가 대단한 '기술'적 진전인 것은 틀림없다. 하지만 '과학'적으로 보면 이미 이론적으로 예상되었던 것을 확인한 것에 지나지 않는다. 난치병치료의 가능성도 이론적 가능성일 뿐 한 번도 임상적으로 증명된 적이 없다. 따라서 이 기술은 젓가락질로 숙달된 손재주의 승리일 뿐 과학적 성공도, 획기적 치료법의 발견도 아니다.

물론 이런 반응을 보이는 생명공학자들은 이 기술과 경쟁관계에 있는 기술을 활용하는 연구자일 가능성이 높다. 그래서 체세포핵이식 기술의 전도사들은 비판적 생명공학자와 생명윤리학자들을 경쟁자의 성공을 시샘하고 발목이나 잡는 소인배로 몰아붙인다. 물론 각종 언론은 이런 소수의 목소리를 전혀 보도하지 않았다. 따라서 이 기술의 과학적 의미와 맥락은 한 번도 쟁점으로 부각되지 않았다. 오로지 이 기술이 얼마나 대단한 것인지 확인되지도 않은 추측성 기사만 확대재생산할 따름이다. 복제자들은 이런 분위기를 이용해 과학자사회에 대한 통제력을 강화했다.

앞서 누우가 강조한 것과 같이 이 기술은 인간의 정체성이 유전자에 있다고 보는 환원적 결정론에 근거한다. 그런데 이 논리는 무척이나 가부장적이고 권위적이다. 중심(유전자)이 결정하면 주변부(세포와 유기체)는 그에 따를 수밖에 없다는 구조를 가지기 때문이다. 이런 환원적 결정론의 담론구조를 중심과 주변이 하나이며 모든 것은 끝나지 않는 과정에 있다는 '전일적 과정론'으로 발전시킨다면 체세포핵이식이 아닌 더 실효성 있는 연구프로그램을 작성할 수도 있다.

이 연구는 한국적 맥락에서 특별히 중요한 특징을 가지는데, 그것은 정치권력과 언론, 자본의 이해관계가 정확히 일치한다는 점이다. 미국의 대통령이 즉각적으로 이 기술의 윤리적 문제점을 지적하고 나선 것이나, 복제를 허용하면서도 까다로운 절차를 통해 윤리적 문제를 해결하는 영국과는 대조적으로 우리의 정치권력은 여야를 막론하고 전폭적 지원만 약속한다. 언론도 이 기술이 가진 과학적·윤리적·문화적 맥락을 짚기보다는 경제적 가능성을 부풀리기에 여념이 없다. 줄기세포 관련 주식은 연일 상종가를 기록하고 자본은 BT에 몰린다. 안타깝게도 과학적·윤리적 논쟁과 문화적 반성은 이러한 환호에 묻혀 사라지고 만다.

이 기술만이 미래의 의학을 주도할 것이라는 자만은 자기연구에 긍지를 가진 연구자가 가질 만한 것이기는 하지만 적어도 한 나라의 과학기술 전체를 책임질 지도층이 무비판적으로 따라갈 정서는 아니다. 언제까지 확실치도 않은 장밋빛 미래에 취할 수는 없지 않은가? 우리의 열광이 과연 무엇이었는지 차분히 되돌아볼 필요가 있다. 그 중 허황한 것을 걷어내고 참된 가능성만을 골라, 허황한 꿈을 만든 문화적 코드가 무엇이었는지, 그리고 그것에 대한 대안은 무엇인지 냉철한 반성이 필요한 시점이 아닌가 싶다.

■ 필자 소개

(발표순)

홍성태(洪性泰) : 상지대 문화학과 교수. 서울대 사회학 박사. 《위험사회를 넘어서》, 《생태사회를 위하여》 외 저서 및 논문 다수.

황상익(黃尙翼) : 서울대 의과대학 의사학교실 교수. 서울대학교 의학박사. "한국 근대의학 변천사", 《첨단의학 시대에는 역사시계가 멈추는가》 외 저서 및 논문 다수.

이영희(李榮熙) : 가톨릭대 사회과학부 교수. 연세대학교 사회학 박사. 《포드주의와 포스트 포드주의》, 《과학기술의 사회학》 외 논문 다수.

김환석(金煥錫) : 국민대 사회학과 교수. 영국 런던대학교(Imperial College) 사회학 박사. 《진보의 패러독스 : 과학기술의 민주화를 위하여》(공저), 《과학학의 이해》(역) 외 논문 다수.

박진희(朴眞嬉) : 국민대 사회과학연구소 연구원. 독일 TU Berlin 과학기술사학 박사. "시민자치운동과 서베를린 폐기물처리 시스템의 변천", 《근현대 과학기술과 삶의 변화》 외 논문 다수.

전규찬(全圭燦) : 한국예술종합학교 영상원 방송영상과 교수. 문화연대 미디어문화센터소장. 미국 위스콘신대학 언론학 박사. 《TV오락의 문화정치학》, 《현대 대중문화의 형성》 외 저서 및 논문 다수.

■ 사회자 및 토론자 소개

(가나다순)

■ 사회자

손호철 (서강대 정치외교학과 교수, 전국민교협 전임 공동의장)
최갑수 (서울대 서양사학과 교수, 서울대민교협 회장)

■ 토론자

김동광 (국민대 사화과학연구소 연구원)
박상은 (샘안양병원장 · 생명윤리학회 부회장)
박소영 (여성문화이론연구소 연구원)
전태진 (법무법인 정세 변호사)
정병기 (서울대 기초교육원 교수 · 정치학)
한재각 (민주노동당 정책연구원)